이거 좋은 질문이야!

사고력을 길러주는 질문법

이거 좋은 질문이야!

사고력을 길러주는 질문법

에릭 M. 프랜시스 지음 | 정혜승·박소희 옮김

사회평론아카데미

이거 좋은 질문이야!
사고력을 길러주는 질문법

2020년 11월 9일 초판 1쇄 펴냄
2024년 5월 31일 초판 5쇄 펴냄

지은이 에릭 M. 프랜시스
옮긴이 정혜승·박소희

책임편집 정세민
디자인 김진운
본문조판 민들레
마케팅 김현주

펴낸이 윤철호
펴낸곳 ㈜사회평론아카데미
등록번호 2013-000247(2013년 8월 23일)
전화 02-326-1545
팩스 02-326-1626
주소 03993 서울특별시 마포구 월드컵북로6길 56
이메일 academy@sapyoung.com
홈페이지 www.sapyoung.com

ISBN 979-11-89946-78-4 93370

* 일러두기
 1) 본문의 각주(*)는 모두 한국 독자의 이해를 돕기 위해 옮긴이가 달아 놓은 설명주이다.
 2) 본문에 언급된 책, 문학·예술 작품 중 국내에 번역되거나 소개된 것은 독자에게 친숙한 제목으로 번역하고
    원어를 병기하였다.

옮긴이 서문

이 책은 에릭 M. 프랜시스(Erik M. Francis)가 2016년에 출간한 *Now That's a Good Question! How to Promote Cognitive Rigor Through Classroom Questioning*을 번역한 것입니다. 학교 현장에서 20여 년 이상의 교육 경험을 쌓아온 저자는 교사들이 교실 수업을 하면서 수도 없이 많은 질문을 하지만, 그것이 과연 좋은 질문인지, 좋은 질문이란 무엇이며 어떻게 해야 하는지를 항상 고민한다는 사실을 포착한 듯합니다.

이 책은 이해하기 쉬운 이론적 틀과 예시를 통해서 '사고의 엄밀함(cognitive rigor)을 촉진하는 좋은 질문'을 어떻게 개발하고 사용할 수 있는지를 보여줍니다. '엄밀함(rigor)'이라는 표현은 우리말로는 다소 생소하지만, 영어에서는 연구와 같이 고도로 정확·정밀·정연한 수행이 요구되는 분야에서 자주 사용됩니다. 이 책의 가장 큰 장점은 학생이 학습을 통해 '엄밀하게 사고'하고 그러한 사고를 '드러내고 소통'하는 교육을 지향하면서, 다양한 질문을 통해 학습 과정에서 학생의 사고 수준을 고도의 정밀함이 요구되는 고차원적 수준까지 체계적으로 끌어올리는 방안을 마련한 데 있습니다. 이를 위해 저자는 벤저민 S. 블룸(Benjamin S. Bloom)의 '신 교육 목표 분류체계'와 노먼 L. 웹(Norman L. Webb)의 '지식의 깊이'라는 두 평가 틀을 결합시켜 만든 사고의 엄밀함 모형을 이론적 틀로 삼았습니다. 이 중에서 신 교육 목표 분류체계는 블룸의 교육 목표 분류체계를 로린 W. 앤더슨(Lorin W. Anderson)과 데이비드 R. 크래스월(David R. Krathwohl)이 2001년에 현대 사회의 요구에 맞게 수정한 것으로, 이는 학교 현장에서도 학생 평가에 활용되는 내용이기 때문에 선생님들께 매우 익숙할 것입니다.

이 책의 서문과 1장은 사고의 엄밀함을 촉진하는 좋은 질문을 개발해야 할 필요성과 좋은 질문의 원리 및 유형을 설명하고 있습니다. 이 책에서는 사고의 엄밀함을 촉진하는 좋은 질문을 핵심적, 사실적, 분석적, 성찰적, 가설적, 논증적, 정서적, 개인적 질문으로 유형화하였습니다. 2장~9장에서는 각 유형의 질문들이 어떻게 교실 교수·학습에 사용될 수 있는지를 다양한 질문 예시를 통해 보여줍니다. 저자가 미국의 영어, 수학, 과학, 사회, 미술 등 여러 교과의 교육과정 성취기준들을 각 유형의 질문들로 변환해 제시한 [표]와 [자료] 그리고 '부록'이 바로 이 책의 소중한 자산이라 할 수 있습니다. 마지막 10장에서는 학생들이 이 좋은 질문들에 어떻게 답해야 하며, 교사는 그 답을 어떻게 평가할 수 있는지를 다루었습니다.

물론 이 책을 읽는 선생님들 중에는 '미국의 교육과정을 기반으로 만든 질문을 내 수업에서 어떻게 활용하라는 거지?'라는 의문을 품는 분이 계실 수도 있습니다. 실제로 영어나 사회 교과의 몇몇 질문들은 내용 자체가 미국의 문학 작품이나 역사, 지리 등에 관한 것이라 우리나라의 국어나 사회 교과에 그대로 적용하기에는 무리가 있습니다. 그러나 그러한 예시들을 통해 교육과정의 성취기준을 어떻게 좋은 질문으로 바꾸는지 보여준다는 점에서 이 책은 우리나라의 독자들에게도 의미가 있다고 생각합니다. 이 외에 수학, 과학 교과의 내용은 언어나 사회·문화적 맥락의 영향을 상대적으로 덜 받기 때문에 선생님들께서 활용하시기에 더 용이하리라 생각됩니다. 더불어 각 장의 말미에 제시된 '교사 전문성 계발'과 '부록'에 제시된 질문 줄기들을 활용하면 교육과정 성취기준을 바탕으로 좋은 질문을 생성하는 데 단계적인 도움을 받으실 수 있습니다. 수업에서 학생들에게 어떤 질문을 할지 계획할 때 옆에 두고 참고하시면 좋을 책이라 생각합니다.

이 책은 사회평론아카데미의 '미래교육 디자인' 총서 중 여덟 번째 책으로, 교사가 어떤 질문을 어떻게 할 것인가에 초점이 맞춰져 있다는 점에서 총서의 첫 번째 책인 제이 맥타이(Jay McTighe)와 그랜트 위긴스(Grant Wiggins)의 『핵심 질문: 학생에게 이해의 문 열어주기(Essential Questions: Opening Doors to Student Understanding)』(2016), 두 번째 책인 로버트 J. 마르자노(Robert J. Marzano)와 줄리아 A. 심스(Julia A. Simms)의 『학생 탐구 중심 수업과 질문 연속체(Questioning Sequences in the Classroom)』(2017)와 맥을 같이 합니다. 또한 이 책은 학생의 질문하기에 초점을 맞춘 세 번째 책, 댄 로스스타인(Dan Rothstein)과 루스 산타나(Luz Santana)의 『한 가지만 바꾸기: 학생이 자신의 질문을 하도록 가르쳐라(Make Just One

Change: Teach Students to Ask Their Own Questions)』(2017)와 정혜승 외의 『학생이 질문하는 즐거운 수업 만들기: 놀이편』(2019), 『학생이 질문하는 즐거운 수업 만들기: 중등활동편』(2020)처럼 학생에게 질문하는 방법을 가르치는 용도로도 사용될 수 있습니다. 앞의 책들과 마찬가지로, 이 책도 독자인 선생님들의 적극적인 해석과 활용이 필요합니다.

저희 역자들은 언제, 어디서나, 누구에게나 늘 좋은 질문은 좀처럼 존재하지 않는다고 생각합니다. 질문의 좋고 나쁨은 상황에 따라 다르게 평가될 수 있기 때문입니다. 아무리 좋은 질문이라도 학생의 수준에 맞지 않으면 좋다고 할 수 없는 것처럼 말이지요. 그래서 이 책이 '이거 좋은 질문이야!'라는 강한 제목을 달고 있는 것이 마음에 걸리기도 하였습니다. 그럼에도 이 책은 교사로서 우리가 교육과정을 기반으로 보다 나은 질문을 하고자 할 때, 어떻게 질문을 하면 좋을지 상세하게 안내한다는 점에서 참고할 만한 가치가 있다고 생각합니다. 일부 명확하게 구분되지 않는 부분이 있기는 하지만, 수업에서 다양한 유형의 질문을 하는 데 무리없이 활용하실 수 있을 것입니다.

이 책을 번역하는 과정이 순탄하지만은 않았습니다. 예를 들어, 질문 생성의 뼈대가 되는 질문 줄기들은 영어와 한국어의 문장 구조 및 어순의 차이로 인해 수정이 불가피했습니다. 보다 매끄럽게 읽을 수 있도록 원서에 있던 수동문을 능동문으로, 명령문을 청유문으로 고치기도 했습니다. 또한 두 명의 역자 모두 국어교육 전공자들이다 보니, 다른 교과와 관련된 내용들이 정확하게 번역되었는지 확인하기 위해 여러 분야 전문가들의 검토를 받는 데도 시간이 걸렸습니다. 그렇지만 아직 어색한 부분들이 간혹 눈에 띕니다. 지속하여 수정하고 보완해 나가도록 하겠습니다.

마지막으로 질문으로 성장하는 교사와 학생이 있는 미래 교실을 함께 꿈꾸며 역자의 번역 작업을 지원해주신 사회평론아카데미의 윤철호 사장님과 고하영 대표님, 꼼꼼하게 교정을 보고 편집을 해주신 정세민 선생님께 깊이 감사드립니다.

정혜승, 박소희

감사의 글

이 책을 쓸 수 있도록 이끌어주고 지원해줬을 뿐만 아니라, 제 인생에 개인적이고 전문적인 도움을 준 많은 분들께 고마움을 표하고 싶습니다.

먼저 이 책을 쓰고 경력을 쌓아가는 동안 저와 함께 여러 우여곡절, 성취와 실망, 위험과 보상, 지연, 분투, 성공 등을 경험하고 그 속에서 지속적인 응원과 사랑을 보여준 제 가족, 아내 수지(Susie), 딸 어맨다(Amanda), 매디슨(Madison), 에이버리(Avery), 어머니 줄리아 프랜시스(Julia Francis), 고모이자 대모인 쿠키 캘트(Cookie Kalt), 나의 어머니 웬디 라트만(Wendy Latman)과 그녀의 남편 웨스 어빈(Wes Ervin), 누이 테일러(Taylor), 그리고 형제들인 브렛(Brett), 윌(Will), 맷(Matt)에게 감사하고 싶습니다.

늘 저를 응원해주고, 항상 제 말을 들어주며, 저와 함께 다양한 아이디어들에 대해 논의해준 저의 아주 좋은 친구들인 마이클 브라이언 레인(Michael Brien Lane), 모니카 밀리노비치(Monica Milinovich), 게리 호로비츠(Gary Horowitz), 그리고 돈 돌린(Don Dolin)에게도 감사를 표합니다.

제게 현장에서 전문성 신장 교육을 할 첫 기회를 마련해주고 그의 『영어 학습자를 위한 재능 계발(Talent Development for English Language Learners)』이라는 책의 한 챕터를 함께 쓸 수 있는 기회를 마련해준 제이미 A. 카스텔라노(Jaime A. Castellano)에게도 감사의 인사를 전합니다.

사고의 엄밀함이라는 개념을 같이 생각해내고, 고차원적 사고와 지식의 깊이를 위한 가르침을 촉진하는 방법에 대한 대화에 저를 참여시키고 제 동료가 되어준 카린 헤스(Karin Hess), 존 워크업(John Walkup), 벤 존스(Ben Jones)에게도 감사합니다.

ASCD의 제 원고 검토 편집자인 앨리슨 스콧(Allison Scott)에게도 감사를 표합니다. 그는 처음부터 이 책에 믿음을 보여주었고, 끝까지 저를 응원해주고 인도해주었습니다. 작가가 되고 싶었던 제 어린 시절의 꿈을 실현할 수 있게 도와준 점에 특히 감사드립니다.

제 멘토가 되어주고 제가 오늘날과 같은 교육자가 되도록 이끌어준

에이드리엔 깁슨(Adrienne Gibson), 앤서니 카푸아노(Anthony Capuano), 린다 이냇(Linda Ihnat), 그리고 낸시 코니처(Nancy Konitzer)에게도 감사합니다. 또한 노력의 과정 속에서 함께 일하고 배우는 기쁨을 누리게 해준 제 동료들, 특히 진 리드(Jean Read), 크리스 켈렌(Chris Kellen), 제이 패리젝(Jay Parizek), 캐롤 베일린(Carol Bailin), 바비 올랜도(Bobbie Orlando), 게리 포트니(Gary Fortney), 리앤 길브레스(Leeann Gilbreath), 마크 맥마너스(Mark McManus)에게 고맙다고 말하고 싶습니다.

수년간 저와 함께 일해온 학교, 지도자, 교육자, 특히 론다 뉴턴(Rhonda Newton), 아일린 프레이저(Eileen Frazier), 애리조나주 피닉스에 있는 올 어브로드 차터 스쿨(All Aboard Charter School)의 직원들, 에이드리언(Adrian) 그리고 알라히 루이스(Arlahee Ruiz), 애덤 샤프(Adam Sharp), 에스피리투 지역 개발 조합(Espiritu Community Development Corporation)의 모든 직원들, 피닉스 어드밴티지 차터 스쿨(Phoenix Advantage Charter School)의 리엔 볼리(Leanne Bowley), 애리조나주 레이크 하바수에 위치한 텔레시스 학습 센터(Telesis Center for Learning)의 샌디 브리스(Sandy Breece)와 파드마자 차바(Padmaja Chava), 애리조나주 애번데일에 있는 아구아 프리아 고등학교(Agua Fria Union School)의 멀리사 야포(Melissa Yapo), 애번데일 초등학군(Avondale Elementary District)의 켈리 스튜어트(Kelly Stewart)와 애나 카리노(Anna Carino), 뉴욕주 헴프스테드에 위치한 아카데미 차터 스쿨(Academy Charter School)의 하이디 마노게라(Heidi Manoguerra), 타이라 러셀(Tyra Russell)과 직원들, 애리조나주 서니사이드에 있는 서니사이드 통합학군의 샤론 후커(Sharon Hooker)와 재능 있는 선생님들, 애리조나주 툴레슨에 위치한 PLC 차터 스쿨(PLC Charter Schools)의 론 알렉산더(Ron Alexander)와 킴 스틸(Kim Steele), 애리조나주 아파치 정션에 위치한 애리조나 상상 학교(Imagine Schools Arizona)의 셰리 루팅거(Sherry Ruttinger)와 상상 고등학교 슈퍼스티션 캠퍼스(Imagine Prep at Superstition)의 프랭크 스털프(Frank Stirpe), 캘리포니아주 플라나다에 있는 플라나다 초등학군(Planada Elementary District)의 호세 곤잘레스(Jose Gonzalez)와 직원들, 앨라배마주 엔터프라이즈에 있는 엔터프라이즈 도시 학교(Enterprise City

Schools)의 브렌트 핸치(Brent Hanchey), 그리고 앨라배마주 유폴라 시의 유폴라 도시 학교(Eufaula City Schools)의 델토냐 워런(Deltonya Warren), 낸시 에드워즈(Nancy Edwards), 코어 아카데믹 팀(Core Academic Team)에게도 모두 고마움을 전합니다. 이들은 학업적 성취기준의 수행 목표를 좋은 질문으로 바꾸는 '보여주고 말하기' 방법을 고안하게 도와주었습니다.

마지막으로 제가 가르치고 배우는 것에 관심을 갖고 성취를 이뤄낼 수 있게 영감을 주셨으며, 또한 사람들이 자신의 생각을 표현하고 의사소통하도록 하는 최고의 질문인 '뭘 의미하는 거지?(What do you mean?)'를 가르쳐주신 저의 최고의 친구이자 영웅이기도 한 제 아버지 프레더릭 L. 프랜시스(Frederick L. Francis)께 감사드립니다.

차례

좋은 질문은
어떤 역할을 하는가

여러분은 지금 산술 패턴을 파악하고, 연산의 속성을 활용하여 그 패턴을 설명하는 방법에 대해 가르치고 있다. 여러분은 학생들에게 다음의 수식을 제시한다.

$$2 \times 2 =$$
$$3 \times 3 =$$
$$4 \times 4 =$$
$$5 \times 5 =$$
$$6 \times 6 =$$
$$7 \times 7 =$$
$$8 \times 8 =$$
$$9 \times 9 =$$

학생들이 문제를 풀기 전에 여러분은 다음의 자료를 제시한다.

$$2 \times 2 = 2 + 2$$

$$3 \times 3 = 3 + 3 + 3$$

$$4 \times 4 = 4 + 4 + 4 + 4$$

$$5 \times 5 = 5 + 5 + 5 + 5 + 5$$

$$6 \times 6 = 6 + 6 + 6 + 6 + 6 + 6$$

$$7 \times 7 = 7 + 7 + 7 + 7 + 7 + 7 + 7$$

$$8 \times 8 = 8 + 8 + 8 + 8 + 8 + 8 + 8 + 8$$

$$9 \times 9 = 9 + 9 + 9 + 9 + 9 + 9 + 9 + 9 + 9$$

그다음, 학생들이 [자료]에 제시된 질문들에 답하게 한다.

[자료] 사고의 엄밀함을 위한 질문 틀: 곱셈

핵심적	**보편적**	• 수식의 값은 어떻게 결정되는가?
	총체적	• 수학은 추상적 추론과 양적 추론을 어떻게 포함하는가?
	한정적	• 곱셈을 사용해야 하는 문제들은 어떻게 표현되고 풀릴 수 있는가?

	주도적	• 여러분은 문장제 문제들을 어떻게 풀겠는가? 다음의 방법들을 사용하여 곱셈 문제를 표현해보라.
		  - 그리기
		  - 방정식
		  - 미지수를 표현하는 기호

사실적		• 곱셈이란 무엇인가? • 승수(곱하는 수)는 무엇인가? • 피승수(곱해지는 수)는 무엇인가? • 곱(곱셈하여 얻어진 값)은 무엇인가? • 인수 또는 계수는 무엇인가?

분석적		• 정수들의 곱은 어떻게 해석될 수 있는가?
		• 곱셈 문제의 미지수나 곱은 아래의 정보들을 활용해 어떻게 결정될 수 있는가?
		  - 하나의 인수와 곱
		  - 두 개의 인수들(승수와 피승수)

성찰적		• 덧셈과 곱셈은 어떤 연관성이 있는가? • 승수는 피승수와 곱에 어떤 영향을 미치는가?

가설적	• 주어진 예시 문항에서 곱하는 수가 하나 더 혹은 하나 덜 주어진다면 어떤 일이 생기는가?
	• 다음의 정보를 포함하는 문제들을 풀기 위해서 곱셈이 어떻게 활용될 수 있는가?
	   – 등군(equal groups)*
	   – 배열(arrays)
	   – 측정량(measurement quantities)

논증적	• 더하는 것과 곱하는 것 중 어느 것이 더 쉬운가?
정서적	• 여러분은 특정 맥락에서 정수의 곱들을 어떻게 해석하겠는가? • 여러분은 문장제 문제들을 풀기 위해서 100보다 작은 수의 곱셈을 어떻게 사용하겠는가? • 여러분은 두 개의 인수(승수와 피승수)가 주어진 곱셈 문제에서 어떻게 곱을 구하겠는가? • 여러분은 하나의 인수와 곱이 주어진 곱셈 방정식에서 어떻게 미지수를 구하겠는가?
개인적	• 여러분은 곱셈에 대해 무엇을 배우고 싶은가?

　　이 단원에서 여러분은 학생들이 무엇을 하기를 기대하는가? 또는 학생들이 자신의 학습에 대해 얼마나 깊이 있게 소통하기를 기대하는가? 분명 여러분은 학생들에게 단지 수학 방정식을 풀라고 했지만, 앞의 '2 × 2 = 2 + 2, …'의 자료는 학생들에게 질문에 답하기 위해 곱셈이 어떻게 그리고 왜 사용될 수 있는지 깊이 생각하고 그에 대한 자신의 관점을 공유할 것을 요구한다. 이것이 학생들이 나중에 접하게 될 어떤 곱셈 문제도 풀 수 있게 해줄 전이 가능한 지식이며, 교사인 우리는 학생들이 이러한 지식을 배우기를 원한다.

　　학생들이 [자료]에 제시된 질문들을 활용하여 14쪽에 제시된 문제들을 풀다 보면, 아마도 다음과 같은 결과를 도출할 것이다.

---

* 　같은 수의 묶음이라는 의미이다.

- 곱셈은 "반복적인 덧셈"일 뿐이라고 말하고, 여러분이 제공한 예시를 활용하여 그 과정이 어떻게 작용하는지 설명한다.
- '2 × 2'가 곱인 4를 얻기 위해 숫자 2를 두 번 더한 것이라고 설명함으로써 정수가 어떻게 해석될 수 있는지를 보여준다.
- '3 × 3'의 곱은 숫자 3을 세 번 더한 것과 동일하다고 설명한다. 이 문제에 시각적 방법으로 접근한다면, 세 개가 한 세트인 블록이 세 세트 있을 때 블록이 총 몇개인지 떠올릴 수 있다.
- 종이 한 장에 세 개의 원을 총 세 군데에 그린 다음, 그것들을 더해 정답을 얻는다.

이 모든 접근법은 좋은 질문이 만들 수 있는 학습 결과물에 대한 이 책의 정의와 부합한다. 좋은 질문은 학생들이 다음의 활동을 하도록 요구하기 때문이다.

- 배경지식을 쌓기 위해 자료를 **읽고**, 주제를 **연구하라.**
- 다양한 맥락에서 개념과 절차들이 어떻게 그리고 왜 사용될 수 있는지를 **검토하고, 실험하고, 설명하라.**
- 더 알고, 행하고, 고려해야 할 것에 대해 **조사하고 탐구하라.**
- 배운 것을 바탕으로 무엇을 할 수 있는지를 보여줌으로써 재능과 사고를 **드러내고, 발전시키고, 차별화할 방법을 고안하라.**

위의 활동은 학생들이 반드시 배워야 할 핵심 기능이다. 장래에 대학에 진학하거나 직업을 가지려면 자신의 교육 경험을 전문 지식으로 전환하여 이를 질문, 문제, 과제, 글, 주제를 다루는 데 사용할 수 있어야 하는데, 핵심 기능은 이러한 능력이 무엇인지 드러내고 측정해준다. 핵심 기능은 또한 학생들이 깊게 생각하기 위해, 그리고 자신의 지식과 이해의 깊이 및 범위를 공유하는 능력을 드러내고 표현하기 위해서도 필요하다.

학업 성취기준의 학습 목표는 이러한 핵심 기능들을 직접적으로 다루지 않는다. 학습 목표는 일반적으로 학년말에 학생들이 알고, 이해하고,

할 수 있다는 것을 입증하고 보여주어야 하는, 각 과목에 특화된 수행 목표를 뜻한다. 수행 목표는 학생들에게 정의, 묘사, 설명, 진술, 작문 등을 수행하도록 구체적으로 요구하지 않으며, 따라서 학생들이 자신의 학습의 깊이와 넓이에 대해 소통하거나 말하는 것을 기대하지 않는다.

그러나 이러한 수행 목표는 학생들이 자신의 지식과 사고를 드러내고 소통하도록 요구하는 열린 질문, 사고를 촉진하는 좋은 질문으로 개발될 수 있다.

단지 교육과정에만 의존해서는 학생들이 지식을 전이하는 방법을 배우고 더 깊이 있는 사고를 하도록 도와줄 수 없다. 학생들은 지문이나 문제를 통해 자신이 배운 것을 적용할 수 있다. 그러나 질문에 답하거나 과제를 정확하게 완수했다고 해서 학생들이 어떤 개념이나 내용을 그들이 배워야 하는 만큼 깊이 있게 이해했다고 단정하기는 어렵다. 이 성취는 아마도 학생들이 단지 특정 글을 이해했다거나 특정 문제 하나를 풀 수 있다는 것을 의미할 것이다. 또한 학생들이 과제를 올바르게 수행했다고 해서 과제가 의도한 복잡한 사고 과정을 거쳤는지도 장담할 수 없다. 갤(Gall, 1970)이 말했듯이, "학생이 질문에 답할 때 분석이나 종합과 같은 고차원적 사고 과정을 활용했는지, 아니면 지식의 회상과 같은 상대적으로 낮은 차원의 사고 과정을 활용했는지를 언제나 알 수 있는 것은 아니다"(p. 710).

좋은 질문은 성취기준이나 글이 아닌 교사와 학생들로부터 나온다. 교육과정에 제시된 질문, 문제, 과제, 글, 주제는 학생들이 좋은 질문에 대한 자신의 답을 뒷받침하기 위해 사용할 수 있는 문서상의 증거가 될 수 있을 것이다.

좋은 질문의 목표는 단지 학생들이 무엇을 알고 있는지 또는 그들이 배운 것을 토대로 무엇을 할 수 있는지만을 평가하는 것이 아니다. 교사는 좋은 질문을 통해 학생들이 그 질문들에 얼마나 깊이 있게 대답할 수 있는지를 알고자 한다. 딜런(Dillon, 1998)이 강조한 것처럼, "우리는 정답을 만드는 데 관심을 가질 것이 아니라, 학생들이 만든 답에 관심을 가져야 한다"(p. 67).

이 책의 진정한 목적은 단지 교육자를 위한 좋은 질문을 설명하는 것도, 좋은 질문의 목록을 제공하는 것도 아니다. 이 책의 목적은 다음의 활동을 가능하게 하는 좋은 질문을 만드는 방법을 독자가 이해하도록 돕는 것이다.

- 학생의 더 깊이 있는 사고를 촉진한다.
- 학생의 지식, 이해, 그리고 인식을 깊게 한다.
- 학생의 지식과 사고를 넓힌다.
- 학생의 호기심, 상상력, 흥미, 그리고 궁금증을 자극한다.
- 학생이 자신의 학습의 깊이를 나누도록 격려한다.

이 책은 교육자들이 인지적으로 엄밀한 좋은 질문(Hess, Carlock, Jones, & Walkup, 2009a, 2009b)을 만들 수 있도록 돕는다. 이러한 좋은 질문들은 로린 W. 앤더슨(Lorin W. Anderson)과 동료들이 벤저민 S. 블룸(Benjamin S. Bloom)의 '교육 목표 분류체계'를 개정한 '신 교육 목표 분류체계(Revised Taxonomy)'와 노먼 L. 웹(Norman L. Webb)의 '지식의 깊이(Depth-of-Knowledge)'에서 발견되는 기준에 부합한다. 또한 이 책은 다음에 제시된 학업 성취기준에 포함된 수행 목표를 재진술하여 좋은 질문을 개발하는 방법을 제시한다.[*]

- 영어 및 문식성을 위한 공통 핵심 성취기준
  Common Core State Standards(CCSS) for English Language Arts and Literacy. From © 2010 National Governors Association Center for Best Practices and Council of Chief State School Officers(NGACBP & CCSSO). All rights reserved.
- 수학을 위한 공통 핵심 성취기준
  Common Core State Standards(CCSS) for Mathematics. From

....
[*] 이 책의 수업 시나리오에서 인용되는 수행 목표 뒤에는 일련번호가 적혀 있다. 일련번호의 가장 앞에 나오는 CCSS, NGSS, NHS, C3 등은 여기에 언급된 성취기준의 명칭을 의미한다.

- 차세대과학교육표준 성취기준
  Next Generation Science Standards (NGSS). From NGSS Lead States, 2013. *Next Generation Science Standards: For States, By States*. Washington, DC: The National Academies Press.

- 국가 수준의 역사 성취기준
  National Standards for History (NHS). From National Center for History in the Schools, University of California, Los Angeles. ©1996 Regents of the University of California.

- 사회과 성취기준을 위한 대학, 직업 그리고 시민 생활 평가 틀
  College, Career, and Civic Life (C3) Framework for Social Studies State Standards. From National Council for the Social Studies (NCSS), *The College, Career, and Civic Life* (C3) *Framework for Social Studies State Standards: Guidance for Enhancing the Rigor of K-12 Civics, Economics, Geography, and History* (Silver Spring, MD: NCSS, 2013).

좋은 질문은 학생이 학습한 범위를 측정하는 형성 평가 및 총괄 평가의 기능을 수행하며, 수업의 초점을 능동적이고 학생 중심적인 학습 경험에 둔다.

이 책을 읽으면서 단순히 좋은 질문이란 무엇인지 확인하거나 좋은 질문의 예를 고르는 데만 초점을 맞추지 말라. 그 대신 책 속의 정보를 활용하여 어떻게 하면 학생의 탐구를 추동하고 심화된 생각과 학습의 공유를 촉진하는 학습 경험을 계발할 수 있을지 생각해볼 것을 권한다.

만약 학생들이 자신이 학습한 내용의 깊이와 넓이를 드러내고 소통한다면, 그것이 바로 여러분이 좋은 질문을 했다는 증거이다.

01

사고력 계발을 위한 질문이란 무엇인가

여러분은 지금 영웅주의와 용기를 주제로 하는 단원을 문학적 허구와 비허구 자료를 활용해서 가르치고 있다. 학생들은 다음의 활동을 해야 한다.

- 글 속에서 인물, 사건, 생각이 어떻게 그리고 왜 전개되고 상호작용하는지 분석하라. (CCSS.ELA-LITERACY.CCRA.R.3)
- 기술적, 함축적, 비유적 의미 결정을 포함하여 글 안에서 사용된 단어와 구를 해석하고, 특정한 단어 선택이 의미나 어조를 어떻게 형성하는지 분석하라. (CCSS.ELA-LITERACY.CCRA.R.4)
- 지식을 형성하기 위해서 또는 저자들이 취하는 접근 방식들을 비교하기 위해서 두 개 이상의 글들이 유사한 주제나 화제를 어떻게 다루는지 분석하라. (CCSS.ELA-LITERACY.CCRA.R.9)
- 내용의 효과적인 선택, 조직, 분석을 통해 복잡한 개념과 정보를 명확하고 정확하게 탐구하고 전달하기 위한 정보를 전달하는 글이나 설명하는 글을 써라. (CCSS.ELA-LITERACY.CCRA.W.2)
- 문학 작품이나 정보를 전달하는 글에서 자신의 분석, 성찰, 연구를 뒷받침하기 위한 근거를 도출하라. (CCSS.ELA-LITERACY.CCRA.W.9)

학생들은 이 단원을 배우는 동안 [자료 1.1]에 제시된 좋은 질문에 대답하게 될 것이다.

[자료 1.1] 좋은 질문들: 영웅주의

핵심적	보편적	• 영웅주의란 무엇인가? • 용기란 무엇인가? • 무엇이 어떤 사람을 영웅적이게 또는 용감하게 만드는가?
	총체적	• 글이 전개되는 과정에서 인물들이 어떻게 발전하고 상호작용하는가? • 기술적, 함축적, 비유적 의미 결정을 포함하여, 단어와 구가 어떻게 글에서 사용된 대로 해석될 수 있는가? • 지식을 형성하기 위해 또는 저자들이 취하는 접근법을 비교하기 위해 두 개 이상의 글이 유사한 주제나 화제를 어떻게 다루는가? • 서사글에서 실제 또는 상상의 경험을 전개하기 위해 효과적인 기술, 잘 선택된 세부 내용, 잘 구조화된 사건들을 어떻게 사용하는가? • 분석, 성찰, 연구를 뒷받침하기 위해 문학 작품 또는 정보를 전달하는 글에서 어떻게 근거를 도출할 수 있는가?
	한정적	• 문학적 허구나 비허구적 글에 나타나는 영웅과 용감한 행동은 어떻게 서로 다른 저자, 문화, 시대, 세대, 사회의 신념, 이상, 가치를 반영하는가?
	주도적	• 여러분은 다음의 특징을 보이는 인물을 어떻게 창조하겠는가? 　- 영웅의 자질을 포함시켜라. 　- 영웅에 대한 여러분의 개인적 신념 및 특징을 반영하라. 　- 영웅주의에 대한 여러분이 속한 문화 또는 세대의 신념과 생각을 나타내라.
사실적		• 이야기 속의 영웅은 누구인가? • 영웅의 성격적 특성은 무엇인가? • 영웅의 유형에는 어떤 것들이 있는가? • 이 단원에서 읽은 글에서 영웅은 누구인가? • 거울 인물(mirror character)*이란 무엇인가?

....

* 　한 이야기에서 서로 비슷한 특질이나 기능을 공유하고 있으면서 서로의 특질을 보완하거나 강조하는 인물을 일컫는 문학 용어이다.

	• 저자는 이야기 속의 영웅과 그의 상황 및 행동을 묘사하기 위해 어떤 단어를 사용하는가?
분석적	• 이야기 속의 주인공과 영웅을 구별하는 것은 무엇인가? • 서로 다른 유형의 영웅들의 공통점과 차이점은 무엇인가? • 글 속의 개인들과 영웅을 구별하는 것은 무엇인가? • 영웅과 우상의 차이점은 무엇인가? • 저자는 글 속에서 영웅을 어떻게 특징짓고, 묘사하고, 기술하는가? • 영웅적이고 용감한 행동을 표현하고 공유하는 글의 어조는 어떠한가? • 영웅이 "신의 은총을 잃다(fall from grace)"라는 표현은 무엇을 의미하는가?
성찰적	• 영웅과 악당의 관계는 어떠한가? 영웅과 대비되는 주변 인물의 관계는 어떠한가? • 영웅, 영웅주의, 또는 용기에 대한 이야기는 독자에게 어떤 영향을 끼치는가? • 시간적·지리적·사회적 요소가 영웅, 영웅주의 또는 용기의 정의와 인식에 어떤 영향을 끼치는가? • 저자가 사용하는 언어가 영웅 또는 영웅적 행동이 제시되고 묘사되는 방식에 어떤 효과를 주는가?
가설적	• 영웅이 어떻게 유혹에 빠지거나 신의 은총을 잃게 되는가? • 영웅이 어떻게 악당으로 변하는가? • 악당이 어떻게 영웅으로 변하는가? • 어떻게 인물의 결점이 그 인물을 더 영웅적으로 만드는가? • 영웅과 악당이 어떻게 거울 인물이 될 수 있는가? • 영웅과 그에 대비되는 인물이 어떻게 거울 인물이 될 수 있는가? • 만약 영웅이나 악당이 여성이고 남성인 인물이 위험에 처했다면 어떻겠는가?
논증적	• 이야기의 주인공과 그 경쟁자도 영웅이거나 악당인가? 아니면 그들은 이야기 속에서 다른 의미를 갖는가? • 영웅은 반드시 완벽해야만 하는가? 아니면 영웅도 결점이 있을 수 있는가? • 영웅이 영웅답기 위해서는 반드시 용감해야 하는가? 아니면 두려움도 영웅다워지는 데 도움이 되는가? • 누군가를 영웅적이거나 용감하게 만드는 요소에 대한 보편적인 이해가 존재하는가? 또는 영웅다움은 사람, 장소, 시간과 같은 특정 요소에 의존하는가?

정서적	• 여러분은 영웅이 된다는 것의 의미가 무엇이라 생각하는가? • 여러분은 누군가를 영웅적이거나 용감하게 만드는 요소에 대해 어떤 생각을 가지고 있는가? • 여러분의 영웅은 누구이며, 그 이유는 무엇인가? • 실제 사람들이 인정할 만한 영웅적인 행동에는 무엇이 있는가? 여러분은 이런 영웅주의적 행동을 독자와 어떻게 명확하고 효과적으로 공유할 것인가? • 여러분이 읽고 있는 이야기 속의 영웅은 영웅인가, 우상인가? • 여러분이 쓰고 있는 이야기 속의 영웅은 영웅인가, 우상인가?
개인적	• 영웅주의와 용기에 대해서 무엇을 알고 싶은가? 그리고 그 내용들이 문학적 허구나 비허구적 글에 어떻게 그려져 있는가?

문학 장르 연구의 일환으로 다뤄질 [자료 1.1]의 질문들이 어떻게 학생들에게 다음의 과업을 수행하게, 즉 행동으로 드러내게 하는지 주목하라.

- 자료, 정의, 그리고 세부적인 사항을 **인식하고 이해하라.**
- 개념들과 절차를 **적용하라.**
- 원인, 연관성, 결과를 사실적, 가설적, 잠재적 차원에서 **분석하고 평가하라.**
- 학생들이 배운 것을 토대로 그들이 개인적으로 무엇을 설계하고, 발전시키고, 할 수 있는지에 대해 **창의적으로 생각하라.**

이 질문들은 또한 학생들이 다음에 대해 소통하도록 장려한다.

- 학생들이 반드시 읽고, 연구하고, 인식해야 하는 **지식은 무엇인가?**
- 질문에 답하고, 문제를 해결하고, 과제를 완수하고, 글과 주제를 분석하기 위해서 **이 지식이 어떻게 사용될 수 있는가?**
- 현상을 연구하고, 문제를 해결하고, 생각을 확고히 하기 위해서 **왜 이 지식이 사용될 수 있는가?**
- 다른 학문이나 실생활의 맥락에서 **여러분은 이 지식을 어떻게 사용할 수 있겠는가?**

이들 질문은 학생들이 개념을 배우고, 배운 내용을 더 고차원적이고 깊이 있는 수준으로 유지하게 요구하는 엄밀함(rigor), 특히 교수의 엄밀함을 정의하는 행동과 조건이다(Blackburn, 2008). 어떠한 학습 경험이 '엄밀하다'고 할 때 이는 곧 사고의 엄밀함의 수준, 즉 학생들이 고차원적 사고를 드러내고 지식의 깊이에 대해 소통하도록 요구받는 정도에 대해서 말하는 것이다.

사고의 엄밀함이란 무엇인가

초중등 교육은 성공적인 대학 진학과 직업 선택을 준비시켜줄 수 있는 21세기 역량(21st century skills) 계발을 강조해왔다. 이에 따라 사고의 엄밀함(cognitive rigor) 역시 많은 관심을 받고 있다. 그 결과 이제는 "21세기 지식경제 사회의 경쟁에서 살아남아야 하는 지식 노동자와 기업 혁신가를 길러낼 수 있는 세계적 교육 체계"(Trilling & Fadel, 2009, p. 61)에 더 큰 기대를 걸고 있는 상황이다. 학생들은 여전히 지식을 정확하게 습득하고 적용할 필요가 있다. 그러나 한편으로는 비판적 사고와 문제 해결, 협동과 의사소통, 창의성과 혁신을 통해 지식을 실제적으로 분석하고 분명하게 표현할 수 있어야 한다.

사고의 엄밀함은 학생들이 교육 경험의 일부로서 반드시 배워야 할 주제의 깊이와 넓이를 다음 기준에 근거하여 측정한다.

- 배우고 습득된 **개념과 내용의 복잡성**
- 습득된 **지식의 종류**
- 드러난 **사고의 유형**
- 의사소통된 **지식의 깊이**

(Hess et al., 2009a, 2009b; Walkup & Jones, 2014)

사고의 엄밀함(Hess et al., 2009a, 2009b)은 학생들이 그들의 지식을 얼마나 깊이 있게 드러내는지를 파악하게 도와주는 두 개의 학문적 틀인 블룸의 신 교육 목표 분류체계와 웹의 지식의 깊이를 종합하여 더 향상된 교육 경험을 제공한다. 블룸의 분류체계는 학생들이 질문에 답하기 위해 드러내는 '지식의 종류'와 '사고의 유형'을 범주화한다. 웹의 지식의 깊이 모형은 학생들이 질문에 답하기 위해 주어진 맥락에서 표현하는 '지식의 깊이'를 가리킨다. 이 두 가지 틀에 맞춘 사고의 엄밀함은 학생이 학교 안팎에서 성공하는 데 도움을 주기 위해 교사가 사용하는 높은 수준의 교수 도구로 작용한다(이 두 가지 틀이 사고의 엄밀함을 촉진하기 위해서 어떻게 함께 작용하는지는 뒤에서 자세히 논의할 것이다).

또한 사고의 엄밀함은 학생들에게 자신이 무엇을 배웠는지 자신만의 독특한 방식으로 설명하도록 요구함으로써 '지적인 참여(intellectual involvement)'를 촉진한다는 점에서 중요하다. 학생들은 많은 양의 정보를 처리하고 다룰 수 있는, 의미를 추구하며 비판적으로 생각하는 방법과 자신이 획득한 깊이 있는 지식을 다양한 학문적·일상적 맥락에서 사용하는 방법을 배워야 한다. 이와 같이 지식의 깊이 있는 탐구를 촉진하는 교육 경험을 제공하는 것이 교육자가 할 일이다. 사고의 엄밀함은 그것이 측정 도구로 사용되는 것과 같은 방식으로, 학생을 위한 종합적인 학습 목표로 사용될 수 있다.

이 장에서는 이 학습 목표가 '좋은 질문' 하기를 통해서 어떻게 사고의 엄밀함을 촉진하는지 논의할 것이다. 먼저, 사고의 엄밀함이 어떻게 실제적인 교수와 깊이 있는 학습의 기회를 조성하는지 살펴보자. [표 1.1]을 참고하라.

고차원적 사고

앤더슨과 크래스월(Anderson & Krathwohl, 2001)은 블룸의 교육 목표 분류체계를 개정한 '신 교육 목표 분류체계'를 제시하였다. 이는 지식('무엇을 배워야 하는가?')과 사고('학습이 어떻게 드러나야 하는가?')를 서로 다른 두 차원으로 분명하게 구분하여 사고의 엄밀함을 모형화한다. 지식 차원은 학생이 배워야 하는 정보나 교과 내용, 즉 사실, 어휘, 개념, 절차, 그리고

[표 1.1] 좋은 질문과 블룸의 분류체계

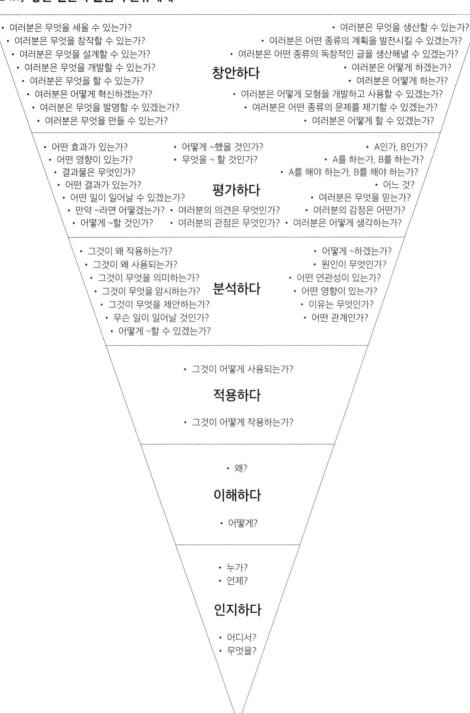

- 여러분은 무엇을 세울 수 있는가?
- 여러분은 무엇을 창작할 수 있는가?
- 여러분은 무엇을 설계할 수 있는가?
- 여러분은 무엇을 개발할 수 있는가?
- 여러분은 무엇을 할 수 있는가?
- 여러분은 어떻게 혁신하겠는가?
- 여러분은 무엇을 발명할 수 있겠는가?
- 여러분은 무엇을 만들 수 있는가?
- 여러분은 무엇을 생산할 수 있는가?
- 여러분은 어떤 종류의 계획을 발전시킬 수 있겠는가?
- 여러분은 어떤 종류의 독창적인 글을 생산해낼 수 있겠는가?
- 여러분은 어떻게 하겠는가?
- 여러분은 어떻게 하는가?
- 여러분은 어떻게 모형을 개발하고 사용할 수 있겠는가?
- 여러분은 어떤 종류의 문제를 제기할 수 있겠는가?
- 여러분은 어떻게 할 수 있겠는가?

창안하다

- 어떤 효과가 있는가?
- 어떤 영향이 있는가?
- 결과물은 무엇인가?
- 어떤 결과가 있는가?
- 어떤 일이 일어날 수 있겠는가?
- 만약 ~라면 어떻겠는가?
- 어떻게 ~할 것인가?
- 어떻게 ~했을 것인가?
- 무엇을 ~ 할 것인가?
- 여러분의 의견은 무엇인가?
- 여러분의 관점은 무엇인가?
- A인가, B인가?
- A를 하는가, B를 하는가?
- A를 해야 하는가, B를 해야 하는가?
- 어느 것?
- 여러분은 무엇을 믿는가?
- 여러분의 감정은 어떤가?
- 여러분은 어떻게 생각하는가?

평가하다

- 그것이 왜 작용하는가?
- 그것이 왜 사용되는가?
- 그것이 무엇을 의미하는가?
- 그것이 무엇을 암시하는가?
- 그것이 무엇을 제안하는가?
- 무슨 일이 일어날 것인가?
- 어떻게 ~할 수 있겠는가?
- 어떻게 ~하겠는가?
- 원인이 무엇인가?
- 어떤 연관성이 있는가?
- 어떤 영향이 있는가?
- 이유는 무엇인가?
- 어떤 관계인가?

분석하다

- 그것이 어떻게 사용되는가?

적용하다

- 그것이 어떻게 작용하는가?

- 왜?

이해하다

- 어떻게?

- 누가?
- 언제?

인지하다

- 어디서?
- 무엇을?

출처: Anderson & Krathwohl, 2001에서 분류 범주를 가져옴.

이 네 가지 모두를 사용하는 기준 등을 의미한다. 사고 과정 차원은 학생이 반드시 발전시키고 드러낼 수 있어야 하는 사고나 기능을 일컫는다. 이 신 분류체계는 교사가 수행 목표를 개발하는 데 도움을 주기 위해 사고 기능을 동사로 바꾸었다. 그러나 제시된 바와 같이, 신 분류체계 역시 좋은 질문을 분류하고 만들기 위한 자료로 쓰이기에는 부족한 측면이 있다.

인지 동사를 [표 1.1]의 역 피라미드에 제시된 관련 질문 줄기로 대체함으로써, 학생들은 자신이 습득한 지식의 깊이와 이해를 보여주고 말하게 된다. [표 1.2]는 동사를 바꿔 만든 질문이 어떻게 인지적으로 더 복잡한 수행 과제를 만들어내는지를 보여준다.

[표 1.2] 수행 목표와 좋은 질문

수행 목표	좋은 질문
같은 장르(예 미스터리나 모험)에 속한 이야기들이 유사한 주제와 화제에 대해 접근하는 방식을 비교하고 대조하라.	• 같은 장르에 속한 이야기들이 비슷한 주제와 화제를 다루고 접근하는 방식에서 어떻게 유사하고 어떻게 다른가?
소설 『아웃사이더(The Outsiders)』*에서 다루는 중심 생각과 주제를 찾아라.	• 소설 『아웃사이더』가 다음의 주제를 어떻게 다루는가? — 고정관념, 빈부, 명예와 충성심, 우정과 가족, 책으로 배운 지식 대 경험적 지식, 학교 대 경험
『로미오와 줄리엣(Romeo and Juliet)』에서 여성의 역할과 그것이 줄거리와 인물의 변화에 영향을 주는 방식을 분석하라.	• 『로미오와 줄리엣』에서 여성은 어떤 역할을 하며, 그것이 줄거리와 인물의 발전에 어떤 영향을 미치는가?
다음 식을 풀어라. 9 x 2 =　5 x 6 =　7 x 3 = 4 x 6 =　10 x 8 =	• 다음 식을 풀기 위해 곱셈이 어떻게 사용될 수 있는가? 9 x 2 =　5 x 6 =　7 x 3 = 4 x 6 =　10 x 8 =
거리, 시간의 간격, 액체의 부피, 물체의 질량, 돈이 포함된 문장제 문제, 단순한 분수나 소수를 포함한	• 다음의 내용을 포함하는 문장제 문제를 풀기 위해 사칙연산이 어떻게 사용될 수 있는가?

....

* 　수전 힌턴(Susan Hinton)이 고등학생 시절에 쓰고 1967년에 출간한 소설. 사회에서 소외된 계층의 청소년들이 겉보기엔 비참하고 불쌍한 삶을 살아가는 것 같지만, 그들 나름대로의 방식과 꿈을 갖고 살아간다는 것을 보여준다.

문제, 큰 단위로 주어진 측정값을 작은 단위로 표현하는 문제를 풀기 위해 사칙연산을 사용하라.	- 거리 - 시간의 간격 - 액체의 부피 - 물체의 질량 - 돈 - 단순한 분수나 소수 - 더 작거나 큰 측정값으로 변환하기
집에서 에너지를 아껴 쓸 수 있는 방법 5가지를 열거하라.	• 집에서 에너지를 어떻게 아낄 수 있는가?
화성이 태양으로부터 가장 멀어졌을 때의 거리는 154,900,000마일이다. 이 거리를 과학적 표기법(scientific notation)으로 표현하라.	• 화성이 태양으로부터 가장 멀리 떨어져 있는 지점의 마일 수를 과학적 표기법으로 어떻게 표현할 수 있는가?
팽압(膨壓)*이 무엇인지 그리고 그것이 왜 식물에 중요한지 설명하라.	• 팽압이란 무엇이며 그것이 왜 식물에 중요한가?
다양한 문화권의 가족 생활을 통시적 및 공시적으로 비교하고 대조하라. 의사소통, 기술, 가옥, 교통, 여가, 학교, 문화적 전통 등의 측면을 고려하라.	• 다양한 문화권의 가족 생활은 다음의 요소들을 고려했을 때 (통시적 및 공시적으로) 어떻게 바뀌었는가, 아니면 변하지 않았는가? - 의사소통 - 기술 - 가옥 - 교통 - 여가 - 학교 - 문화적 전통
미국 정부가 영국에서 독립하기 위해 싸우던 식민지 주민들에 의해 형성되었다는 사실을 이해하라.	• 미국 정부는 영국에서 독립하기 위해 싸우던 식민지 주민들에 의해 어떻게 수립되었는가?
트루먼 대통령이 일본에 원자폭탄을 투하하도록 한 것이 정당했는지 아닌지 토론하라.	• 트루먼 대통령의 결정은 정당했는가, 정당하지 않았는가? 아니면 그는 일본에 원자폭탄을 투하하는 것 외에 다른 선택의 여지가 없었는가?

[표 1.2]의 첫 번째 열에 제시된 수행 목표는 학습에 대한 명시적 기대이다. 이러한 수행 목표 역시 수업 시간에 다룬 글과 주제에 대해서 얼마나 깊이 생각하는지 보여줄 것을 요구한다. 그러나 수행 목표는 사고의 엄밀함

....

* 식물 세포에서 세포의 원형질이 세포벽을 밀어내는 힘 또는 압력을 뜻한다.

을 위한 교수와 학습의 핵심 요소인 이해의 깊이와 넓이를 말하게 하는 데는 제한적이다. 오른쪽 열에 제시된 좋은 질문은 그 답이 어떻게 그리고 왜 맞는지 설명하게 함으로써, 학생들이 깊이 생각하고 자신의 학습의 깊이를 공유하도록 한다.

지식의 깊이

지식의 깊이는 학생이 자신의 학습을 드러내고 소통하게 될 맥락을 가리킨다. 그 맥락은 상황에 따라 다르며 글과 주제의 범위나 학생이 학습을 드러내고 소통하기를 기대하는 교사에 의해 결정된다. 학생이 깊이 있는 지식을 발전시키고 읽은 글이나 주제에 대해 이해하기를 원하는가? 학생이 정답이나 결과물을 얻고 설명하기 위해서 어떻게 또는 왜 특정 개념과 내용들을 사용했는지 보여주고 설명하기를 요구하는가? 학생이 자신이 배운 내용과 개념을 여러 교과에 걸쳐 그리고 교실 밖의 상황으로 전이시켜 학술적이고 일상적인 생각과 쟁점을 다루기를 기대하는가? 지식의 깊이를 언급할 때, 우리는 단지 학습한 개념과 내용에 대해 학생이 '얼마나 많이' 아는지뿐만 아니라 '얼마나 광범위하게' 이해하고 인식하고 있는지도 판단하게 된다.

사고의 엄밀함을 위한 교수와 학습은 학생이 개념과 내용에 대한 자신의 지식 및 이해를 얼마나 광범위하게 소통하는지 나타내기 위해 웹이 구안한 지식의 깊이 모형*(Webb, 1997, 2002)을 사용한다. [표 1.3]에 제시된 이 모형은 네 단계로 구성된다.

- DOK 1단계(기억과 재생) 학생은 글과 주제에 대해서 깊이 생각하기 위해 자신이 '어떤 지식'을 습득하고 발전시켜야 하는지 설명한다.
- DOK 2단계(기능과 개념의 적용) 학생은 질문에 답하고, 문제를 다루고, 과제를 해결하고, 글과 주제를 분석하기 위해 자신이 '그 지식을 어떻게 사용해야 하는지' 전달한다.

....
*   이후 나오는 지식의 깊이 모형의 '지식의 깊이'는 'Depth of Knowledge'의 앞 글자를 따 모두 'DOK'로 표기하였다.

- DOK 3단계(전략적 사고와 추론) 학생은 반응과 결과를 정당화하고 뒷받침하는 데 '왜 그 지식이 사용될 수 있는지' 조사하고 설명한다.
- DOK 4단계(확장된 사고) 학생은 다양한 학문적·일상적 상황에서 그 지식이 사용될 수 있는 또 다른 것 혹은 또 다른 방식을 연구하고 공유한다.

[표 1.3] **좋은 질문과 DOK**

그 지식은 무엇인가? DOK 1단계 기억과 재생	어떻게 그 지식이 사용될 수 있는가? DOK 2단계 기능과 개념의 기초적 적용	왜 그 지식이 사용될 수 있는가? DOK 3단계 전략적 사고	그 지식으로 다른 어떤 것을 할 수 있는가? DOK 4단계 확장된 사고
• 누가? • 무엇을? • 어디서? • 언제? • 어떻게? • 왜?	• 그것이 어떻게 일어나는가? • 그것이 어떻게 작용하는가? • 그것이 어떻게 쓰이는가? • 정답은 무엇인가? • 결과물은 무엇인가? • 결과는 무엇인가? • 여러분은 무엇을 할 수 있는가? • 여러분은 그것을 어떻게 사용할 수 있는가? • 여러분은 그것을 어떻게 사용하겠는가?	• 왜 그것이 작용하는가? • 왜 그것이 정답인가? • 왜 그것이 결과물인가? • 왜 그것이 결과인가? • 그것은 무엇을 암시하는가? • 그것은 무엇을 제안하는가? • 원인/결과는 무엇인가? • 무엇을 식별하는가/나타내는가? • 이유는 무엇인가? • 어떤 관계인가? • 여러분은 어떻게 모형을 개발하고 사용할 수 있겠는가? • 여러분은 어떻게 ~할 수 있겠는가?	• 영향은 무엇인가? • 어떤 영향이 있는가? • 만약 ~라면 어떻겠는가? • 어떤 일이 일어날 것인가? • 어떤 일이 일어날 수 있을 것인가? • 무엇을 ~ 할 것인가? • 다른 무엇이 있는가? • 다른 방법이 있는가? • 여러분은 어떻게 믿는가/느끼는가/생각하는가? • 여러분은 무엇을 지을/창작할/설계할/개발할/생산할 수 있는가? • 여러분은 어떤 종류의 계획을 발전시킬 수 있겠는가? • 여러분은 어떤 종류의 글을 쓸 수 있겠는가? • 여러분은 어떤 종류의 문제를 제기할 수 있겠는가?

블룸의 분류체계에 제시된 범주는 교과 내용을 정의하고 학생이 반드시 배워야 하는 기능을 설명한다. 반면에 웹의 DOK 모형에 제시된 단계는 학생이 드러내고 의사소통하는 시나리오, 배경, 또는 상황을 나타낸다. 웹의 단계는 복잡성에 비계를 제공하진 않지만, 학생이 각자의 학습의 깊이와 넓이를 공유하는 네 가지 방법을 지시한다. 헤스(Hess, 2013)는 DOK 모형의 단계가 학생 개개인이 배운 것에 대해 얼마나 깊이 있게 설명하고 사용하기를 기대하는지를 알려주는 천장과 같은 역할을 한다고 설명한다. 주목할 점은 더 높은 차원의 DOK 단계가 반드시 다른 단계들보다 더 낫거나 바람직하다는 의미는 아니라는 것이다.

다음 시나리오가 피타고라스 정리와 그 역에 대한 이해의 깊이를 어떻게 공유하게 하는지 살펴보자.

여러분은 지금 피타고라스 정리에 관한 단원을 가르치고 있다. 학생들은 다음의 활동을 하게 될 것이다.

- 피타고라스 정리와 그 역의 증명에 대해서 설명하라. (CCSS.MATH.CONTENT.8.G.B.6)
- 실생활 문제나 수학 문제에 제시된 이차원, 삼차원의 직각삼각형에서 길이를 모르는 변의 값을 구하기 위해 피타고라스 정리를 활용하라. (CCSS.MATH.CONTENT.8.G.B.7)
- 좌표계에서 두 지점 사이의 거리를 구하기 위해 피타고라스 정리를 활용하라. (CCSS.MATH.CONTENT.8.G.B.8)

학생들은 [자료 1.2]에 제시된 좋은 질문에 답하게 될 것이다.

[자료 1.2] **좋은 질문들: 피타고라스 정리**

핵심적	보편적	• 일상생활에서 물체는 어떻게 범주화, 분류, 정의, 묘사, 결정, 수량화될 수 있는가?
	총체적	• 일상생활, 사회, 직장에서의 문제를 해결하는 데 수학이 어떻게 사용될 수 있는가? • 이차원 또는 삼차원적 기하 도형의 특징과 속성이 어떻게

		분석될 수 있는가?
		• 기하학적 관계에 대한 수학적 논증이 어떻게 발전될 수 있는가?
	한정적	• 피타고라스 정리가 직각삼각형을 포함한 문제를 다루고 푸는 데 어떻게 그리고 왜 사용될 수 있는가?
	주도적	• 여러분은 피타고라스 정리와 그 역에 대한 증명을 어떻게 설명하겠는가? • 여러분은 피타고라스 정리와 그 역을 사용해야 하는, 수학 문제 또는 실생활 문제를 설계할 수 있겠는가?
사실적		• 직각삼각형이란 무엇인가? • 피타고라스 정리는 무엇인가? • 피타고라스 정리의 역은 무엇인가? • 삼각형에서 문자가 적힌 변들은 무엇을 의미하는가? • 직각삼각형의 빗변은 무엇인가? • 좌표평면이란 무엇인가?
분석적		• 피타고라스 정리가 수학 문제 또는 실생활 문제에 제시된 이차원, 삼차원의 직각삼각형에서 값이 주어지지 않은 변의 길이를 결정하는 데 어떻게 활용될 수 있는가? • 피타고라스 정리가 좌표평면상의 두 지점의 거리를 계산하는 데 어떻게 활용될 수 있는가?
성찰적		• 피타고라스 정리에 의하면 변의 길이, 빗변의 길이, 삼각형의 각도 사이에는 어떤 관계가 있는가? • 삼각형의 변의 길이와 빗변의 길이가 삼각형의 각과 삼각형의 종류에 미치는 영향은 무엇인가?

가설적		• 만약 빗변의 길이는 주어졌지만 다른 한 변의 길이가 주어지지 않았다면 어떻겠는가?
		• 다음 상황에서 사람들이 피타고라스 정리를 어떻게 사용할 수 있겠는가?
		  - 소방관은 화재가 난 빌딩의 불을 끄고 사람들을 구하기 위해 소방차의 사다리를 어느 지점에 놓아야 하는지 결정해야 한다.
		  - 야구 선수는 공을 어디로 쳐야 내야수가 공중에서 공을 잡지 못하거나 땅볼로 가로채지 못할지 결정하길 원한다.
		  - 테니스 선수는 공을 어디로 서브할지 결정해야 한다.
		  - 영화 <헝거 게임(The Hunger Games)>의 캣니스

	에버딘(Katniss Everdeen)*은 나무 위에서 얼마나 멀리 활을 쏘아야 자기 아래에 있는 다른 게임 참가자에게 닿을지 결정해야 한다.
논증적	• 빗변의 길이로 정해지는 숫자는 반올림되어야 하는가? 아니면 원래의 값대로 표현되어야 하는가? • 피타고라스가 이 이론을 창시한 사람으로 인정받아야 하는가? 아니면 피타고라스보다 앞서 존재했던 다른 문명들이 인정받아야 하는가?

정서적	• 다음의 상황에서 여러분은 피타고라스 정리를 어떻게 사용하겠는가?
	  - 미술 수업을 위한 프로젝트를 설계하라.
	  - 집의 벽면에 페인트칠을 하기 위해서 사다리를 얼마나 높여야 하는지 결정하라.
	  - 텔레비전, 여행 가방, 컴퓨터 등의 높이, 너비, 길이를 결정하라.
	  - 미식축구에서 공을 가진 선수가 공격수들 중 한 명에게 얼마나 멀리 던져야 하는지 결정하라.
	• 여러분은 주어진 문제에 어떤 종류의 삼각형이 제시되어야 하는지 결정하기 위해 피타고라스 정리와 그 역을 어떻게 사용하겠는가?

개인적	• 피타고라스 정리와 그 역에 대해서 무엇을 배우기를 원하는가?

사고의 수준이 기초적인 단계(인지하기, 이해하기, 적용하기)에서 더욱 복잡한 단계(분석하기, 평가하기)로 이동하도록 어떻게 점진적으로 비계를 제공하는지에 주목하라. 그러나 학생이 자신의 학습을 표현하는 깊이의 정도는 학습의 맥락에 달려 있다. 어떤 질문은 피타고라스 정리와 그 역에 대한 특정한 지식의 기억과 재생(DOK 1단계)에 특별히 초점을 맞춘다. 어떤 질문은 학생이 정답과 해결책을 얻은 과정을 설명하기 위해서 '피타고라스 정리를 어떻게 사용할 수 있는지'(DOK 2단계) 또는 '왜 그 정리를 사

....
* 캣니스 에버딘은 〈헝거 게임〉의 여주인공이다. 영화 속 헝거 게임은 한 명만 살아남을 때까지 서로 죽고 죽이는 살인 시합으로, 에버딘은 이 시합에 출전하게 된다.

용해야 하는지'(DOK 3단계)를 설명하게 한다. 또 어떤 질문은 학생에게 다른 학문적·일상적 상황에서 '피타고라스 정리와 그 역을 사용해서 또 다른 것을 할 수 있는지' 공유하게 하거나, '또 다른 방식으로 피타고라스 정리가 사용될 수 있을지'(DOK 4단계)를 묻는다. 사고의 수준이 점진적이라면 지식의 깊이는 더욱 광범위하다.

사고의 엄밀함을 위해서 가르치고 배울 때, 지식의 깊이가 고차원적 사고와 정확히 같지는 않다는 점을 유념하라. 고차원적 사고는 인지의 활동, 즉 사고를 정의한다. 지식의 깊이는 인지적 활동이 수행되는 맥락이나 범위를 가리킨다. 고차원적 사고와 지식의 깊이는 모두 학생이 자신이 학습한 것을 얼마나 깊고 광범위하게 드러내고 소통해야 하는지, 즉 보여주고 말해야 하는지에 대한 교수적 기대치를 설정하여 사고의 엄밀함을 촉진시킨다.

좋은 질문하기를 통해 어떻게 사고의 엄밀함을 촉진할 수 있는가

사고의 엄밀함을 위한 교수 및 학습은 단지 목표와 결과만이 추동하던 전통적 교육 상황에서의 교수 및 학습과는 매우 다르다. 사고의 엄밀함은 형성 평가 및 총괄 평가의 역할을 하고 학습에 대한 교수적 초점을 설정하는 좋은 질문을 다루며, 학생이 그 질문에 응답하면서 학습의 깊이를 표현하고 공유하도록 장려한다. 다음의 공식은 교육 목표의 설정과 좋은 질문의 개발 모두에 적용되는 접근법이다.

보여주기와 말하기 + HOT 질문 줄기 + DOK 맥락

고차원적 사고(Higher-Order Thinking: HOT)*에 관한 질문 줄기는 블

....

* 이후 나오는 '고차원적 사고'는 'Higher-Order Thinking'의 앞 글자를 따 모두 HOT로 표기하였다.

룸의 질문하기 역 피라미드의 구체적인 인지 범주와 관련이 있다(27쪽에 제시된 [표 1.1]의 범주를 보라). 예를 들어, 학습 목표가 학생에게 '이해하기'를 요구할 때, 즉 블룸의 신 교육 목표 분류체계의 '이해하다' 범주에 들어가는 관련 동사를 포함하고 있을 때, 그 동사는 '어떻게'나 '왜'로 시작하는 질문으로 대체될 수 있다. 이 두 질문 줄기는 학생이 자신의 이해를 보여주고 소통하게 하며, 전략적으로 생각하고(DOK 3단계), 해당 학습 목표에 제시된 본래의 주제와 상황 너머까지 사고를 확장하도록(DOK 4단계) 권장한다. 그것이야말로 교육자들이 정확히 원하는 것이다. 학습 목표를 사고의 엄밀함을 증진시키는 좋은 질문으로 변환시킬 때, 여러분은 아마 '어떻게'와 '왜'를 질문 줄기로 자주 사용하고 있는 자신을 발견할 것이다. 그렇게 하는 것은 좋은 일이지만, [표 1.1]의 다른 질문 줄기들도 사용하려고 노력해야 한다.

DOK 맥락은 학습 활동의 범위와 내용 이해의 깊이에 대한 기대치 둘 다를 설명한다(Hess et al., 2009a, 2009b). 이는 일반적으로 학습 목표의 목적어에 의해 정의된다. 지식의 깊이는 활동의 범위뿐만 아니라 학생이 자신의 학습을 얼마나 깊이 있게 드러내야 하는지에 대한 기대치를 설정한다.

[표 1.4]에 제시된 좋은 질문이 학습 목표에서 도출된 방식에 주목하라. 학습 목표의 동사는 학생들의 사고를 촉진하는 적절한 질문 줄기로 대체되었다. 학습 목표의 목적어는 학생이 자신의 학습에 대해 설명하기 위해 반드시 사용해야 할 맥락이나 깊이를 가리킨다. 이 좋은 질문은 교수적 초점을 수립하고 한 차시 수업이나 단원의 형성 평가 및 총괄 평가의 기능을 수행한다.

[표 1.4] 학습 목표에서 좋은 질문 만들기

학습 목표	HOT 질문 줄기(밑줄)와 DOK 맥락(보라색)
발화된 한 음절의 단어에서 단모음과 장모음을 **구별하라.** 글의 중심 생각이나 주제를 **찾고** 그것의 전개를 분석하라. 핵심적인 세부 내용과 생각을 요약하라.	• 발화된 한 음절의 단어에서 단모음과 장모음을 <u>무엇으로 구별하는가?</u> • 중심 생각과 주제를 <u>어떻게</u> 찾을 수 있는가? • 중심 생각과 주제가 글에서 <u>어떻게</u> 전개되는가? • 핵심적인 세부 내용과 생각이 <u>어떻게</u> 글의 중심 생각과 주제를 뒷받침하는가?

같은 주제에 대해 글을 쓴 두 명 이상의 저자들이 다른 증거를 강조하거나 사실에 대해 서로 다른 해석을 개진하여 핵심 정보를 어떻게 다르게 제시하는지 **분석하라.**	• 같은 주제에 대해 글을 쓴 두 명 이상의 저자들이 다음의 활동을 통해 핵심 정보를 <u>어떻게 제시할 수 있겠는가?</u>
	  - 다른 증거를 강조하기
	  - 사실에 대해 서로 다른 해석을 개진하기

타당한 추론과 적절하고 충분한 근거 또는 실질적인 주제를 사용한 글을 분석할 때 주장을 뒷받침하기 위한 논거를 **써라.**	• 타당한 추론과 적절하고 충분한 근거 또는 실질적인 주제를 사용한 글을 분석할 때 주장을 뒷받침하기 위한 논거를 <u>어떻게 쓸 수 있겠는가?</u>

맥락 단서를 활용하거나, 유의미한 어구를 분석하거나, 일반적이고 전문화된 참조 자료 등을 참고하여 의미를 모르거나 의미가 여러 개인 단어 및 구의 의미를 **결정하거나 분명히 하라.**	• 다음을 활용하여 의미를 모르거나 의미가 여러 개인 단어 및 구의 의미를 결정하거나 분명히 할 수 있는 <u>이유가 무엇인가?</u>
	  - 맥락 단서
	  - 의미 있는 어구
	  - 일반적이고 전문화된 참조 자료

120보다 적은 임의의 수에서 시작해서 120까지 수를 **세어라.** 이 범위 내에서 숫자를 읽고 쓰고, 숫자가 적혀 있는 여러 물체를 표현하라.	• 120보다 작은 임의의 수에서 시작해서 120까지 수 세기를 <u>어떻게 할 수 있겠는가?</u> • 숫자를 <u>어떻게</u> 읽고 쓸 수 있겠는가? • 숫자가 적힌 여러 물체를 <u>어떻게 표현할 수 있겠는가?</u>

자리값과 연산의 속성을 기반으로 한 전략을 활용하여 한 자릿수의 정수에 10에서 90까지의 범위에 있는 10의 배수를 **곱하라.**
(예 9×80, 5×60)
	• 다음의 전략을 활용하여 한 자릿수의 정수에 10에서 90까지의 범위에 있는 10의 배수 곱하기를 <u>어떻게 할 수 있겠는가?</u>
	  - 자리값
	  - 연산의 속성

한 집합(정의역)과 다른 집합(치역)을 가진 함수는 정의역의 각 원소를 치역의 한 원소에 할당한다는 원리를 **이해하라.** 만약 f가 함수이고 x가 정의역의 원소라면, $f(x)$는 입력값 x에 상응하는 함수 f의 산출값을 나타낸다. f의 그래프는 방정식 $y = f(x)$의 그래프이다.	• 한 집합(정의역)과 다른 집합(치역)을 가진 함수에서 정의역의 각 원소는 <u>어떻게</u> 치역의 한 원소에 정확히 할당되는가? • 만약 f가 함수이고 x가 정의역의 원소라면, $f(x)$는 <u>어떻게</u> 입력값 x에 상응하는 함수 f의 산출값을 나타내는가? • f의 그래프는 <u>어떻게</u> 방정식 $y = f(x)$의 그래프인가?

사고의 엄밀함을 촉진하기 위한 질문을 활용해 어떻게 가르칠 수 있는가

다음에서 볼 수 있듯, 사고의 엄밀함을 촉진하는 질문(Cognitive Rigor Questions: CRQs)에는 여러 유형이 있다. 각 유형은 학생에게 깊이 있는 지식을 추구하고 자기만의 독특한 방식으로 질문에 통찰력 있게 대답하도록 안내한다. 또한 이 질문은 학생이 배워야 할 정보를 전달하고 그들이 이 정보를 전문 지식이나 다른 지식 결과물로 가공하도록 격려한다.

- **핵심적 질문**은 학생이 보편적인 주제, 핵심 생각, 수업이나 단원의 주제를 더 깊이 이해하고 실질적으로 학습했음을 드러내도록 하기 위한 교수적 초점과 기대를 설명해준다.
- **사실적 질문**은 학생이 '누가', '언제', '어디서', '무엇을'에 대한 정보를 인식하도록 지도한다.
- **분석적 질문**은 학생에게 '어떻게' 그리고 '왜', '의미나 메시지가 무엇인지', '의도나 목적이 무엇인지', '무엇이 분류하거나 특성화하는지', '무엇이 결정하거나 가리키는지', '공통점과 차이점은 무엇인지', '무엇이 추론되고 표현되고 의미화되고 제시되고 형상화되는지'를 탐구하고 설명하게 한다.
- **성찰적 질문**은 학생에게 '원인과 결과', '영향', '이유', '장단점'이 무엇인지 탐구하고 조사하게 한다.
- **가설적 질문**은 학생에게 '만약'을 상상하고, '어떤 일이 일어날지', '어떤 일이 일어날 수 있는지', '장차 어떻게 될지'를 추측하며, '무엇을 ~할지', '어떻게 ~할지'를 예측하도록 한다.
- **논증적 질문**은 학생이 타당한 근거와 적절하고 충분한 증거로 뒷받침되는 결정을 '선택'하고 '옹호'하도록 한다.
- **정서적 질문**은 학생이 스스로 '믿고, 느끼고, 생각하는 것이 무엇인지' 공유하고, 자신의 '의견, 관점, 생각이 무엇인지' 진술하며, 특정 이슈, 문제 또는 상황을 '어떻게 다룰 수 있을지' 또는 '어떻게

다룰지' 보이도록 장려한다.
- **개인적 질문**은 학생이 배우는 과목과 주제에 대해 '무엇을 배우고
  자 하는지'를 주도적으로 탐구하고, 자신의 학습에 대해 반 친구들
  과 공유하도록 동기를 부여한다.

이 사고의 엄밀함을 위한 질문들은 한 차시나 전체 단원을 위한 핵심
질문의 역할을 할 수 있다. 이 질문들은 또한 부록 A(196쪽)에 수록된 사고
의 엄밀함을 위한 질문 틀을 이용하여 분류될 수 있다. 분명한 것은 질문
의 수가 너무 많기 때문에 모든 질문들에 대한 대답을 한 차시 내에 다 할
수는 없다는 점이다. 그러나 여러분은 사고의 엄밀함을 촉진하는 학생 중
심적이고 더 깊은 학습 경험을 위해 각 질문을 독립적으로 사용하거나 다
른 질문들과 짝지어 사용할 수 있다.

결론

사고의 엄밀함을 위한 질문하기는 학생이 학문적·일상적 상황에서
사용할 수 있는 깊이 있는 지식과 복잡한 사고 기능을 보여주고 소통하도
록 한다. 학업 성취기준과 그 안의 수행 목표를 사고를 촉진하는 개방형
질문으로 바꾸면 좋은 질문을 쉽게 만들 수 있다. 또한 교수 목표를 수립
하고 학습의 평가 도구로 사용하기 위해 자신만의 질문을 고안할 수도 있
다. 사고의 엄밀함을 위한 질문 틀은 물어야 할 질문의 종류를 확인할 뿐
만 아니라 질문의 의도, 목적, 복잡성의 수준에 따라 질문에 비계를 제공
하는 자료로 쓰일 수 있다.

이 책의 나머지 부분에서는 사고의 엄밀함을 위한 질문 틀의 각 범주
에 대해 탐구하고, 각 범주와 다른 범주의 관계를 보인다. 우리는 또한 학생
이 이 질문에 어떻게 반응하는지, 교사가 학생 반응의 정확성, 수용 가능성,
적절성, 진정성을 어떻게 평가할 수 있는지에 대해서도 다룰 것이다.

학습 목표에서 좋은 질문을 만들어보자

목표

대학 및 직업 준비를 위한 성취기준의 수행 목표를 바탕으로, 한 차시나 단원에서
교수적 초점 및 형성 평가/총괄 평가로 사용할 수 있는 사고의 엄밀함을 위한 질문을
개발하라.

자료

- 여러분이 사는 지역에서 채택한 대학 및 직업 준비를 위한 성취기준
- 여러분의 학교에서 채택한 교육과정과 교재
- 좋은 질문과 블룸의 분류체계([표 1.1])
- 좋은 질문과 DOK([표 1.3])

절차

1. 해당 차시나 단원의 일부로 다뤄질 성취기준을 선택하라. [표 1.5]의 첫 번째 열에 학습
   목표를 적어라.
2. 학습 목표의 인지 동사를 그에 상응하는 블룸의 질문하기 역 피라미드에 제시된 HOT
   질문 줄기로 바꿔라.
3. 교육할 주제나 지식 그리고 그 주제가 다뤄지고 사용될 시나리오, 배경, 또는 상황을
   확인하라.
4. 학습 목표의 목적어를 재진술하여 DOK 맥락을 파악하라.
5. 사고의 엄밀함을 촉진하는 질문을 만들기 위해서 HOT 질문 줄기와 DOK 맥락을
   결합하라. 이것은 교수 목표를 설정하고 한 차시나 단원의 형성 및 총괄 평가로
   기능하는 좋은 질문이 될 것이다. 완성된 차트의 예를 보기 위해서는 [표 1.4]를
   참조하라.

[표 1.5] **학습 목표로부터 좋은 질문 만들기**

학습 목표	HOT 질문 줄기와 DOK 맥락

좋은 핵심적 질문이란 무엇인가

여러분은 지금 1950~1960년대의 민권 운동에 대한 단원을 가르치고 있다. 학생들은 다음 활동을 하게 될 것이다.

- '2차 재건'과 민권의 발전에 대해 이해하라. (NHS.USE9.4.A)
- 동시대에 이루어진 발전을 비교하기 위해 관련된 사건의 연대 순서를 사용하고, 그 역사적 사건과 발전이 어떻게 보다 광범위한 역사적 맥락뿐만 아니라 구체적인 시간적 · 공간적 상황에 의해 형성되었는지 분석하고 평가하라. (C3.D2.His.1)
- 특정 역사적 시기의 삶을 오늘날의 삶과 비교하고, 일련의 역사적 사건과 발전을 예로 분류함으로써 역사적 시대의 변화와 연속성을 분석하라. (C3.D2.His.2)
- 과거 사람들과 현재 사람들의 관점을 비교하고, 복잡하고 상호작용하는 요소가 서로 다른 역사적 시대의 사람들의 관점에 어떻게 그리고 왜 영향을 주었는지를 설명하고 분석하라. (C3.D2.His.4)
- 역사적 맥락이 어떻게 그리고 왜 사람들의 관점을 형성했으며, 계속해서 형성하고 있는지를 설명하고 분석하라. (C3.D2.His.5)

학생들은 [자료 2.1]에 제시된 좋은 질문에 답하게 될 것이다.

[자료 2.1] **좋은 핵심적 질문: 민권**

보편적	• 사회 정의란 무엇인가? • 민권이란 무엇인가? • 개인의 권리란 무엇이며 그것은 어떻게 결정되는가? • 사람들은 어떻게 자신의 정의를 옹호하고 그것을 위해 싸워야 하는가? • 어떻게 한 개인이 차이를 만들어낼 수 있는가? • 평등을 위해 정부의 조치가 필요한가, 아니면 그것은 자연적 권리인가?
총체적	• 연속적인 시간상에 있는 사건을 비교하기 위해, 역사적으로 서로 관련이 있는 사건의 연대표를 어떻게 제작하고 사용할 수 있는가? • 특정 역사적 사건이 어떻게 보다 광범위한 역사적 맥락뿐만 아니라 구체적인 시간과 공간의 상황에 의해 형성되는가? • 무엇이 오늘날의 삶과 특정 역사적 시대를 구분하는가? • 무엇이 과거 사람들의 관점과 현재 사람들의 관점을 구분하는가? • 상호작용하는 요소가 서로 다른 역사적 시대의 사람들의 관점에 어떻게 그리고 왜 영향을 주는가? • 역사적 시대의 변화가 어떻게 일련의 역사적 사건과 발전을 예로 범주화함으로써 분석될 수 있는가? • 역사적 맥락은 오늘날에 살고 있는 사람들의 관점을 어떻게 그리고 왜 형성하는가?
한정적	• 민권은 1950~1960년대 2차 재건 시기에 어떻게 다뤄지고 발전했는가?

주도적	• 여러분은 다음의 세부 내용을 설명하는 연대기적 문서를 어떻게 만들겠는가?
	  - 민권 운동 사건과 결과
	  - 이 사건들이 2차 재건이라는 독특한 시간적·공간적 상황으로 인해 형성된 방식
	  - 이 사건들이 이후 민권 관련 쟁점에 끼친 영향

　　민권 운동 단원의 좋은 핵심적 질문으로 결정된 질문을 잘 살펴보라. [자료 2.1]의 보편적 질문은 더 넓은 생각과 주제에 초점을 맞추며, 총체적 질문은 생각과 사건의 역사적·사회적 맥락을 검토한다. 이 질문들은 학생이 사고력을 기르고, 생각과 쟁점에 대해 폭넓게 인식하며, 학문적 주제의 개념에 대해 더 깊이 있게 이해하도록 돕는다. 한정적 범주에 제시된 '민

권은 1950~1960년대 2차 재건 시기에 어떻게 다뤄지고 발전했는가?'라는 질문은 학생이 깊이 있게 자신의 학습을 드러내도록 요구한다. 마지막으로 주도적 질문은 학생이 2차 재건 시기의 사건을 상세히 다루는 연대기적 문서를 만들고, 그 사건들의 역사적·사회적 원인과 결과를 설명하는 활동에 참여하게 유도한다. 이 질문들이 교수 목표를 수립하고 학생들의 학습을 총괄적으로 평가하는 데 필수적인, 즉 핵심적인 질문이다.

좋은 핵심적 질문은 어떤 역할을 하는가

좋은 핵심적 질문은 중요한 생각과 핵심 이해에 초점을 맞춘다. 사고의 엄밀함을 위한 질문 틀은 학습 경험과 연관된 핵심적 질문의 네 가지 하위 유형을 제시한다.

- **보편적 질문**은 더 크고 전반적인 생각, 쟁점, 주제, 화제 등을 다룬다.
- **총체적 질문**은 한 학문 분야의 핵심 생각들에 초점을 맞춘다.
- **한정적 질문**은 한 차시 수업이나 단원의 중심 내용에 대한 이해를 확인한다.
- **주도적 질문**은 학생이 자신만의 방식으로 학습의 깊이를 공유하게 한다.

[표 2.1]에서 핵심적 질문의 네 가지 하위 유형의 예를 살펴보라.

[표 2.1] 좋은 핵심적 질문의 네 가지 유형

보편적	다뤄야 하는 전반적인 생각, 쟁점, 주제는 무엇인가?
총체적	해당 학문적 자료에 제시된 핵심 생각과 이해는 무엇인가?
한정적	해당 단원의 교수적 초점 및 총괄 평가는 무엇인가?
주도적	여러분은 자신의 학습의 깊이를 반영하는 어떤 것을 창작, 설계, 개발, 실행, 계획, 또는 생산할 수 있는가?

질문의 네 가지 하위 유형은 각각 위긴스와 맥타이(Wiggins & Mc-Tighe, 2005)가 "질문의 특성을 나타내기 위해 사용될 때, '핵심적'이라는 용어에는 서로 다르지만 한편으로는 겹치는 네 가지 의미가 있다"(pp. 108-109)라고 밝힌 것에 초점을 맞춘다. 이 핵심적 질문들은 함께 작용하여 사고의 엄밀함을 촉진하는, 의미 있는 수행 경험의 토대가 된다.

이제 핵심적 질문의 각 하위 유형이 어떻게 교수적 초점을 확립하고, 한 단원 혹은 전체 교과 과정에서 총괄 평가로 기능하는지 살펴보자.

보편적 핵심 질문

좋은 보편적 질문은 어떤 학문 분야에서든 각 주제와 관련된 윤리적·철학적·실존적 문제에 대해 성찰해보게 한다. 위긴스와 맥타이(2005)는 그런 질문을 "우리 삶을 관통해서 계속 제기되고, 범위가 넓으며, 시간에 구애를 받지 않고, 영속적으로 논쟁의 여지가 있으며, 변함없이 잠정적인 아주 중요한 질문이다"(p. 108)라고 설명한다. 이처럼 좋은 보편적 질문은 미래의 깊이 있는 사고 능력을 위한 기초를 닦아준다. 이 질문을 평가 도구로 사용해선 안 되며, 토의에서 학생이 자신과 친구들의 의견과 관점에 대해 깊이 생각하도록 격려하는 데 사용해야 한다.

예컨대, '죽음이란 무엇인가?'라는 질문에 대해 생각해보자. 과학자, 종교 지도자, 변호사, 작가, 예술가는 이 질문에 어떻게 반응하겠는가? 죽음에 대한 과학적, 종교적, 법적 정의는 각각 어떻게 다른가? 이렇게 어려운 질문을 다루는 학생은 자기인식 능력을 높이고, 자신이 속한 보다 넓은 세상을 더 명민하게 이해하게 된다. 또한 좋은 질문은 하나의 질문을 숙고하는 데 하나 이상의 방법이 있다는 점을 납득하게 한다. 위긴스와 맥타이(2005)가 언급했듯이, "교육은 단지 '정답'을 학습하는 것이 아니라 어떻게 학습하는지를 배우는 것이다"(p. 108).

보편적 질문은 학생에게 글의 주제나 중심 생각을 찾는 방법을 가르칠 때 유용하다. 보편적 질문은 학생이 문학 작품이나 정보를 전달하는 글에 명시적 혹은 암시적으로 담긴 보편적 생각과 쟁점에 대해서 깊이 있게 생각하도록 유도한다. 그런 다음, 한정적 핵심 질문은 글이 특정 주제를 어떻게 다루고 있는지, 자신의 반응을 뒷받침하기 위해서 글에 사용된 구체적인 증거를 어떻게 인용해야 하는지를 비판적으로 생각해 보게 한다.

예를 들어, 로이스 로리(Lois Lowry)의 소설 『기억 전달자(The Giver)』* 가 고립, 기억의 가치, 선택, 즐거움과 고통, 노년, 동조성과 개성 등의 주제를 어떻게 다루고 있는지 보여주고 말하도록 하는 한정적인 핵심 질문이 있다고 가정하자. 이 주제들은 학생에게 고립이란 무엇을 의미하는가, 기억의 가치는 무엇인가, 우리의 선택에 영향을 주는 것은 무엇인가, 기쁨과 고통을 구별하는 것은 무엇인가, 노년이란 무엇인가, 동조성과 개성의 차이점은 무엇인가 등의 보편적 질문에 대해 생각해보고 견해를 밝히라고 함으로써 더 깊이 탐구되고 검토될 수 있다. 이 보편적 질문들은 더 폭넓은 생각과 쟁점에 대한 인식을 넓혀주고, 자신이 읽고 있는 글이 어떻게 이러한 주제들을 드러내는지에 대해 더 잘 이해하게 한다. 보편적이고 한정적인 핵심 질문들이 엘윈 브룩스 화이트(Elwyn Brooks White)가 쓴 『샬롯의 거미줄(Charlotte's Web)』**의 주제를 가르치기 위해 어떻게 사용될 수 있는지를 이 장의 뒷부분에 제시되는 [자료 2.3](51쪽)을 통해 확인하라. 좋은 보편적 질문의 더 많은 예시는 부록 B(200쪽)에서도 찾을 수 있다.

총체적 핵심 질문

좋은 총체적 질문은 "학문 분야의 핵심적인 탐구 주제를 다룬다" (Wiggins & McTighe, 2005, p. 109). 그러한 질문은 "각 학문 분야 내에서 지식을 창조하고 소통하고 사용하는 사람들이 가지고 있는 전문화된 지식과 능력을 [강조함으로써]" 학문적 문식성(disciplinary literacy)의 발전을 돕는다(Shanahan & Shanahan, 2012, p. 7). 좋은 총체적 질문은 다음의 내용

....

* 모두가 똑같은 형태의 가족을 가지고 동일한 교육을 받으며 성장하는 곳에서 '기억 보유자'라는 직위를 부여받은 열두 살 소년 조너스가 평화로운 사회를 이루기 위해 모두에게서 박탈된 감정들을 경험하며 그 감정들을 찾기 위해 나서는 이야기이다.

** 작은 시골 농장에서 태어난 아기 돼지 윌버와 거미 샬롯이 서로에 대한 편견을 뛰어 넘어 진정한 친구가 되고 각자가 얼마나 소중한 존재인지를 깨닫게 되는 이야기이다.

에 초점을 맞춤으로써 여러 학문 분야의 핵심 생각들을 다룬다.

- 학문 분야의 목적을 확립하는 '빅 아이디어'
- 공인되거나 입증된 학문 분야에 대한 지속적인 이해
- 학문 분야에 존재하는 기술적 지식

이 중요한 생각과 핵심 과정은 학문 분야에서 가장 중요한 부분이며, 교실 밖까지 확장된다. 또한 그 생각과 과정은 특정 영역, 과목, 또는 연구 분야에서 글을 읽고 쓸 줄 알고 그에 능숙해진다는 것이 무엇을 의미하는 지를 나타내고 측정한다. 이상적으로 말하자면 학생들은 이와 같은 총체적 질문을 그들의 학문적 진로 내내 지속적으로 다루고 다시 들여다보아야 한다. [표 2.2]는 서로 다른 학문 분야의 핵심 생각을 보여주는 좋은 총체적 질문들이다.

부록 C (203쪽)는 대학 및 직업 준비를 위한 중핵 성취기준(anchor standards)의 학습 목표가 교과의 학문적 핵심 생각을 다루는 좋은 총체적 질문으로 어떻게 변환될 수 있는지를 보여준다. 이 핵심적 질문은 어느 학년에서나 사용하기에 적절하며 교과의 성취 기준점이나 총괄 평가의 역할을 할 수 있다.

[표 2.2] 여러 내용 교과를 아우르는 좋은 총체적인 질문

글 문식성	• 읽기, 쓰기, 말하기, 듣기, 문법, 어휘의 관계는 무엇인가? • 생각과 정보는 어떻게 구어적, 문어적, 창의적, 기술적 표현으로 나타내질 수 있는가? • 글과 저자는 어떻게 문체, 어휘, 언어, 작품이 제작되는 방식을 통해 관점을 표현하는가?
수학 문식성	• 수학이란 무엇인가? • 수학은 자료, 숫자, 양식, 기능, 치수, 추론, 관계를 양적으로, 공간적으로, 통계적으로 이해하고 분석하는 데 어떻게 사용될 수 있는가? • 수학은 어떻게 도구로써 언어로써 또는 수학적 지식과 사고를 전이시키는 방식으로써 사용될 수 있으며, 이러한 사용을 어떻게 장려할 수 있는가?
과학 문식성	• 과학이란 무엇인가? • 과학은 세계를 어떻게 설명하는가?

	• 매일의 경험에서 생기는 호기심으로부터 도출된 질문에 대한 답을 발견하기 위해 과학이 어떻게 사용될 수 있는가? • 과학은 자연 현상을 어떻게 묘사, 설명, 예측하는가?
역사 문식성	• 역사가 어떻게 과거에 대한 서술이자 해석이 될 수 있는가? • 역사가 어떻게 연대기에 대한 감각과 우리가 살고 있는 물리적 세계의 사건, 개인, 쟁점에 대한 이해를 갖게 하는가? • 사회, 사람, 국가의 역사적 경험이 어떻게 연속성과 변화의 양식을 드러내는가? • 역사를 이해하는 것이 어떻게 연구와 증거 자료로 뒷받침되는 결론 도출을 포함하는가?
사회 문식성	• 문화에 대한 연구는 어떻게 사회의 믿음, 가치, 제도, 행동, 전통, 삶의 방식에 대한 탐구를 돕는가? • 사람, 장소, 집단, 제도, 환경이 서로에게 미치는 영향은 무엇인가? • 전 세계, 국가, 지역 사회에 기여하는 일원이 된다는 것은 무엇을 의미하는가?
예술 문식성	• 예술적인 생각은 어떻게 상상되고 발전되는가? • 예술적 생각과 작품은 어떻게 해석되고 제시되고 실현되고 공유되는가? • 예술은 어떻게 의미를 전달하는가? • 예술적 생각 및 작품은 어떻게 개인적 의미 및 외적 맥락과 관련될 수 있는가?
보건 문식성	• 건강은 어떻게 증진될 수 있는가? • 건강상의 위험이 어떻게 예방되거나 감소할 수 있는가? • 대인 의사소통, 의사 결정, 목표 설정과 같은 생활 기능은 어떻게 건강 상태를 증진시키기 위해 사용될 수 있는가?

한정적 핵심 질문

좋은 한정적 질문은 학습에 대한 교수적 기대치를 세우고 학년 또는 교과 특수적인 성취기준에 초점을 맞춘다. 중학생들에게 수 체계, 수식, 그리고 방정식에 대해 가르치는 다음의 시나리오를 검토하라.

여러분은 지금 유리수에 대한 단원을 가르치고 있다. 학생들은 다음의 활동을 하게 될 것이다.

• 유리수가 아닌 수는 무리수라고 불린다는 사실을 알아라. 모든 수는 소수로 나타낼 수 있고, 유리수를 소수로 나타내면 소수점 아래의 숫자가 결국 반복된다는 점을 대략적으로 이해하라. 이렇게 반복되는 소수를 정수로 변환하라. (CCSS.MATH.CONTENT.8.NS.A.1)

- 무리수(예 π^2)의 크기를 비교하고, 수직선 위에 위치시키고, 그 표현값을 추정하기 위해 무리수의 유리수 근삿값을 사용하라. (CCSS.MATH.CONTENT.8.NS.A.2)
- $x^2=p$와 $x^3=p$ (p는 양의 유리수)의 형식을 띄는 방정식의 해를 구하기 위해 제곱근과 세제곱근 기호를 사용하라. '작은 완전제곱수의 제곱근', '작은 완전세제곱수의 세제곱근'을 구하라. $\sqrt{2}$가 무리수라는 사실을 알아라. (CCSS.MATH.CONTENT.8.EE.A.2)

학생들은 [자료 2.2]에 제시된 질문에 답하게 될 것이다.

[자료 2.2] 좋은 핵심적 질문: 유리수

보편적	• 삶이 어떻게 연결, 패턴, 관계, 체계 등에 의해 정의될 수 있는가?
총체적	• 수학이 자료, 숫자, 양식, 기능, 치수, 추론, 관계를 유창하게, 양적으로, 공간적으로, 체계적으로, 측정 가능하게, 통계적으로 이해하고 평가하는 데 어떻게 사용될 수 있는가? • 숫자는 어떻게 표현될 수 있는가? • 숫자와 수 체계의 관계는 무엇인가?
한정적	• 해당 단원의 교수적 초점 및 총괄 평가는 무엇인가?
주도적	• 다음에 제시된 활동을 하기 위해서 여러분은 어떻게 무리수의 유리수 근삿값을 구하겠는가? 　- 무리수의 크기를 비교한다. 　- 무리수를 수직선 위에 대략적으로 위치시킨다. 　- 무리수(예 π^2)의 값을 추정한다. • $x^2=p$와 $x^3=p$ (p는 양의 유리수)라는 방정식의 해를 나타내기 위해 여러분은 제곱근과 세제곱근 기호를 어떻게 사용하겠는가?

　이 단원의 핵심 질문이 어떻게 수학에서 다루는 추상적 개념에 대한 숙고에서부터 수 체계에 대한 더 넓은 개념적 이해를 위한 탐구, 그리고 유리수와 무리수의 더욱 구체적인 개념을 다루는 것까지에 이르도록 비계를 제공하는지 주목하라. 한정적 질문은 수업 목표를 수립하고 학생이 얼마나 깊고 넓게 이해했는지 평가한다. 이 과정에서 학생들은 예시 문제를 풀고 한정적 질문에 대한 자신의 응답을 강화한다.

　한편, 영어 교과에서 한정적 질문은 주로 교실에서 다루는 구체적인 글에 초점을 맞춘다. 한정적 질문은 보편적인 생각이나 주제가 어떻게 다뤄지는지 그리고 문식성 및 언어의 어떤 규칙이 정보를 제공하기 위해 사용되는지 등을 고려한다. 예를 들어, 특정 소설이나 비소설 작품에 대한 좋은 한정적 질문은 학생에게 핵심 생각, 특별한 기교나 구조, 그리고 글이 중심 생각을 제시하는 방법에 대해 더 깊이 이해하도록 요구할 것이다. 다음의 시나리오를 살펴보자.

여러분은 지금 엘윈 브룩스 화이트의 『샬롯의 거미줄』을 가르치고 있다. 학생들은 다음의 활동을 하게 될 것이다.

- 글의 중심 생각이나 주제를 찾고 내용 전개를 분석하라. 중심 생각을 뒷받침하는 핵심적인 세부 내용과 생각을 요약하라. (CCSS.ELA-LITERACY.CCRA.R.2)
- 글 속에서 인물, 사건, 생각이 어떻게 그리고 왜 전개되고 상호작용하는지 분석하라. (CCSS.ELA-LITERACY.CCRA.R.3)
- 관점이나 목적이 어떻게 글의 내용과 문체를 형성하는지 평가하라. (CCSS.ELA-LITERACY.CCRA.R.6)
- 언어적, 시각적, 양적 등 다양한 매체와 형식으로 제시된 내용을 통합하고 평가하라. (CCSS.ELA-LITERACY.CCRA.R.7)
- 효과적인 기법, 잘 선택된 세부내용, 잘 구조화된 사건의 연속체 등을 활용하여 실제나 가상의 경험 또는 사건을 전개하는 이야기를 써라. (CCSS.ELA-LITERACY.CCRA.W.3)
- 문학 작품이나 정보를 전달하는 글에서 자신의 분석, 성찰, 연구를 뒷받침하기 위한 근거를 도출하라. (CCSS.ELA-LITERACY.CCRA.W.9)

학생들은 [자료 2.3]에 제시된 좋은 질문을 다루고 그에 답하게 될 것이다.

[자료 2.3] **좋은 핵심적 질문:『샬롯의 거미줄』**

보편적	• 우정이란 무엇인가?
총체적	• 글의 중심 생각이나 주제를 어떻게 찾을 수 있는가? • 글의 중심 생각이나 주제는 어떻게 발전하는가? • 인물, 사건, 생각이 어떻게 글 내에서 발전하고 상호작용하는가? • 저자는 글을 통해 자신의 관점을 어떻게 표현하고 공유하는가?

	• 관점이나 목적이 어떻게 글의 내용과 문체를 형성하는가? • 내용은 다양한 매체와 형식에 어떻게 시각적, 양적, 언어적으로 통합될 수 있는가? • 이야기가 어떻게 효과적인 기술, 잘 선택된 세부 내용, 그리고 잘 구조화된 사건의 연속체 등을 활용하여 실제나 가상의 경험 또는 사건을 공유하는가?
한정적	• 엘윈 브룩스 화이트가 쓴 『샬롯의 거미줄』은 우정이라는 주제, 특히 서로 매우 다른 인물 간에 존재하는 예상 밖의 우정을 어떻게 다루는가?
주도적	• 여러분은 서로 매우 다른 두 인물 간에 존재하는 예상 밖의 우정에 대해서 이야기하고자 할 때 어떤 종류의 독창적 이야기를 쓸 수 있는가?

[자료 2.3]의 좋은 질문은 학생이 더 깊은 학습 경험을 갖도록 도와주고, 읽기와 쓰기가 어떻게 학습을 촉진할 수 있는지에 대한 기술적 이해를 확장시켜준다. 학생은 '우정이란 무엇인가'라는 보편적 핵심 질문을 통해 더 넓은 생각과 주제에 대한 사고를 넓힐 수 있다. 또한 총체적 질문은 수업이나 단원의 교수 목표를 수립한다. 이 수업의 교수 목표는 이 작품이 우정이라는 주제를 어떻게 다루는지 설명하는 것이다. 한정적 질문은 학년 수준의 성취기준과 교과목을 직접적으로 다룬다. 또한 이 질문은 학생에게 자신이 배운 내용에 대한 지식과 사고의 깊이를 드러낼 기회를 제공한다. 학생은 구체적인 근거에 기반한 깊이 있는 답을 내놓아야 한다.

주도적 핵심 질문

주도적 질문은 학생에게 자신의 학습과 통찰을 자기 방식으로 공유할 것을 요구한다. 이러한 좋은 질문은 학생에게 자신이 가진 지식의 깊이를 바탕으로 창작, 설계, 개발, 실행, 계획, 생산할 수 있는 것에 대해 창의적이고 전략적으로 생각하게 한다. 주도적 질문은 또한 다음의 능동적인 학습 경험을 통해 내용을 탐구하도록 격려한다.

- 프로젝트 기반 학습 학생이 구어적, 문어적, 창의적, 기술적 표현을 통해 지식의 깊이를 보이도록 요구한다.
- 탐구 기반 학습 학생이 연구, 조사, 설계를 통해 개념과 내용을 깊이 파고들게 한다.
- 문제 기반 학습 학생이 다양한 학문적·일상적 문제를 다루고 해결하기 위해 배운 것을 전이하고 사용하도록 요구한다.
- 탐험적 학습 학생에게 배우고 있는 학문적 개념이 어떻게 실생활에 적용될 수 있는지 조사하도록 한다.
- 봉사 학습 학생이 전 세계, 국가, 지역 공동체에 기여하고 보답하기 위해 자신이 배운 것을 사용하도록 유도한다.

위의 교수법과 전략은 학생에게 자신의 전문성, 즉 그간의 교육과 경험을 통해 계발한 지식과 역량을 드러내고 공유하도록 요구한다. 이는 또한 프로젝트 설계, 연구 수행, 문제와 쟁점 다루기, 공동체에 기여하기 등 학생이 자신의 전문성을 실생활에 적용하는 방식에 대한 기대를 반영한다.

이제 좋은 핵심적 질문이 어떻게 학생을 특정 분야나 주제에 대한 전문가로 변모시키는지 살펴보자.

영어, 예술

영어와 미술 및 예술에서 좋은 주도적 질문은 학생을 글을 분석하고 평가하는 비평가와 같이 사고하는 사람에서 자신의 독창적 작품을 만드는 창작자와 같이 사고하는 사람으로 변화시킨다. 다음의 시나리오가 어떻게 자신의 창의성을 표출하도록 장려하는지 살펴보자.

여러분은 지금 역사 소설 장르를 연구하는 단원을 가르치고 있다. 학생들은 다음의 활동을 하게 될 것이다.

- 글이 명시적으로 이야기하고 있는 것이 무엇인지 알아내고 그로부터 논리적 추론을 하기 위해 글을 자세히 읽어라. 글을 쓰거나 말할 때 글에서 도출된 결

론을 뒷받침하기 위해서 원문에 있는 구체적인 증거를 인용하라. (CCSS.ELA-LITERACY.CCRA.R.1)

- 글의 중심 생각이나 주제를 찾고 내용 전개를 분석하라. 중심 생각을 뒷받침하는 핵심적인 세부 내용과 생각을 요약하라. (CCSS.ELA-LITERACY.CCRA.R.2)
- 관점이나 목적이 어떻게 글의 내용과 문체를 형성하는지 평가하라. (CCSS.ELA-LITERACY.CCRA.R.6)
- 지식을 형성하기 위해서 또는 저자들이 취하는 접근 방식들을 비교하기 위해서 두 개 이상의 글들이 유사한 주제나 화제를 어떻게 다루는지 분석하라. (CCSS.ELA-LITERACY.CCRA.R.9)
- 효과적인 기법, 잘 선택된 세부 내용, 잘 구조화된 사건의 연속체 등을 활용하여 실제나 가상의 경험 또는 사건을 전개하는 이야기를 써라. (CCSS.ELA-LITERACY.CCRA.W.3)
- 몇몇 자료에서 도출된 내용을 바탕으로 질문에 대답하고, 추후의 연구나 조사를 위해 관련된 추가 질문을 만들어내는 짧은 연구 프로젝트를 수행하라. (CCSS.ELA-LITERACY.CCRA.W.7.7)
- 청자가 추론의 흐름을 따라갈 수 있도록 그리고 글의 조직, 전개, 문체 등이 과제, 목적, 청중에게 적절하도록 정보, 결과, 뒷받침하는 증거 등을 제시하라. (CCSS.ELA-LITERACY.CCRA.SL.4)

학생들은 [자료 2.4]의 좋은 질문에 대해 숙고할 것이다.

[자료 2.4] 좋은 핵심적 질문: 역사 소설

보편적	• 저자는 어떻게 그리고 왜 자신의 관점이나 견해를 쓰고 공유하는가? • 하나의 이야기에는 얼마나 많은 입장이 있는가? • 무엇이 진실을 구성하는가? • 우리는 과거의 삶에 대해서 어떻게 배우는가? • 과거가 우리에게 무엇을 알려줄 수 있으며, 우리는 어떻게 과거에서 배우는가? • 누구의 이야기가 역사가 되는가? • 역사는 사실의 서술인가 아니면 특정한 해석인가?
총체적	• 글의 중심 생각이나 주제를 어떻게 찾을 수 있는가? • 글의 중심 생각이나 주제가 글 안에서 어떻게 발전하는가? • 관점이나 목적이 어떻게 글의 내용과 문체를 형성하는가? • 두 개 이상의 글들이 지식을 형성하기 위해서 유사한 주제나 화제를 어떻게 다루는가?

한정적	• 역사적 시간, 공간, 사건, 개인에 관한 허구적 묘사와 동시대에 대한 역사적 설명이 역사를 이해하기 위한 수단으로 어떻게 기능할 수 있는가?
주도적	• 여러분은 실제 역사적 시간, 공간, 사건, 인물에 대한 사실과 허구의 균형을 유지하면서 어떤 종류의 독창적인 서사 텍스트나 역사 소설을 쓸 수 있는가?

[자료 2.4]에 제시된 한정적 질문과 주도적 질문 사이의 전환에 주목하라. 한정적 질문은 학생에게 읽고 있는 역사 소설을 비평하도록 유도한다. 한편 주도적 질문은 학생이 서사 텍스트를 읽고 쓰며 계발해온 기술적 지식을 사용해 독창적인 역사 소설을 창작할 기회를 제공한다. 학생은 이 주도적 질문에 답함으로써 자신이 탐구한 보편적인 생각, 특히 저자가 어떻게 그리고 왜 자신의 생각을 글로 써서 공유하는가에 대해 더 깊이 이해하게 된다.

수학

좋은 한정적 질문은 다양한 학문적·일상적 상황에서 수학자처럼 생각하는 방법을 가르친다. 이러한 사고의 변화는 수학을 단순히 추상적인 문제 풀이로 학습하고 실행하는 것이 아니라, 현실적이고 관찰 가능한 문제를 풀어내는 수학의 잠재력을 이해하도록 학생을 변모시킨다. 다음의 시나리오가 기하학적 도형으로 설계하고 만들 수 있는 것에 대해 어떻게 소통하도록 하는지 알아보자.

여러분은 지금 기하학적 도형 사이의 관계를 그리고, 작도하고, 설명하는 것에 대한 단원을 가르치고 있다. 학생들은 다음의 활동을 하게 될 것이다.

• 기하학적 도형의 축도(scale drawings)*를 포함한 문제들(예를 들어, 축도로 실제의 길이와 면적을 측정하고 다른 단위의 눈금자로 그 축도를 재생성하기 등)을 해결하라. (CCSS.MATH.CONTENT.7.G.A.1)

....

* 건축물의 모양은 바꾸지 않고 실제 크기를 일정한 축척에 비례하도록 작게 그린 그림이나 도해를 말한다.

- 주어진 상황에 맞는 기하학적 도형을 (맨손, 자와 각도기 그리고 기술을 사용하여) 그려라. 단일 삼각형, 두 개 이상의 삼각형, 또는 삼각형이 아닌 도형을 결정하는 조건들에 주목하면서 세 변의 길이나 세 각의 크기 중 세 가지가 주어질 때 삼각형이 만들어진다는 삼각형의 결정 조건에 초점을 맞춰라. (CCSS. MATH.CONTENT.7.G.A.2)
- 직사각기둥과 직사각뿔의 평면처럼, 삼차원 도형을 잘라서 얻게 되는 이차원 도형에 대해 설명하라. (CCSS.MATH.CONTENT.7.G.A.3)

학생들은 [자료 2.5]에 있는 좋은 핵심적 질문에 대해 답하게 될 것이다.

[자료 2.5] **좋은 핵심적 질문: 기하학**

보편적	• 생활 속 물체의 형식과 패턴이 어떻게 묘사되고 결정될 수 있는가?
총체적	• 수학적 생각이 어떻게 분류되고 범주화되고 이해되고 소통되는가? • 이차원, 삼차원적 기하 도형의 특징과 속성이 어떻게 그리고 왜 분석될 수 있는가? • 시각화, 공간 추론, 그리고 기하학적 모형화가 문제를 해결하기 위해 어떻게 사용될 수 있는가?
한정적	• 기하 도형과 그러한 도형들 사이의 관계가 어떻게 작도되고 설명될 수 있는가?
주도적	• 여러분은 기하 도형을 어떻게 작도하고 그러한 도형들의 관계를 어떻게 설명할 수 있는가? • 여러분은 기하 도형을 활용해 어떤 종류의 원래 크기 또는 축소된 크기의 설계, 그림, 작도, 모형을 만들 수 있겠는가? 그리고 어떻게 설계 속 도형들의 관계를 설명하겠는가?

주도적 질문이 어떻게 기하 도형에 대해 배운 것으로 창작, 실행, 생산을 하도록 유도하는지 주목하라. 주도적 질문은 또한 학생이 기하 도형을 사용해 어떤 종류의 설계, 그림, 모형을 만들 수 있는지 공유하고, 자신이 선택한 도형들의 관계를 설명하게 한다. 이 활동은 학생이 창의적인 수학적 사고를 드러내고 사고의 엄밀함의 가장 총체적인 수준에서 자신의 지식을 소통하도록 촉진한다.

과학

과학에서의 주도적 질문은 학생을 과학자나 기술자처럼 사고하게 함으로써 STEM 교육*을 지원한다. 이러한 좋은 질문을 수행 목표에서 도출하고, 학생이 과학적 방법이나 공학 설계 과정을 사용하여 자연 현상을 설명하게 하라. 예를 들어, 여러분은 어떤 설명을 구성할 수 있는가? 어떤 자료나 증거를 제공할 수 있는가? 어떤 모형을 개발하고 사용할 수 있는가? 다음의 시나리오를 검토해보자.

여러분은 물질의 변화, 처리, 반응에 대한 단원을 가르치고 있다. 학생들은 다음의 활동을 하게 될 것이다.

- 단일 분자의 원자 구성과 그것의 확장된 구조를 설명하는 모형을 개발하라. (NGSS-MS-PS1-1)
- 화학적 반응이 일어날지 아닐지를 결정하기 위해 상호작용 전후의 물질의 속성에 대한 자료를 분석하고 해석하라. (NGSS-MS-PS1-2)
- 합성 재료의 원료가 되는 천연 자원과 그것이 사회에 미치는 영향에 대한 정보를 수집하고 이해하라. (NGSS-MS-PS1-3)
- 열에너지가 가해지거나 제거되었을 때 입자의 운동, 온도, 순물질의 상태 등에 생기는 변화를 예측하고 설명하는 모형을 개발하라. (NGSS-MS-PS1-4)
- 화학반응에서 어떻게 총 원자의 수가 변하지 않고, 그에 따라 질량이 보존되는지 설명하기 위한 모형을 개발하고 사용하라. (NGSS-MS-PS1-5)
- 화학적 처리 과정에서 열에너지를 방출하거나 흡수하는 장치를 개발, 검사, 변경하는 설계 프로젝트에 착수하라. (NGSS-MS-PS1-6)

학생들은 [자료 2.6]에 제시된 좋은 질문을 다루게 될 것이다.

[자료 2.6] 좋은 핵심적 질문: 원자와 분자의 구조

보편적	• 생명이 어떻게 조직되고 특징지어질 수 있는가? • 형식과 패턴이 있는 사건들 사이에는 어떤 관계가 있는가? • 생명이 어떻게 원인과 결과의 끊임없는 순환인가?

....

* Science(과학), Technology(기술), Engineering(공학), Mathematics(수학)의 앞 글자를 딴 것으로, 과학 분야의 인재를 양성하기 위한 융합 교육을 뜻한다.

총체적	• 거시적인 패턴이 어떻게 미시적인 본질과 원자 수준의 구조와 관련되는가? • 인과관계가 자연적 혹은 인위적 체계의 현상을 예측하는 데 어떻게 사용될 수 있는가? • 너무 크거나 너무 작은 다양한 단위와 체계에 존재하는 시간, 공간, 에너지 현상을 관찰하기 위해 모형이 어떻게 사용될 수 있는가? • 원자의 보존으로 인해 물리적이고 화학적인 처리 과정에서 물질이 어떻게 그리고 왜 보존될 수 있는가? • 에너지 전이가 어떻게 물질의 운동과 순환을 이끄는가?
한정적	• 구조, 속성, 물질 사이의 상호작용은 어떻게 설명될 수 있는가?
주도적	• 여러분은 단순 분자와 확장된 구조의 분자 구성을 설명하기 위해 어떻게 모형을 개발하고 사용할 수 있는가? • 여러분은 열에너지가 가해지거나 제거되었을 때 순물질의 입자 운동, 온도, 상태 등에 생기는 변화를 설명하고 예측하는 모형을 어떻게 개발하고 사용할 수 있는가? • 여러분은 화학반응에서 어떻게 총 원자의 수가 변하지 않고, 그에 따라 질량이 보존되는지 설명하기 위해서 어떤 종류의 모형을 개발하고 사용할 수 있는가? • 여러분은 화학적 처리 과정에서 열에너지를 방출하거나 흡수하는 장치를 검사하고 변경하기 위해 어떤 종류의 설계 프로젝트에 착수하겠는가?

　　주도적 질문이 대학 및 직업 준비 성취기준에 제시된 수행 목표를 어떻게 직접적으로 다루는지, 학생이 자신의 연구와 과학자 및 기술자의 연구 사이의 유사점을 어떻게 소통하게 하는지 주목하라. 이 질문은 또한 과학과 공학에 대한 지식, 그리고 이를 탐구하는 방법에 대한 지식을 확장시킨다.

　역사와 사회

　　좋은 질문은 학생이 생각, 사건, 개인, 쟁점이 어떻게 세상에 영향을 주는지에 대한 자신의 의견을 표현하게 한다. 이를 통해 학생은 역사학자처럼 사고하는 방식을 배울 것이다. 다음은 미국 독립혁명 이후의 행정적 조치들과 결정들에 대한 시나리오다. 이 시나리오가 어떻게 학생 자신만의 주장과 결론을 세우게 하는지 살펴보자.

여러분은 지금 미국 독립혁명 이후의 연방 및 주 단위의 정부 형성에 대한 단원을 가르치고 있다. 학생들은 다음의 활동을 하게 될 것이다.

- 북서부 조례(Northwest Ordinance)*의 중요성을 평가하라. (NHS.USE3.2.A.4)
- 여러 관련 자료와 해석을 기반으로 하여 적용 가능한 증거를 과거에 대한 일관성 있고 논리적인 주장에 사용하고 조직하고 통합하라. (C3.D2.His.16)

학생들은 [자료 2.7]에 제시된 좋은 질문에 답하게 될 것이다.

[자료 2.7] 좋은 핵심적 질문: 북서부 조례

보편적	• 우리에게 기본적이며 필수적인 자유와 권리란 무엇인가? • 정부나 체제는 어떻게 몰락하는가? • 우리는 왜 과거를 연구하는가? • 과거가 현재에 어떤 영향을 주는가?
총체적	• 역사적 사건이 어떻게 과거와 현재의 변화에 대한 예로 분류될 수 있는가? • 여러 해석을 기반으로 한 적용 가능한 증거가 어떻게 과거에 대한 일관성 있고 논리적인 주장에 사용되고 조직되고 통합될 수 있는가?
한정적	• 북서부 조례는 미국의 북서부 준주가 통치되는 방식을 어떻게 다루었는가? • 북서부 조례는 영토의 일부가 주의 지위를 획득하는 시기와 방법에 대한 지침을 어떻게 수립하였는가?

주도적	• 여러분은 다음의 내용에 관한 북서부 조례의 영향에 대해 어떤 역사적 주장을 펼 수 있는가?
	  - 새로운 주의 발전과 추가
	  - 미국 시민권의 정의
	  - 주 정부와 연방 정부 사이의 힘의 균형
	  - 기본적이며 필수적인 자유의 명확한 정의
	  - 노예제도의 제한

....

* 1787년에 미합중국이 통치하는 최초의 영토인 오대호의 남쪽, 오하이오강의 북쪽과 서쪽, 미시시피강의 동쪽 지역을 북서부 준주(準州)라고 규정하고 그 지역의 통치 방식을 정한 법률을 일컫는다. 오늘날의 미국 중서부에 해당하는 인디애나, 일리노이, 미시간, 위스콘신, 그리고 미네소타주 등이 그 당시에는 온전한 주의 자격을 얻지 못한 준주의 형태로 포함되어 있었다.

- 공교육의 설비
- 북미 원주민에 대한 '최대선의 의무' 조항

이 주도적 질문의 사고의 엄밀함에 대해 생각해보라. 좋은 질문은 단순히 사실을 보고하거나 다른 이들의 결론을 반복하지 않는다. 대신 믿을 만한 자료의 정보를 활용해서 북서부 조례의 지속적 효과에 대한 자신만의 주장을 펼치도록 장려한다. 즉, 좋은 주도적 질문은 학생이 기존의 생각과 사건을 비판하여 역사를 보다 능동적으로 학습하게 한다. 이 질문은 또한 창의적으로 사고하고 특정 연구 분야의 지식을 바탕으로 창작, 수행, 생산한 것에 대해 공유하도록 권장한다.

좋은 핵심적 질문을 활용해 어떻게 가르칠 수 있는가

좋은 보편적 질문은 다양한 학습 경험의 시작점 역할을 한다. 이 질문은 학생이 교실 대화나 소집단 토의 혹은 저널 쓰기에 참여하게 한다. 보편적 질문을 할 때는 정확한 표현보다 자유로운 표현이 중요함을 강조하는 것이 좋다. 그러나 학생은 교육이나 경험에서 도출한 증거로 자신의 답을 방어할 준비가 되어 있어야 한다.

좋은 총체적 질문은 어느 학년에나 적절히 사용될 수 있다. 좋은 총체적 질문의 수는 세부 수업이 그 과목의 핵심 생각을 얼마나 광범위하게 다루는지에 따라 달라질 것이다. 이 질문은 해당 교과에 대한 학생의 배경이나 지식을 평가하는 데 사용될 수 있다. 이때 좋은 총체적 질문은 특정 수업, 학년, 교과에서 단계적·누진적으로 학습된 것들을 점검하고 측정하는 기준이나 총괄 평가로 기능할 것이다.

좋은 한정적 질문은 교수적 초점을 설정하고 학생의 학습을 총괄적으로 평가함으로써 단일 차시나 전체 단원의 지지대 같은 기능을 한다. 학습 경험의 초반에 이 질문을 활용하여 학생에게 특정 글이나 주제를 얼마나 폭넓게 다룰 것인지 미리 알려주고, 그다음 한 차시나 한 단원의 마지막 총괄 평가에 질문을 다시 제기하라. 한정적 핵심 질문의 수는 그 교과에 대한 이해의 깊이와 넓이를 제대로 측정할 수 있는 한두 개의 좋은 질문으로 제한하라. 그러면 학생은 질문에 압도되지 않고 이를 통해 더 깊은 수준의 지식과 사고를 발전시키고 드러낼 수 있다.

좋은 주도적 질문은 학생이 습득한 지식으로 무언가를 창작, 개발, 실행, 제시, 생산할 수 있게 한다. 그 결과물은 학생의 학습의 깊이를 반영하는 주장, 비평, 설계, 발명, 모형, 계획, 프로젝트, 문제, 서비스, 해결책, 글이 될 수 있다. 좋은 주도적 질문은 언제나 학생이 자신만의 방식으로 학습의 깊이와 세부 사항을 드러내도록 해야 하며, 이는 사고의 엄밀함을 학생에게 가르치는 궁극적인 목표이다.

결론

좋은 핵심적 질문의 의도와 목적은 한 차시나 단원의 교수적 초점과 기대치를 수립하는 것이다. 그 질문은 또한 학생이 학습의 깊이와 넓이에 대해 숙고하고 공유하도록 한다. 개별적으로 보면, 핵심적 질문의 하위 유형 각각은 학생에게 더 넓은 인식(보편적), 개념적 이해(총체적), 교과 지식(한정적), 그리고 개인적 전문 지식(주도적)을 계발하고 드러내기를 요구한다. 좋은 핵심적 질문의 하위 유형이 통합적으로 사용된다면 능동적이면서도 실질적인, 학생 중심의 깊이 있는 학습 경험을 마련할 수 있을 것이다.

좋은 핵심적 질문을 만들어보자

목표
교수적 초점을 수립하고 형성 및 총괄 평가로 기능하는 좋은 핵심적 질문을 개발한다.

자료
- 여러분이 속한 지역에서 채택한 대학 및 직업 준비 성취기준
- 여러분의 학교에서 채택한 교육과정과 교재
- 좋은 질문과 블룸의 분류체계([표 1.1])
- 좋은 질문과 DOK([표 1.3])

절차
1. 글에서 다뤄진 전반적인 생각과 교실에서 검토된 주제를 설정하라. 질문의 형태로 바꾼 이 생각을 [표 2.3]의 '보편적' 범주에 배치하라.
2. 수업에서 다룰 성취기준이나 개념 등을 파악하라. 수행 목표를 좋은 질문으로 재진술하고 그 질문을 '총체적' 범주에 배치하라. (수행 목표를 재진술하기 위해서는 41쪽에 제시된 [표 1.5]를 참조하라.)
3. 해당 차시나 단원에 대한 교수적 기대를 설정하는 내용군이나 성취기준을 선정하라. 수행 목표를 어떻게, 왜, 무엇이 일으키는가로 시작되는 좋은 질문으로 재진술하고 그 질문을 '한정적' 범주에 배치하라. 이 질문은 해당 차시나 단원의 교수적 초점 및 총괄 평가로 기능할 것이다. (수행 목표를 재진술하기 위해서는 41쪽에 제시된 [표 1.5]를 참조하라.)
4. 학생에게 뭔가를 하도록 하는 성취기준을 골라라(⑩ 적용한다, 수행한다, 구성한다, 만든다, 설계한다, 개발한다, 실행한다, 찾는다, 발명한다, 혁신한다, 수정한다, 준비한다, 제시한다, 생산한다, 사용한다, 쓴다). 그다음 학습 목표를 여러분이 무엇을 창작, 설계, 개발, 실행, 계획, 또는 생산할 수 있는지 묻는 좋은 질문으로 바꾸고 그 질문을 '주도적' 범주에 배치하라. 이 질문은 학생이 학습의 깊이와 넓이를 숙고하고 나타내는 무언가를 창작, 설계, 실행, 또는 생산하도록 유도할 것이다. (수행 목표를 재진술하기 위해서는 41쪽에 제시된 [표 1.5]를 참조하라.)

[표 2.3] 좋은 핵심 질문 생성기

보편적 어떤 생각, 쟁점, 주제가 제기되는가?	
총체적 교과에서 더 확장될 핵심 생각은 무엇인가?	
한정적 조사, 탐구, 설명될 핵심 이해는 무엇인가?	
주도적 구어적, 문어적, 창의적, 기술적 표현을 통해 학습의 깊이가 어떻게 더 깊게, 통찰력 있게, 독창적으로 드러나고 소통될 것인가?	

03

좋은 사실적 질문은
어떻게 더 깊이 있는 학습의 토대를 마련하는가

여러분은 지금 작가 에드거 앨런 포(Edgar Allan Poe)를 연구하는 단원을 가르치고 있다. 학생들은 다음의 활동을 수행해야 한다.

- 글의 중심 생각이나 주제를 찾고 내용 전개를 분석하라. 중심 생각을 뒷받침하는 핵심적인 세부 내용과 생각을 요약하라. (CCSS.ELA-LITERACY.CCRA.R.2)
- 특정 문장, 문단, 또는 더 큰 글의 부분(예 부분, 장, 장면, 연 등)을 포함하는 글의 구조가 서로 그리고 글 전체와 어떻게 연관되는지 분석하라. (CCSS.ELA-LITERACY.CCRA.R.5)
- 지식을 형성하기 위해서 또는 저자들이 취하는 접근 방식들을 비교하기 위해서 두 개 이상의 글들이 유사한 주제나 화제를 어떻게 다루는지 분석하라. (CCSS.ELA-LITERACY.CCRA.R.9)
- 효과적인 기법, 잘 선택된 세부 내용, 잘 구조화된 사건의 연속체 등을 활용하여 실제나 가상의 경험 또는 사건을 전개하는 이야기를 써라. (CCSS.ELA-LITERACY.CCRA.W.3)
- 문학 작품이나 정보를 전달하는 글에서 자신의 분석, 성찰, 연구를 뒷받침하기 위한 근거를 도출하라. (CCSS.ELA-LITERACY.CCRA.W.9)

작가 연구를 시작하기 위해서 학생들에게 [자료 3.1]에 제시된 좋은 질문을 하라.

[자료 3.1] 좋은 사실적 질문: 에드거 앨런 포

- 고딕 문학(gothic literature)*이란 무엇인가?
- 에드거 앨런 포는 어떤 사람이었는가?
- 에드거 앨런 포는 어떤 작품을 썼는가?
- 에드거 앨런 포는 언제 그의 소설 및 비소설 작품을 쓰고 출판했는가?
- 어떤 작품이 포의 대표적이고 획기적인 작품으로 평가되는가?
- 에드거 앨런 포가 지은 이야기와 시의 플롯은 무엇인가?
- 에드거 앨런 포가 지은 이야기와 시의 일반적인 배경은 무엇인가?
- 에드거 앨런 포의 이야기에 나타나는 전형적인 인물은 누구인가?
- 에드거 앨런 포의 이야기에 나타나는 고딕의 전형은 무엇인가?
- 에드거 앨런 포의 작품에 드러나는 공통된 생각, 모티프, 상징, 주제는 무엇인가?
- 그의 수필 「글쓰기의 철학(The Philosophy of Composition)」에 의하면, 에드거 앨런 포가 제시한 문학에 대한 세 가지 이론은 무엇인가?

우리는 일반적으로 주제에 대한 이해도를 평가하기 위해서 한 차시의 끝이나 단원의 끝에 또는 포의 이야기 중 하나를 다 읽은 뒤에 학생에게 [자료 3.1]에 제시된 질문을 한다. 그런데 만약 우리가 그 질문을 수업이 시작된 직후나 학생이 포의 이야기를 읽기 전에 한다면 어떨까? 만약 우리가 사실적 정보를 말해주기 전에 학생이 그 정보를 직접 조사하게 한다면 어떨까?

사실적 질문은 문자 그대로, 글과 그 글의 주제에 대한 사실을 다룬다. 이러한 질문에 대답하는 것은 전통적으로 학생이 자신이 배운 것을 명시적으로 회상할 수 있는지 아닌지를 평가하는, 커닝햄(Cunningham, 1987)이 "기계적 암기의 훈련"이라고 일컬은 방식으로 작용한다. 사고의 엄밀함을 위한 교수와 학습에 있어 좋은 사실적 질문은 어떤 정보가 학생의 배경지식을 쌓고 사고력을 뒷받침하는 데 핵심적이고 적절한지를 알려준다.

---

* 18세기 영국을 중심으로 유행했던 소설 장르로, 공포, 죽음, 로맨스가 결합된 음침하고 기괴한 분위기가 특징이다.

좋은 사실적 질문은 어떤 역할을 하는가

좋은 사실적 질문은 주로 특정 학문 분야의 세부적인 내용에 초점을 맞춘다(Krathwohl, 2002). 이 질문의 사고의 엄밀함은 학생에게 교사가 제시했거나 글이 제공한 특정 정보를 정확하게 기억하고 재생할 수 있기를 기대한다. 따라서 사실적 질문의 사고의 엄밀함은 블룸과 웹의 평가 틀에서 낮은 차원의 사고를 다룬다고 할 수 있다(Anderson & Krathwohl, 2001; Webb, 2002; Hess et al., 2009a).

전통적으로, 좋은 사실적 질문은 학생에게 누구, 무엇, 어디, 언제 등의 정보에 대한 기억, 회상, 인식을 요구한다. 사고의 엄밀함을 촉진하는 교실에서 좋은 사실적 질문은 보다 깊이 있는 학습을 위한 출발점으로서 기능한다. 이 질문은 수업 및 평가를 위해 학생에게 다음의 활동을 하도록 요구한다.

- 단어와 전문 용어의 의미를 상세하고 깊이 있게 **정의하고 기술하라**.
- 글에 제시된 세부 내용과 생각을 정확하고 확실하게 **읽고 검토하고 재진술하라**.
- 학생의 학습을 강화하고 뒷받침하는 근거로 사용하기 위해 문헌에서 정보를 **확인하고 조사하고 회상하라**.

좋은 사실적 질문은 학생이 글과 주제에 제시된 핵심적이고 적절한 정보를 확인하고 이해하도록 한다. 실제로 이것은 기억하기나 회상하기보다 더 높은 차원의 인지적 활동이다. 이 질문 줄기는 학생에게 자료, 정의, 세부 내용을 회상하고 재생하도록 요구하기 때문에 일반적으로 DOK 1단계로 분류된다. 또한 학생은 대개 이 질문에 가장 답하기 어려워한다. 많은 양의 정보를 정확하고 명시적으로 기억하는 데에는 많은 시간과 노력이 필요하기 때문이다. 그러나 사고의 엄밀함과 함께, 이 질문의 난이도는 정보를 읽고 연구하며, 이렇게 얻은 정보를 기록하기 위해 이를 자기만의 표현으로 바꾸고, 글로 쓰고, 자료를 인용하는 데 시간과 노력이 얼마나 드는지에 달려 있다.

물론 학생은 자신이 배운 것을 반드시 기억하고 회상해야 하고, 사실적 질문은 이러한 인지적 활동을 평가하는 효과적인 수단이다. 그러나 기억하기와 회상하기는 지식을 평가하는 것이지, 지식을 습득하는 것이 아니다. 지식 습득은 알고 이해해야 할 것을 읽고 조사하고 인식하는 것, 그리고 재진술과 예시의 인용을 통해 그 정보를 기록하는 것 등을 포함한다. 좋은 사실적 질문의 교수 목표는 학생이 정보를 얻고 모으도록 하여 이를 더 깊이 있는 지식과 이해로 처리할 수 있도록 안내하는 것이다. 결국 학생은 정보를 전이시키고 그것을 자신만의 독특한 방식으로 깊이 있고 통찰력 있게 사용하기를 기대받는다. 학생이 배운 내용을 어떻게 기억하고 회상하는지는, 그가 더 복잡한 질문에 대처하고 그것을 다루기 위해 자신이 계발해온 지식을 어떻게 사용하는지를 확인함으로써 평가할 수 있다.

어휘 지식과 발달

사고의 엄밀함을 위한 교수의 가장 중요한 측면 중 하나는 지식의 공유이다. 이것은 학생이 의미를 더 깊이 이해하고, 단어와 용어의 사용법을 발달시키도록 한다. 사실적 질문은 각 단어가 무엇을 의미하는지 그리고 "어떻게 그 단어가 자신이 기존에 알던 정보에 새로운 정보를 연결시키도록 지식의 망을 연결하고 창조하는지"(Marzano & Simms, 2013, p. 5)에 대해 소통하도록 한다. 또한 이 질문은 학생이 범주화하기, 추론하기, 요약하기 등의 더 깊이 있는 사고를 보이도록 요구될 때 이용할 수 있는 기초적 지식을 제공한다(Anderson & Pearson, 1984; Kintsch, 1998; Kintsch & van Dijk, 1978; Marzano & Simms, 2013; Stahl & Stahl, 2012). 다음의 예에 제시된 좋은 사실적 질문이 수학적 개념에 관련된 용어들을 설명함으로써 어떻게 학생들의 곱셈에 대한 기초적 지식을 계발하는지 살펴보라.

여러분은 지금 곱셈을 사용해서 문제를 나타내고 해결하는 단원을 가르치고 있다. 학생들은 다음의 활동을 하게 된다.

- 정수의 곱을 풀어라. (CCSS.MATH.CONTENT.3.OA.A.1)
- 등군(equal groups), 배열, 측정량 등을 포함하는 문장제 문제를 풀기 위해 100이하의 수의 곱셈 및 나눗셈을 하라(⑩ 문제를 나타내기 위해 그리기 및 미지수를 나타내는 기호가 있는 방정식을 사용하기). (CCSS.MATH.CONTENT.3.OA.A.3)
- 세 개의 정수를 포함하는 곱셈이나 나눗셈의 방정식에서 정수인 미지수를 구하라. (CCSS.MATH.CONTENT.3.OA.A.4)

학생들은 [자료 3.2]에 제시된 좋은 질문에 응답하게 될 것이다.

[자료 3.2] 좋은 사실적 질문: 곱셈

- 풀기란 무엇을 의미하는가?
- 구하기란 무엇을 의미하는가?
- 나타내기란 무엇을 의미하는가?
- 곱하기란 무엇을 의미하는가?
- 정수란 무엇인가?
- 곱셈이란 무엇인가?
- 곱셈 문제에서 승수는 무엇이며 어디에 위치해 있는가?
- 곱셈 문제에서 피승수는 무엇이며 어디에 위치해 있는가?
- 곱셈 문제에서 곱이란 무엇인가?
- 곱셈 문제에서 인수란 무엇인가?
- 곱셈 문제에서 미지수는 무엇인가?
- 등군이란 무엇인가?
- 배열이란 무엇인가?
- 측정량이란 무엇인가?
- 곱셈 연산의 속성에는 무엇이 있는가?

이 사실적 질문들이 어떻게 다른 영역이나 곱셈과 관련된 특정 과목의 용어를 정의하게 하는지 주목하라. 그것은 무엇인가, 그것이 무엇을 하는가, 그것은 어디에 위치해 있는가 등의 질문이 특히 그러하다. 또한 이러한 질문들은 학생이 나중에 다른 교과에서 마주치게 될 수학 용어뿐만 아니라 일반 학술 어휘(⑩ 풀다, 구하다, 적용하다)를 정의할 수 있게끔 한다.

학생은 글에 있는 용어나 교사가 사용한 용어를 글자 그대로 사용하기보다는, 이를 자신만의 표현으로 정의하고 설명해야 한다. 학생이 어떻게 사실적 질문을 다루고 이에 반응해야 하는지는 이 장의 뒷부분에서 다룰 것이다.

글 자세히 읽기

사실적 질문은 보통 학생이 읽고 있는 글에 제시된 기본적 세부 사항과 생각을 제대로 이해했는지 아닌지를 평가하기 위해 사용된다. 특히, 사실적 질문은 무엇이 일어났는지, 언제 일어났는지, 어디서 일어났는지, 그리고 누가 관여되어 있는지 묻는다. 이 질문은 글 속에서 자신의 분석과 주장을 뒷받침하는 데 활용할 수 있는 적절한 정보를 인식하고 언급하도록 안내하여 사고의 엄밀함을 촉진한다. 다음의 좋은 사실적 질문이 어떻게 두 명의 유명한 민권 운동 지도자에게서 구체적인 정보를 인용하게 하는지 살펴보자.

여러분은 지금 학생들이 마틴 루터 킹(Martin Luther King Jr.) 목사와 말콤 엑스 (Malcolm X)의 철학을 비교·대조해야 하는 단원을 가르치고 있다. 학생들은 아래의 활동을 하게 될 것이다.

- 시간에 따른 변화의 예로써 일련의 역사적 사건이나 발전을 분류하고 분석하라. (C3.D2.His.2.6-12)
- 개인과 단체에 대한 질문을 사용하여 그들이 이룬 발전이 역사적으로 중요하게 여겨지는 이유를 분석하고, 그들이 한 행동의 중요성이 역사적 맥락에 의해 어떻게 형성되고 시간이 지남에 따라 어떻게 변화했는지 평가하라. (C3.D2.His.3.6-12)
- 왜 개인과 단체가 다양하고 종종 복잡하며 서로 상호작용하는 요인들로 인해 동일한 역사적 시대에 대해 다른 관점을 갖게 되는지를 설명하라. (C3.D2.His.4.6-12)
- 사람들이 가진 관점이 어떻게 그리고 왜 시간의 흐름에 따라 달라지는지, 역사적 맥락이 어떻게 여전히 사람들의 관점을 형성하는지를 분석하라. (C3.D2.His.5.6-12)
- 민권 운동에서 마틴 루터 킹 목사와 말콤 엑스의 리더십 및 이데올로기를 분

석하고 그들이 남긴 유산에 대해 평가하라. (NHS.USE9.4.A.4)

- 글의 중심 생각이나 주제를 찾고 내용 전개를 분석하라. 중심 생각을 뒷받침하는 핵심적인 세부 내용과 생각을 요약하라. (CCSS.ELA-LITERACY.CCRA.R.2)
- 관점이나 목적이 어떻게 글의 내용과 문체를 형성하는지 평가하라. (CCSS.ELA-LITERACY.CCRA.R.6)
- 글 속의 논거와 구체적인 주장을 추론의 타당성과 근거의 적절성 및 충분성 등을 고려하여 자세히 기술하고 평가하라. (CCSS.ELA-LITERACY.CCRA.R.8)

학생들은 [자료 3.3]에 제시된 좋은 질문을 다루게 될 것이다.

[자료 3.3] 좋은 사실적 질문: 마틴 루터 킹 목사

- 마틴 루터 킹 목사는 어떤 사람이며, 민권 운동에서 그의 역할은 무엇이었는가?
- 말콤 엑스는 어떤 사람이며, 민권 운동에서 그의 역할은 무엇이었는가?
- 마틴 루터 킹 목사와 말콤 엑스가 언제 민권을 옹호하고 그것을 위해 행진했는가?
- 다음 내용에 대해서 마틴 루터 킹 목사와 말콤 엑스가 정확히 어떤 말을 했는가?
  - 평등을 위한 싸움
  - 민권 운동에서 백인의 역할
  - 통합
  - 폭력

사실적 질문은 특정 자료의 특정한 세부 내용을 통해서만 답해질 수 있기 때문에 매우 글 의존적이다. 이 자료에서는 평등을 위한 싸움, 민권 운동에서 백인의 역할, 통합 등에 대해 마틴 루터 킹 목사와 말콤 엑스가 한 말 등이 그 예이다. 이 정보는 글의 중심 생각에 대한 학생의 이해를 깊게 하고 학생 반응을 뒷받침하는 기능을 한다. 학생은 이 지도자들의 연설문 속의 실제 진술을 직접적 또는 간접적으로 인용하거나 자기 표현으로 바꿔서 진술함으로써 이 질문에 답해야 한다.

정보 문식성

학생은 자신이 모으는 정보에 접근하고 이를 평가하며 사용하는 방법과 기능을 발달시켜야 한다(Friedman, 2005; Trilling & Fadel, 2009; Wagner, 2014). 이 기능들은 학생이 삶 속에서 끊임없이 사용하게 될 핵심 기능

중 하나인 연구와 관련된 인지적 활동들이다. 좋은 사실적 질문은 학생에게 무엇을 찾아야 하는지, 필요한 정보를 믿을 만한 인쇄 자료나 전자 자료로부터 어떻게 획득할 수 있는지를 알려준다. 이 좋은 사실적 질문이 어떻게 학생으로 하여금 지구와 태양계에 대한 정보를 교사와 교과서가 알려주는 것 이상으로 조사하게 장려하는지 살펴보자.

여러분은 지금 학생들에게 중력이 지구, 달, 태양, 그리고 태양계의 다른 천체 사이에서 수행하는 역할에 대해 가르치고 있다. 학생들은 아래의 활동을 할 것이다.

- 달의 위상 변화의 패턴, 일식과 월식, 그리고 계절에 대해 설명하기 위해 지구-태양-달 체계의 모형을 개발하고 사용하라. (NGSS-MS-ESS1-1)
- 은하계와 태양계 내에서 이루어지는 운동에 대한 중력의 역할을 설명하는 모델을 개발하고 사용하라. (NGSS-MS-ESS1-2)
- 태양계 내에서 물체의 규모 특성을 결정하기 위해 데이터를 분석하고 해석하라. (NGSS-MS-ESS1-3)

학생들은 [자료 3.4]에 제시된 질문을 다루고 그에 답하게 될 것이다.

[자료 3.4] 좋은 사실적 질문: 천문학

- 천체란 무엇이며, 그것들은 어디에 위치하는가?
- 은하계란 무엇이며, 그것을 어떻게 발견할 수 있는가?
- 우리 태양계의 천체에는 어떤 것이 있는가?
- 지구란 무엇인가?
- 달이란 무엇인가?
- 태양이란 무엇인가?
- 달의 위상 변화란 무엇이며, 그것은 언제 일어나는가?
- 계절이란 무엇이며, 그것은 언제 일어나는가?
- 일식이란 무엇이며, 그것은 언제 일어날 수 있는가?
- 월식이란 무엇이며, 그것은 언제 일어날 수 있는가?
- 중력이란 무엇인가?

이 좋은 질문의 교수적 초점은 학생이 수행 목표에 제시된 세부 내용과 전문 용어를 정의하고 기술하도록 하는 것이다. 학생은 배경지식이나 더 복잡한 질문에 대한 답을 뒷받침할 근거를 얻기 위해 이 질문을 온라인 검색 엔진에 입력한다. 학생은 검색을 통해 수집한 정보를 자기 말로 다시 표현하고 옮겨 적어야 할 뿐만 아니라, '정보를 제공하는 자료의 신뢰도란 무엇이며 자료의 신뢰도를 결정하는 것이 무엇인지'를 판단해야 한다. (이러한 질문은 이 단원의 일부 또는 별도의 수업으로 다뤄질 수 있는 좋은 질문들이다.)

좋은 사실적 질문은 학생으로 하여금 필요한 정보를 스스로 조사하고 재진술하게 함으로써 더욱 능동적이고 적극적으로 지식을 획득하도록 한다. 좋은 질문에 답할 때 학생은 알아야 하는 내용을 교사로부터 수동적으로 제공받는 대신에 주도적이고 자기충족적으로 학습하는 방법을 배우게 된다. 이러한 자급자족적 학습 방법은 학생의 학문적, 개인적, 전문적, 그리고 사회적 성공을 도울 것이다.

좋은 사실적 질문을 활용해 어떻게 가르칠 수 있는가

좋은 사실적 질문은 학생이 수업에서 가장 핵심적이고 적절한 정보를 획득하고 수집하는 것에 주의를 집중하게 한다. 일반적으로 교사는 학생이 정확히 어떤 정보를 알아야 하는지, 그 정보를 어디서 찾을 수 있는지 분명히 짚어주고, 학생은 그 정보를 글자 그대로 반복한다. 그러나 사고의 엄밀함 원칙에 기반한 좋은 질문은 학생이 '누가, 무엇을, 어디에서, 언제'에 대해 깊이 탐구하는 데 시간과 노력을 들이도록 요구한다. 또한 학생이 정보를 재진술하거나 적절하게 인용된 믿을 만한 자료로부터 얻은 구체적 설명과 세부 사항을 기록하여 정보를 정확하고 사실적으로 공유하도록 한다.

다음의 좋은 질문이 어떻게 제2차 세계대전을 완전히 이해하기 위해 필요한 정보를 조사하게 하는지 살펴보자.

여러분은 지금 제2차 세계대전의 원인 및 전 세계적으로 나타난 결과에 대해서 가르치고 있다. 학생들은 다음의 활동을 하게 될 것이다.

- 제2차 세계대전의 원인 및 이로 인한 전 세계적 결과를 이해하라. (NHS. WHE8.2)
- 1900년부터 제2차 세계대전이 끝날 때까지 세계의 주요 동향을 이해하라. (NHS.WHE8.5.A)
- 연대표를 만들고 사용하여 역사적 사건이 어떻게 보다 광범위한 역사적 맥락뿐만 아니라 특정한 시간적·공간적 상황에 의해 형성되었는지 분석하라. (C3.D2.His.1)
- 과거 사람들과 현재 사람들의 관점을 비교하고, 복잡하고 상호작용하는 요소가 서로 다른 역사적 시대의 사람들의 관점에 어떻게 그리고 왜 영향을 주었는지를 설명하고 분석하라. (C3.D2.His.4)
- 과거에 일어난 사건의 다면적이고 복잡한 인과관계를 설명하고 분석하라. (C3.D2.His.14)
- 과거에 있었던 사건과 발전의 다양한 원인들의 상대적인 영향을 평가하고, 장기적 원인과 역사적 논쟁을 발전시킨 결정적인 사건을 구분하라. (C3. D2.His.15)

학생들은 [자료 3.5]의 좋은 질문에 답하게 될 것이다.

[자료 3.5] **좋은 사실적 질문: 제2차 세계대전**

- 전면전이란 무엇인가?
- 파시즘이란 무엇인가?
- 제국주의란 무엇인가?
- 독재 정권 또는 전체주의 정권이란 무엇인가?
- 민족주의란 무엇인가?
- 국가 사회주의란 무엇인가?
- 공산주의란 무엇인가?
- 물질만능주의란 무엇인가?
- 고립주의란 무엇인가?
- 나치즘이란 무엇인가?
- 제2차 세계대전은 언제 시작되어 언제까지 지속되었는가?
- 제2차 세계대전 이전과 세계대전 동안에 전체주의 정권의 이데올로기, 정책, 통치 방법은 무엇이었는가?

- 추축국*은 무엇을 뜻하며, 어느 나라가 이 집단에 속해 있었는가?
- 연합국**은 무엇을 뜻하며, 어느 나라가 이 집단에 속해 있었는가?
- 연합국의 전쟁 목적과 전략은 무엇이었는가?
- 제2차 세계대전과 관련된 핵심 인물과 지도자는 누구였는가?

[자료 3.5]에 제시된 질문은 학생이 많은 양의 사실적 정보를 배우기를 기대한다. 그러나 사고의 엄밀함을 촉진하려는 수업에서 학생에게 그 모든 정보를 떠올리게 할 수는 없을 것이다. 이러한 질문의 목적은 학생이 보다 복잡한 질문을 다루는 데 필요한 배경지식을 읽고 조사하며, 자신만의 역사적 논증을 개발하도록 장려하는 것이다. 질문에 대한 학생의 답은 인쇄물이나 전자 자료에서 직접 베껴 쓴 것이어서는 안 된다. 반드시 자신만의 표현으로 재진술된 것이거나 믿을 만한 자료에서 적절하게 인용된 기록이어야 한다. 정보를 기록하고 재진술하는 것은 학생이 구체적인 세부 사항과 사실을 정확히 기억하도록 도울 뿐만 아니라, 정보를 명확하고 종합적·창의적으로 공유하는 방법에 대해 비판적으로 생각하도록 한다.

또한 교사는 "단어에 대한 빈번한 노출, 다양한 맥락에서의 접촉, 단어의 깊이 있는 또는 능동적인 처리"(McKeown, Beck, & Apthorp, 2010, p. 1; Marzano & Simms, 2013, p. 10에서 재인용) 등으로 어휘를 가르치기 위해 좋은 사실적 질문을 사용한다.

다음에 제시되는 좋은 사실적 질문이 부피를 활용하는 기하학적 측정과 관련된 교과 특수적인 전문 용어를 정의하도록 어떻게 유도하는지 살펴보자.

여러분은 지금 부피에 대한 단원을 가르치고 있다. 학생들은 다음의 활동을 하게 될 것이다.

....

*　제2차 세계대전 때에 후발 제국주의 국가였던 일본, 독일, 이탈리아의 삼국 동맹을 지지하며 연합국과 대립한 나라들을 일컫는다.
**　제2차 세계대전 때에 추축국에 대항해 싸운 나라들의 동맹을 일컫는다. 미국, 영국, 프랑스, 중국, 소련 등이 연합국에 속한다.

- 부피가 고체의 속성이라는 것을 인식하고 부피 측정의 개념을 이해한다. (CCSS.MATH.CONTENT.5.MD.C.3)
- 세제곱센티미터, 세제곱인치, 세제곱피트 그리고 즉석에서 주어지는 단위를 사용한 단위 정육면체(unit cube)*의 개수를 셈으로써 부피를 측정한다. (CCSS.MATH.CONTENT.5.MD.C.4)
- 부피를 곱셈과 덧셈의 연산으로 이해하고, 부피가 연관된 실생활 및 수학적 문제를 푼다. (CCSS.MATH.CONTENT.5.MD.C.5)

학생들은 [자료 3.6]에 제시된 좋은 질문을 다루게 될 것이다.

[자료 3.6] 좋은 사실적 질문: 부피

- 부피란 무엇인가?
- 단위 정육면체란 무엇인가?
- 정육면체의 모서리 길이란 무엇인가?
- 세제곱 단위란 무엇인가?
- 직사각기둥이란 무엇인가?
- 직사각기둥의 모서리 길이란 무엇인가?
- 세 정수의 곱(threefold whole-number products)은 무엇인가?
- 덧셈법(additive)이란 무엇인가?
- '$V = l \times w \times b$'라는 공식은 무엇을 측정하며, 언제 사용될 수 있는가?
- '$V = b \times b$'라는 공식은 무엇을 측정하며, 언제 사용될 수 있는가?

이 시나리오에 제시된 첫 번째 수행 목표가 학생에게 '무엇'과 관련된 두 개의 질문, 즉 부피란 무엇이며 부피 측정의 개념이란 무엇인가라는 질문에 어떻게 답하도록 요구하는지 주목하라. 뒤에 이어지는 수행 목표의 인지적 요구를 충족시키기 위해서 학생은 단위 정육면체란 무엇인지, 세제곱 단위란 무엇인지 등의 몇몇 사실적 질문에 반드시 답할 수 있어야 한다. 학생이 부피를 측정하려면 이러한 정보가 필요하다. 또한 학생은 해당 용어에 대한 진정한 이해와 깊은 지식을 보여주고 소통하기 위해 용어의 정의를 자신만의 언어로 표현하도록 요구받는다. 학생은 자신의 답을 강화하고 뒷받침하기 위해 교사가 제시했거나 교재에 제공된 예시와 문

....

* 각 변을 특정 단위로 나타냈을 때 모든 변의 길이가 1인 정육면체를 의미한다.

제를 사용할 수 있다.

실생활의 문제를 풀기 위해서 학생은 또한 반드시 학문적 어휘(예 덧셈법)의 정의와 교과 특수적 용어(예 직사각기둥, 세 정수의 곱, 모서리 길이)를 배워야 한다. 그리고 부피를 측정하는 구체적인 공식(예 $V = l \times w \times b$, $V = b \times b$)과 이 공식을 언제 사용하는지에 대해서도 배워야 한다. 이들 단어와 용어에 대해 명시적으로 가르쳐서 학생이 알고리즘과 문장제 문제를 푸는 데 필요한 지식을 명확하게 이해하도록 하라. 그리고 이 정보들을 자신만의 표현으로 기록하고 보고하며 글 속의 예시와 문제를 뒷받침 증거로써 사용하도록 장려하라.

역사, 과학, 사회와 같은 내용 중심의 교과에서 학생은 학문적 성취기준과 교육과정의 요구 사항에서 쓰이는 용어와 주제를 정의하고 기술하기를 기대받는다. 사실적 질문의 주제가 다음의 내용 중심적인 학문적 성취기준에서 어떻게 도출되는지 살펴보자.

여러분은 지금 생태계, 상호작용, 에너지, 역학에 대한 단원을 가르치고 있다. 학생들은 다음의 활동을 하게 될 것이다.

- 자원 가용성이 생태계 내의 유기체와 유기체의 개체군에 미치는 영향에 대한 증거를 제공하기 위해 자료를 분석하고 해석하라. (NGSS-MS-LS2-1)
- 복합적인 생태계 전반에서 일어나는 유기체 간 상호작용 패턴을 예측하는 설명을 구성하라. (NGSS-MS-LS2-2)
- 생태계의 생물과 무생물 사이의 물질 순환과 에너지 흐름을 설명하기 위한 모형을 개발하라. (NGSS-MS-LS2-3)
- 생태계의 물리적 또는 생물학적 요소의 변화가 개체군에 영향을 준다는 주장을 경험적 증거로 뒷받침하여 구성하라. (NGSS-MS-LS2-4)
- 생물다양성과 생태계 서비스˚를 유지하기 위한 경쟁적인 설계 방안에 대해 평가하라. (NGSS-MS-LS2-5)

....

˚   생태계의 구성 요소(물, 에너지, 탄소의 순환, 생물의 생명 활동 등)가 인간에게 주는 직간접적인 혜택을 뜻한다.

학생들은 [자료 3.7]에 제시된 좋은 질문을 다루게 될 것이다.

[자료 3.7] 좋은 사실적 질문: 생태계

- 유기체란 무엇인가?
- 생태계란 무엇인가?
- 생태계의 구조란 무엇인가?
- 생태계 내의 유기체와 유기체의 개체군에 활용 가능한 자원은 무엇인가?
- 생태계의 물리적 · 생물학적 요소란 무엇인가?
- '생물적'은 무엇을 의미하며, 생태계의 생물적 특성의 예로는 어떤 것이 있는가?
- '비생물적'은 무엇을 의미하며, 생태계의 비생물적 특성의 예로는 어떤 것이 있는가?
- 생태계 내에서 그것을 유지하는 물질과 에너지의 다른 형태에는 무엇이 있는가?

이 단원의 좋은 사실적 질문이 수행 목표의 인지적 요구와 학업 성취 기준에서 다루는 교과 내용을 어떻게 조사하도록 하는지 주목하라. 또한 이 질문들이 제2차 세계대전에 대한 단원과 중력에 대한 단원에서 사용한 사실적 질문과 어떻게 유사한지도 살펴보라. 학생이 교육과정에 나와 있는 믿을 만한 자료를 사용하거나, 필요한 정보를 제공하는 다른 믿을 만한 자료를 찾아 깊이 있는 지식 및 이해를 계발하고 드러내도록 격려하라.

사실적 질문은 교사가 학습 경험의 일부로 학생에게 하는 질문 중에서 개발하고 제시하고 점수를 매기기 가장 쉽다. 또한 이 질문은 학생이 읽고 있는 글의 구체적 세부 내용, 요소, 전문 용어에 초점을 맞추기 때문에 가장 간단하다. 사실적 질문은 학생이 인식하고 이해할 필요가 있는 핵심적이고 적절한 정보를 파악하기 위해 사용될 수 있다. 뿐만 아니라 사실적 질문은 대학 및 직업 준비를 위해 학생이 반드시 계발해야 하는 두 가지 필수 기능인 읽기와 조사하기를 통해서 정보를 획득하고 수집하는 방법을 가르치기 위해서도 사용할 수 있다.

결론

사실적 질문을 하는 것은 학생의 학습을 평가하는 표준화된 방법으로 여겨져 왔다. '좋은' 사실적 질문하기는 지식의 범위를 넓혀주고 학생의 사고를 배운 '것'을 회상하는 것 이상으로 확장시킨다. 교사는 수업을 시작할 때 학생의 배경지식을 파악하기 위해 사실적 질문을 사용할 수 있다. 수업 중간에 묻는 사실적 질문은 이해를 확인하기 위한 수단으로 기능한다. 교사가 수업 마지막에 좋은 사실적 질문을 사용하면 학생이 핵심 내용을 얼마나 잘 기억하는지 평가할 수 있다. 결과적으로 좋은 사실적 질문은 학생이 성공적인 학습을 위해 습득해야 할 지식의 깊이에 대한 정보를 제공한다.

교사 전문성 계발

좋은 사실적 질문을 만들어보자

목표
학생이 개념과 내용에 대해 더 깊이 생각할 필요가 있는 '핵심 정보'를 모으고 조사하고 검색하도록 하는 좋은 사실적 질문을 개발한다.

자료
- 여러분이 속한 지역에서 채택한 대학 및 직업 준비를 위한 성취기준
- 여러분의 학교에서 채택한 교육과정과 교재
- 좋은 질문과 블룸의 분류체계([표 1.1])
- 좋은 질문과 DOK([표 1.3])

절차
1. 해당 차시나 단원의 일부로 다뤄질 학업 성취기준, 교재, 주제 등을 확인하라.
2. 학생이 반드시 정의하거나 기술해야 하는 성취기준이나 교육과정 내 학문적 어휘와 교과 특수적 전문 용어에는 어떤 것이 있는지 확인하라. 그 용어를 [표 3.1]의 '어휘 지식' 행에 열거하라.
3. 학생이 반드시 인식하고 이해해야 하는 글 속의 구체적 세부 사항과 요소에는 어떤 것이 있는지 확인하라. 적합한 HOT 질문 줄기(예 누가, 무엇을, 언제, 왜)를 사용하여 그 내용을 [표 3.1]의 '자세히 읽기' 행에 열거하라.
4. 학생이 자신의 지식과 사고를 뒷받침하기 위해서 반드시 인식, 조사, 검색해야 하는 핵심적이고 적절한 정보는 무엇인지 확인하라. 적합한 HOT 질문 줄기(예 누가, 무엇을, 언제, 왜)를 사용하여 그 정보를 [표 3.1]의 '정보 문식성' 행에 나열하라.
5. 위의 과정을 통해 만든 질문을 사고의 엄밀함을 위한 질문 틀의 사실적 영역에 나열하라.

[표 3.1] 좋은 사실적 질문 생성기

과제	고차원적 사고	HOT 질문 줄기	DOK 맥락
어휘 지식	정의하다 기술하다 설명하다 확인하다 이해하다	무엇이 그것은 무엇을 의미하는가?	
자세히 읽기	인식하다 읽다 검토하다	누가 무엇을 어디서 언제	
정보 문식성	조사하다 검색하다 기록하다 인용하다	~가 누구인가 ~가 무엇인가 ~가 어디인가 ~가 언제인가	

04

좋은 분석적 질문은
어떻게 지식과 사고를 심화하는가

여러분은 지금 힘과 운동에 대한 단원을 가르치고 있다. 학생들은 다음의 활동을 하게 될 것이다.

- 충돌하는 두 물체의 운동을 포함하는 문제를 풀기 위해 뉴턴의 제3법칙을 적용하라. (NGSS-MS-PS2-1)
- 물체의 운동에서 변화는 그 물체에 가해지는 힘의 총량과 물체의 질량에 따라 달라진다는 증거를 제시하기 위한 조사를 계획하라. (NGSS-MS-PS2-2)
- 전기력 및 자력에 영향을 주는 요인을 결정하기 위해 데이터에 관한 질문을 하라. (NGSS-MS-PS2-3)
- 중력 상호작용은 인력을 만들어내며, 상호작용하는 물체들의 질량에 의해 결정된다는 주장을 뒷받침하기 위해 잘 구성된 증거를 활용하여 논거를 제시하라. (NGSS-MS-PS2-4)
- 심지어 접촉하지 않은 상태의 물체 사이에 서로에게 힘을 가하는 장(field)이 존재한다는 증거를 제공하기 위해 조사를 수행하고 실험 설계를 평가하라. (NGSS-MS-PS2-5)

학생들은 [자료 4.1]에 제시된 좋은 분석적 질문에 답하게 될 것이다.

[자료 4.1] **좋은 분석적 질문: 힘과 운동**

> **한 물체의 지속적인 운동, 운동에서의 변화, 안정성이 어떻게 그리고 왜 예측될 수 있는가?** (※ 이 질문은 한정적 핵심 질문으로도 활용할 수 있다.)
> - 충돌하는 두 물체 사이의 운동을 포함하는 문제를 풀기 위해 뉴턴의 제3법칙이 어떻게 사용될 수 있는가?
> - 물체의 운동에서 변화는 왜 그 물체에 가해지는 중력의 총량과 그것의 질량에 따라 달라지는가?
> - 전기력과 자력의 힘은 어떻게 결정되는가?
> - 중력 상호작용이 왜 인력을 만들어내며, 이는 상호작용하는 물체의 질량에 따라 어떻게 달라지는가?
> - 심지어 접촉하지 않은 상태의 물체 사이에도 서로에게 중력을 가하는 장이 어떻게 존재할 수 있는가?

이 수업의 수행 목표가 학생으로 하여금 모형을 설계하고, 조사를 수행하고, 설득력 있는 논증을 구성함으로써 자신의 학습에 대해 얼마나 깊이 있게 소통하게 하는지에 주목하라. 그러나 학생은 자신의 작업 결과를 공유하기 전에, 운동과 안정성에 영향을 주는 다양한 유형의 힘과 상호작용의 개념에 대해 깊이 있게 이해할 필요가 있다.

이제 여기에서 도출된 [자료 4.1]의 좋은 질문을 살펴보자. 이 질문은 '누가, 무엇을, 왜, 언제' 등의 기본적인 질문에서 '어떻게, 왜'를 사용하여 더 깊은 이해를 촉진하는 질문으로 확장되었다. 이러한 분석적 질문이 학생 사고의 엄밀함을 어떻게 촉진하는지 주목하라. 또한 이 질문은 학생이 알거나 이해할 필요가 있는 정보를 획득하는 것에서 다른 자연 사건이나 현상을 설명하는 것으로 이동하게 한다. 그것이 바로 학습 과정에서의 큰 도약이자, 좋은 분석적 질문의 의도이다.

좋은 분석적 질문은 어떤 역할을 하는가

좋은 분석적 질문은 학생에게 무엇을 어떻게 사고하는지를 가르치는 것이 아니라, 그들이 배우는 내용에 대해 깊이 있게 사고하도록 가르친다. 이 질문은 인지에 초점을 맞추어 정보를 학문적 지식으로 (또는 전문가처럼 반응하는 능력으로) 처리하도록 한다.

분석적 질문과 그 질문이 촉진하는 사고의 엄밀함은 학생에게 다음의 활동을 하도록 유도한다.

- 의미나 메시지가 무엇인지, 의도나 목적이 무엇인지, 추론되거나 암시되거나 상징화된 것이 무엇인지 **조사하라**.
- 질문에 답하고 문제를 다루며 과제를 완수하기 위해서 개념이나 과정이 어떻게 또는 왜 사용될 수 있는지 **실험하라**.
- 무엇이 생각, 사건, 개인, 쟁점을 범주화하고 특징짓고 분류하는지 특정 기준에 근거하여 **설명하라**.

이 활동은 21세기의 대학 및 직업 준비에 필요한, 인지적으로 깊은 사고 과정이다. 이 깊은 사고 기능은 학생으로 하여금 자료, 정의, 세부 내용, 사실, 공식 이면에 있는 의미를 조사하게 한다. 또한 글의 의도를 이해하고 추론을 분석하도록 장려한다. 기본적인 사실적 질문과는 대조적으로, 좋은 분석적 질문은 학생의 사고 능력을 강화하고, 학생이 현상을 탐구하고 문제를 푸는 데 이러한 깊이 있는 지식을 사용하도록 한다. 이 좋은 질문은 다음 영역에 대한 학생의 지식과 이해를 심화시킨다.

내용 지식과 개념적 이해

사고의 엄밀함의 핵심 목표 중 하나는 자신이 얻은 방대한 양의 정보를 이해 및 관리 가능한 더 심화된 지식과 사고로 처리하는 것이다. 좋은 분석적 질문은 학생이 "정보에 내재하는 더 큰 구성 요소 및 생각과 그에 수반되는 개념 및 이론의 관계를 보도록"(Conley, 2005) 유도하기 때문에 매우 중요하다. 분석적 질문에 답하면서 학생들은 다음과 같은 지식과 이해를 계발하고 드러낼 것이다.

- 범주화, 분류, 유형화, 일반화, 그리고 원리, 모형, 이론을 사용하여 시나리오를 설명하는 **내용 지식** (즉, 정보가 어떻게 처리되어 지식과 사고로 만들어질 수 있는가)
- **개념적 이해** 또는 사실과 수치가 자료, 정의, 세부 내용, 진술된 사실 이면의 의미와 의의를 발견하기 위해 어떻게 그리고 왜 사용될 수 있는가

분석적 질문은 "복잡한 현상, 문제, 또는 주제에 대한 명확하고 균형적이며 체계적인 관점을 나타내기 위해"(Anderson & Krathwohl, 2001, p. 51) 다른 모형과 이론이 어떻게 그리고 왜 사용될 수 있는지 탐구하게 한다. 학생은 또한 자신이 배우는 개념 및 내용의 기저에 있는 의미와 사고에 의문을 가지도록 장려된다. [표 4.1]에 제시된 좋은 분석적 질문은 학생이 가진 내용 지식과 개념적 이해를 보여주고 이야기하도록 요구한다.

절차적 지식과 전이 가능한 지식

앤더슨과 크래스월(Anderson & Krathwohl, 2001)은 절차적 지식을 '학생이 공부하는 교과 특유의 알고리즘, 공식, 방법을 바탕으로 무언가를 하는 방법에 대한 지식'이라고 정의하였다. 사고의 엄밀함과 관련된 학습 목표는 절차를 사용하는 '방법'을 알고 드러내는 것과 그 절차가 다양한 상황과 맥락에서 사용되는 '이유'에 대해 분석하고 설명하는 것 이상의 학습의 수준을 요구한다. 이를 위해서는 전이 가능한 지식을 계발할 필요가 있다.

그러나 절차를 어떻게 사용하는지를 알고 드러내는 것은 학습 목표의 절반에 불과하다. 사고의 엄밀함은 다양한 절차가 특정 답, 결과물, 결과를 얻기 위해 '어떻게 그리고 왜' 사용될 수 있는지를 조사, 실험, 설명하기를 기대한다. 절차에 대한 심층적 분석과 깊이 있는 설명은 학생이 특

정 분야나 과목에서 전이 가능한 지식 및 개인적 전문성을 계발하도록 돕는다.

[표 4.1]은 사실적 질문과, 절차에 대한 이해를 심화하는 데 초점을 맞춘 분석적 질문 사이에 존재하는 사고의 엄밀함의 차이를 보여준다.

[표 4.1] 좋은 사실적 질문 대 좋은 분석적 질문

좋은 사실적 질문	좋은 분석적 질문
• 글쓰기에 대한 에드거 앨런 포의 철학은 무엇인가?	• 에드거 앨런 포는 자신의 작품에서 글쓰기에 대한 철학을 어떻게 전달하고 있는가?
• 모더니즘이란 무엇인가?	• 모더니즘은 19세기 후반과 20세기 초반 서구 사회의 생각과 이상을 어떻게 예술과 문학을 통해 나타내는가?
• 알파벳의 원리는 무엇인가?	• 알파벳의 원리는 문자의 특정한 연쇄에 의해 구어가 문어로 표현되는 방식을 어떻게 설명할 수 있는가?
• 등식의 속성이란 무엇인가?	• 등식의 속성이 어떻게 방정식의 대등함(동치)을 결정할 수 있는가?
• 격자 곱셈법(lattice mathematics)*이란 무엇인가?	• 격자 곱셈법이 두 자릿수 이상 숫자의 곱을 결정하는 데 어떻게 사용될 수 있는가?
• 물리 법칙이란 무엇인가?	• 물리 법칙이 어떻게 자연적 발생과 현상에 대해 설명할 수 있는가?
• 뉴턴의 제2법칙이란 무엇인가?	• 뉴턴의 제2법칙은 어떻게 힘이 가해지는 물체의 운동을 주관하는가?
• 다윈의 진화론이란 무엇인가?	• 다윈의 이론을 바탕으로 한 생물학적 진화 모형이 과거의 종에서 현존하는 생물 종이 출현한 방식을 자연선택의 메커니즘을 통해 어떻게 설명하는가?
• 퍼네트 사각형(punnett square)**이란 무엇인가?	• 퍼네트 사각형은 유전 형질의 패턴과 확률을 어떻게 보여주고 예측하는가?

....

* 선으로 격자를 그려 곱셈을 하는 방법을 뜻한다. 계산에 필요한 격자무늬를 그려야 하는 불편함이 있긴 하지만 계산법 자체는 간단하고 단순하기 때문에 학생들의 흥미를 유발할 수 있다는 장점이 있다.

** 어떠한 개체에 포함된 생식 세포의 유전자를 X, Y축으로 나란히 배열하여 그 개체에 대한 조합을 쉽게 설명하기 위해 만들어진 그림이다. (출처: 사이언스올)

• 충돌 이론(collision theory)*이란 무엇인가?	• 충돌 이론은 어떻게 화학반응의 속도를 설명하는 질적 모형을 제공하는가?

• 주기율표란 무엇인가?	• 주기율표는 다음의 기준에 근거하여 화학 원소를 어떻게 분류하는가?
	  - 원자 번호
	  - 전자의 배치
	  - 화학적 속성

• 옴의 법칙**이란 무엇인가?	• 옴의 법칙은 두 지점 사이의 도체(導體)를 거쳐 통과하는 전류가 두 지점의 전위차에 직접적으로 비례하는 이유에 대해 어떻게 설명하는가?
• 군주제의 다양한 특성에는 어떤 것이 있는가?	• 군주제의 다양한 속성을 구별하는 것은 무엇인가?
• 민주주의의 다양한 이념에는 어떤 것이 있는가?	• 민주주의의 여러 이념은 국가에 따라 어떻게 채택되었는가?
• 수요와 공급의 법칙이란 무엇인가?	• 수요와 공급의 법칙이 시장에서의 가격 결정을 어떻게 설명하는가?

[표 4.1]에 제시된 분석적 질문이 어떻게 절차를 세부적으로 기술하도록 요구하는지 주목하라. 분석적 질문의 대다수는 요구되는 구체성의 수준에 따라서 DOK 2단계(예 '학생이 그 절차를 사용하는 방법에 대해 설명해야 하는가?')나 DOK 3단계(예 '학생이 그 절차가 어떻게 사용될 수 있는지를 설명해야 하는가?')로 정해질 것이다. 이 질문의 해석은 요구되는 반응의 맥락과 범위에 따라 결정된다.

또한 분석적 질문은 절차가 어떻게 그리고 왜 특정 답이나 결과를 내는 데 사용될 수 있는지에 대해 전략적으로 생각하게 한다. 다음의 시나리오가 자릿값과 연산의 속성을 활용해 수학 문제를 풀 때 절차적 지식에 대해 어떻게 소통하도록 하는지 살펴보자.

....

*   분자들이 반응하려면 먼저 반응하는 분자끼리 충돌해야 한다는 이론으로, 반응 물질의 농도가 커지면 반응 속도가 빨라지는 것을 설명할 수 있다.

**   전류의 세기는 전압에 비례하고, 저항에는 반비례한다는 법칙이다.

여러분은 지금 두 자릿수 이상의 연산을 수행하기 위해 자릿값에 대한 이해와 연산의 속성을 사용하기에 대한 단원을 가르치고 있다. 학생들은 다음 내용에 대한 이해를 드러내고 소통해야 한다.

- 표준 알고리즘(standard algorithm)*을 사용하여 두 자릿수 이상의 정수를 확실하게 더하고 빼라. (CCSS.MATH.CONTENT.4.NBT.B.4)
- 자릿값과 연산의 속성을 바탕으로 한 전략을 사용하여 최대 네 자릿수의 정수를 한 자릿수 정수와 곱하고, 두 개의 두 자릿수 정수를 곱하라. 방정식, 사각형 배열, 넓이 모형(area model)**을 활용하여 계산에 대해 그림을 그리고 설명하라. (CCSS.MATH.CONTENT.4.NBT.B.5)
- 자릿값과 연산의 속성, 곱셈과 나눗셈의 관계에 기반한 전략을 사용하여 최대 네 자릿수의 나뉘는수(피제수)와 한 자릿수의 나누는수(제수)로 정수인 몫과 나머지를 구하라. (CCSS.MATH.CONTENT.4.NBT.B.6)

학생들은 [자료 4.2]에 제시된 좋은 질문에 답하게 될 것이다.

[자료 4.2] 좋은 분석적 질문: 두 자릿수 이상의 연산

자릿값에 대한 이해와 연산의 속성이 어떻게 두 자릿수 이상의 연산을 수행하는 데 사용될 수 있는가? (※ 이 질문은 한정적 핵심 질문으로도 활용할 수 있다.)
- 표준 알고리즘을 사용하여 두 자릿수 이상의 정수를 어떻게 더하고 뺄 수 있는가?
- 자릿값과 연산의 속성에 기반한 전략을 사용하여 어떻게 최대 네 자릿수 정수와 한 자릿수 정수를 곱할 수 있는가?
- 자릿값과 연산의 속성에 기반한 전략을 사용하여 두 개의 두 자릿수를 어떻게 곱할 수 있는가?
- 다음의 방법들을 사용하여 최대 네 자릿수 정수로 된 피제수와 한 자릿수로 된 제수의 정수 몫과 나머지가 어떻게 구해질 수 있는가?
  - 자릿값에 기반한 전략
  - 연산의 속성
  - 곱셈과 나눗셈의 관계
- 아래의 방법들을 사용해 계산을 어떻게 기술하고 설명할 수 있는가?

....

*   특정 수학 문제를 풀기 위해서 전통적으로 교육되어온 구체적 계산법을 의미한다. 표준 표기법을 사용한 긴 자릿수 나눗셈과 긴 자릿수 곱셈의 방법이나 평균, 넓이, 부피 등을 구하는 표준 공식 등이 그 예이다.

**   곱셈과 나눗셈 문제들을 풀기 위해 사용되는 직사각형의 다이어그램 또는 모형이다. 인수 또는 몫과 나누는수가 그 직사각형의 가로와 세로에 위치하게 된다. (출처: NCTM에서 요약, 번역)

- 방정식
- 사각형 배열
- 넓이 모형

이 수업과 학생에 대한 기대치는 학생이 문제를 푸는 데 요구되는 절차적 지식을 드러내 보이는 것 이상으로 사고하는 것이다. 학생은 '어떻게'에 대한 질문에 반드시 대답해야 한다. 이와 같이, 해당 수업을 위한 한정적 핵심 질문은 학생이 자릿값과 연산의 속성에 대해서 설명하게 하고, 그다음 이 수학적 개념들이 두 자릿수 이상의 연산을 하기 위해서 어떻게 사용될 수 있는지 설명하게 한다. 또한 개별 성취기준의 수행 목표는 학생이 방정식, 사각형 배열, 넓이 모형을 활용하여 계산할 수 있는지를 설명하게 한다. 이것은 학생이 반드시 소통해야만 하는 깊이 있고 전이 가능한 지식이다. 그러므로 수업에 적용되는 구체적 교육과정이 학생들의 반응을 뒷받침해야만 한다.

실제적 문식성

다음 활동들은 슈모커(Schmoker, 2011)가 '학생이 배우고 있는 것에 대해 보다 깊이 있고 목적 지향적인 읽기, 쓰기, 사고하기, 논의하기'라고 정의한 실제적 문식성(authentic literacy)과 관련된 필수적인 인지 활동이다.

- 글이 의미하는 바가 무엇인지, 글의 메시지가 무엇인지 **요약하라.**
- 글의 목적이나 의도가 무엇인지 **설명하라.**
- 글이나 글의 개별 부분이 무엇을 암시하거나 제시하는지 **알아내라.**
- 글과 저자가 어떻게 그리고 왜 생각과 정보를 전달하는지 **해체하라**(McConachie et al., 2006; Schmoker, 2011; Vacca, 2002).

실제적 문식성은 글이 전달하는 내용을 넘어 '무엇'과 '어떻게'를 분석하는 데 초점을 맞추도록 하며, 글이 제시되는 방식을 생각하게 한다. 다음의 좋은 분석적 질문이 어떻게 독립선언문(Declaration of Independence)에 명시된 원칙에 대해 비판적으로 생각하게 하는지 살펴보자.

여러분은 지금 독립선언문의 원칙과 목적에 대해 가르치고 있다. 학생들은 다음의 내용을 소통하고 드러내야 한다.

- 독립선언문에 명시된 원칙에 대해 이해하라. (NHS.USE3.1.B)
- 사료(史料)에 있는 정보를 통해 해당 사료에서 의도한 독자와 목적을 추론하고, 그 문서의 작성자, 작성일, 생산지, 목적 등을 바탕으로 특정한 역사적 탐구를 위한 사료의 유용성에 대해 비평하라. (C3.D2.His.9.3-12)
- 글이 명시적으로 이야기하고 있는 것이 무엇인지 알아내고 그로부터 논리적 추론을 하기 위해 글을 자세히 읽어라. 글을 쓰거나 말할 때 글에서 도출된 결론을 뒷받침하기 위해서 원문에 있는 구체적인 증거를 인용하라. (CCSS.ELA-LITERACY.CCRA.R.1)
- 특정 문장, 문단, 또는 더 큰 글의 부분(⑩ 부분, 장, 장면, 연 등)을 포함하는 글의 구조가 서로 그리고 글 전체와 어떻게 연관되는지 분석하라. (CCSS.ELA-LITERACY.CCRA.R.5)
- 글 속의 논거와 구체적인 주장을 추론의 타당성과 근거의 적절성 및 충분성 등을 고려하여 자세히 기술하고 평가하라. (CCSS.ELA-LITERACY.CCRA.R.8)
- 내용의 효과적인 선택, 조직, 분석을 통해 복잡한 개념과 정보를 명확하고 정확하게 탐구하고 전달하기 위한 정보를 전달하는 글이나 설명하는 글을 써라. (CCSS.ELA-LITERACY.CCRA.W.2)
- 문학 작품이나 정보를 전달하는 글에서 자신의 분석, 성찰, 연구를 뒷받침하기 위한 근거를 도출하라.(CCSS.ELA-LITERACY.CCRA.W.9)
- 언어가 다른 맥락에서 어떻게 작용하는지 이해하고, 의미나 문체를 위한 효과적인 선택을 하며, 읽거나 들을 때 더 완전히 이해하기 위해 언어 지식을 적용하라. (CCSS.ELA-LITERACY.CCRA.L.3)

학생들은 [자료 4.3]에 제시된 분석적 질문을 다루게 될 것이다.

[자료 4.3] 좋은 분석적 질문: 독립선언문

독립선언문은 식민지 주민들의 고통을 어떻게 표현하고 있는가? (※ 이 질문은 한정적 핵심 질문으로도 활용할 수 있다.)
- 독립선언문의 의도는 무엇인가?
- 독립선언문이 전하는 의미와 메시지는 무엇인가?

- 독립선언문이 나타내는 것은 무엇인가?
- 독립선언문은 다음의 주제를 어떻게 다루는가?: 자유, 독립, 독재, 민주주의, 양도할 수 없는 권리
- 독립선언문의 문체와 어조는 어떻게 이상적이고 법률적이며 실제적인가?
- 독립선언문의 기교와 구조는 어떻게 그 메시지와 목적을 강화하는가?
- 독립선언문은 그 의도와 목적을 전달하기 위해 기교, 구조, 글쓰기, 언어의 서로 다른 규범을 어떻게 통합하는가?
- 식민지 주민들은 자신들의 관심사를 독립선언문에서 어떻게 강조했는가?
- 독립선언문이 어떻게 그리고 왜 공식적인 법적 문서처럼 작성되었는가?
- "미합중국 13개 주의 만장일치 선언(The Unanimous Declaration of the Thirteen United States of America)"이라는 도입부의 문구는 어떤 의미를 함축하고 있는가?
- 이 문장이 뜻하고 함의하는 바는 무엇인가? "우리는 다음과 같은 것들을 자명한 진리로 믿는다. 모든 인간은 평등하게 창조되었으며, 그들은 창조주로부터 양도할 수 없는 일정한 권리를 부여받았다. 그 일정한 권리에는 자유 및 행복의 추구 등이 포함된다."
- 독립선언문이 권리를 "양도할 수 없는(unalienable)"이라고 말한 것은 무엇을 암시하는가?
- 독립선언문은 왜 "대영제국의 현재 왕(present King of Great Britain)"을 직접적으로 언급하고, 그들의 불만 사항을 나열할 때마다 대영제국과 그 국민을 언급하는 대신에 "그 왕"이 한 일을 언급하였는가?
- 왜 이 문서는 역사적으로, 그리고 현재에도 시대를 초월하여 의미가 있는가?

이 수업은 학생에게 독립선언문에 대한 기초적 이해를 드러내도록 요구하지 않는다. 이 수업의 목표는 학생이 이 역사적 문서의 의도를 분석하고 그 의미와 메시지에 대한 각자의 관점을 공유하도록 하는 것이다. 학생은 분석적 질문을 다루면서 글을 자세히 읽고 논리적으로 추론하도록 요구받는다.

또한 좋은 분석적 질문은 글의 중심 생각 및 주제, 그리고 저자가 자신의 관점을 나타내기 위해 글을 조직한 방식에 대해 더 깊이 있게 분석하고 토의하게 한다. 다음에 제시된 좋은 분석적 질문이 특정 소설의 중심 생각 및 주제에 대해 문학적으로 어떻게 분석하게 하는지 살펴보자.

여러분은 지금 너새니얼 호손(Nathaniel Hawthorne)의 『주홍 글씨(The Scarlet Letter)』에 대한 단원을 가르치고 있다. 학생들은 다음의 활동을 하게 될 것이다.

- 글의 중심 생각이나 주제를 찾고 내용 전개를 분석하라. 중심 생각을 뒷받침하는 핵심적인 세부 내용과 생각을 요약하라. (CCSS.ELA-LITERACY.CCRA.R.2)
- 글 속에서 인물, 사건, 생각이 어떻게 그리고 왜 전개되고 상호작용하는지 분석하라. (CCSS.ELA-LITERACY.CCRA.R.3)
- 관점이나 목적이 어떻게 글의 내용과 문체를 형성하는지 평가하라. (CCSS.ELA-LITERACY.CCRA.R.6)
- 지식을 형성하기 위해서 또는 저자들이 취하는 접근 방식들을 비교하기 위해서 두 개 이상의 글들이 유사한 주제나 화제를 어떻게 다루는지 분석하라. (CCSS.ELA-LITERACY.CCRA.R.9)
- 내용의 효과적인 선택, 조직, 분석을 통해 복잡한 개념과 정보를 명확하고 정확하게 탐구하고 전달하기 위한 정보를 전달하는 글이나 설명하는 글을 써라. (CCSS.ELA-LITERACY.CCRA.W.2)

학생들은 [자료 4.4]에 제시된 좋은 질문을 다루게 될 것이다.

[자료 4.4] 좋은 분석적 질문: 『주홍 글씨』

『주홍 글씨』는 개인주의와 낭만주의에 공통적으로 나타나는 모티프, 문체, 주제를 어떻게 구현하고 있으며, 청교도주의의 신념과 이상에 대해 어떻게 비평하고 있는가?

(※ 이 질문은 한정적 핵심 질문으로도 활용할 수 있다.)

- 『주홍 글씨』에서 작가는 청교도 문화와 사회에 대한 자신의 관점을 어떻게 표현하고 있는가?
- 『주홍 글씨』는 죄책감, 비난, 죄와 같은 주제를 어떻게 다루고 있으며, 그 주제들은 소설에 등장하는 네 명의 주인공을 통해서 어떻게 전형적으로, 종교적으로, 심리적으로, 사회적으로 인식되는가?
- 『주홍 글씨』에서 너새니얼 호손은 청교도 문화의 결점과 위선에 대해서 무엇을 암시하는가?
- '주홍 글씨'가 상징하는 것은 무엇인가?
- 소설 속에서 '주홍 글씨'의 상징적 의미가 어떻게 바뀌어 가는가?
- 너새니얼 호손은 청교도 세계를 비판하고 청교도의 신념과 처벌이 정당화될 수 있는지에 대해 의문을 제기하기 위하여 네 명의 주인공과 더불어 '주홍 글씨'라는 상징을 어떻게 사용하는가?
- 너새니얼 호손은 책 속에서 청교도 세계에서의 여성의 역할 및 여성에 대한 대우를 어떻게 전달하고 있는가?
- 너새니얼 호손이 『주홍 글씨』에 나타낸 청교도와 그들의 문화가 왜 관찰임과 동시에 비판이 될 수 있는가?
- 소설의 시작 부분에 '세관(Custom-House)'이라는 제목의 도입부 에세이를 쓴 목적은 무엇인가?

이 분석적 질문은 '누가, 무엇을, 어디서, 언제' 너머를 보게 하고, 글이 특정한 생각과 주제를 다루는 방식에 대해 비판적으로 생각하게 한다. 이 질문은 또한 글의 의미와 저자가 제시하는 것, 이 경우에는 청교도 문화에 대한 호손의 비판에 대해서 생각하도록 촉진한다. 좋은 분석적 질문에 대답함으로써, 학생은 글의 중심 생각과 주제뿐만 아니라 글의 구조가 저자의 관점을 어떻게 직간접적으로 전달하는지를 이해하게 된다.

좋은 분석적 질문을 활용해 어떻게 가르칠 수 있는가

좋은 분석적 질문은 한 차시나 단원의 총괄 평가의 교수적 초점을 설정하기 위한 핵심 질문으로도 사용될 수 있다. 이 질문은 대학 및 직업 준비를 위한 성취기준의 수행 목표에서 직접적으로 도출된다. 그리고 이 질문은 한정적 핵심 질문이 '어떻게'와 '왜'에 대해서 묻는 이유를 제공해 준다.

이제 분석적 질문이 어떻게 교수적 초점을 설정하고 각 내용 영역의 총괄 평가로 기능하는지 살펴보자.

영어, 예술

좋은 분석적 질문은 학생이 글의 핵심 생각과 세부 내용을 인식하는 수준을 넘어, 다음의 내용을 이해하고 분석하는 수준으로 나아가도록 한다.

- 생각, 개인, 정보는 어떻게 그리고 왜 발전하는가?
- 텍스트는 어떻게 그리고 왜 창작되고 구조화될 수 있는가?
- 지식과 생각들은 어떻게 그리고 왜 통합되고 제시될 수 있는가?

위의 질문은 문학과 예술 분야에서 사고의 엄밀함을 위한 교수를 측정하는 데 유용하다. 이들 질문은 학생이 읽고 있는 작품에 대해 비판적으로 숙고하고, 특정 독자의 반응을 끌어내는 저자의 방식에 대해 생각해보게 한다. 좋은 분석적 질문은 다음의 탐구를 포함하여 학생의 이해를 확장시킨다.

- 텍스트가 중심 생각이나 주제를 어떻게 다루는가?
- 텍스트의 의도와 목적은 무엇인가?
- 텍스트의 관점이나 견해는 무엇인가?
- 텍스트에 제시된 핵심적인 세부 내용과 생각으로부터 어떤 추론을 할 수 있는가?

좋은 분석적 질문은 또한 다음의 내용에 대해 비판적으로 생각할 것을 요구한다.

- 텍스트가 저자의 관점, 견해, 목적을 뒷받침하기 위해서 언어와 글쓰기의 규범을 어떻게 사용하는가?
- 텍스트가 다양한 매체와 형식을 사용하여 지식과 생각을 어떻게 수립, 통합, 제시하는가?
- 텍스트가 어떻게 분명하고 포괄적이며 창의적으로 제시되고, 생산되고, 출판될 수 있는가?

수학

수학에서 좋은 분석적 질문은 학생이 질문에 답하고, 문제를 다루고, 과제를 완수하기 위해 수학이 어떻게 그리고 왜 사용될 수 있는지 깊이 생각해보게 한다. 이 좋은 질문은 교수와 학습의 초점을 수학 문제를 푸는 것에서 수학적 사실, 개념, 연산, 절차 등을 적용해 어떻게 그리고 왜 문제를 풀 수 있는지 설명하는 것으로 전환한다. 다음에 제시된 깊이 있는 수학 학습 경험을 살펴보자.

여러분은 지금 이전에 학습한 곱셈과 나눗셈에 대한 이해를 분수로 나누기를 포함하는 수준으로 확장하는 단원을 가르치고 있다. 학생들은 다음의 활동을 하게 될 것이다.

- 분수의 몫을 계산하며, 분수로 분수를 나누기를 포함하는 문장제 문제를 풀어라(⑩ 문제를 나타내기 위해 시각적 분수 모형 및 방정식 사용하기). (CCSS.MATH. CONTENT.6.NS.A.1)

학생들은 자신의 답을 뒷받침할 증거로 수학적 문제를 사용하여 [자료 4.5]에 제시된 질문을 다루고 그에 답하게 될 것이다.

[자료 4.5] 좋은 분석적 질문: 분수

> **서로 다른 분모를 가진 두 개의 분수가 어떻게 같은 크기를 가질 수 있는가?**
> (※ 이 질문은 한정적 핵심 질문으로도 활용할 수 있다.)
> - 분수 a/b가 분수 $(n \times a)/(n \times b)$와 같다는 진술은 무엇을 의미하는가?
> - 서로 다른 분자와 분모를 가진 두 개의 분수가 공통의 분자나 분모를 만듦으로써 어떻게 비교될 수 있는가?
> - 서로 다른 분자와 분모를 가진 두 개의 분수는 기준 분수(benchmark fractions)*를 사용해서 어떻게 비교될 수 있는가?
> - 분수 간 비교는 왜 두 분수 각각의 전체 크기가 같을 때에만 유효한가?
> - 비교의 결과가 어떻게 >, =, 또는 < 등의 기호로 기록될 수 있는가?
> - 비교와 결과가 어떻게 시각적 분수 모형을 사용하여 입증되고 확인될 수 있는가?

[자료 4.5]에 제시된 좋은 분석적 질문은 학생이 수학에 더 깊이 파고들고, 곱셈과 나눗셈에 대한 기존의 지식이 분수 나눗셈에 어떻게 적용될 수 있는지를 소통하게 한다. 이 요구 사항은 교수적 초점을 수립하고 총괄 평가로서 기능한다. 이 단원을 배우는 동안 학생은 '$(a/b) \div (c/d) = ad/bc$'라는 규칙의 의미 및 분수로 분수 나누기를 포함하는 문장제 문제를 시각적 분수 모형과 방정식을 사용하여 푸는 방법을 탐구한다.

학생은 수학 문제를 풀 수 있음을 증명해야 한다. 그러나 그 문제는

....

* 시각적으로 표현하거나 알아보기 쉬워 다른 분수들을 측정·비교할 때 기준으로 삼을 수 있는 일반적인 함수를 의미한다.

분수의 나눗셈과 그 지식이 수학적·일상적 문제를 푸는 데 활용되는 방식에 대한 학생의 설명을 뒷받침하기 위한 증거의 역할을 한다. 이 좋은 질문은 학생의 실용적인 수학 지식에 깊이를 더하고 수학적 개념, 연산, 절차가 답과 결과를 설명하는 데 어떻게 사용될 수 있는지에 대한 전략적 이해를 길러준다.

과학

과학에서 좋은 분석적 질문은 과학적 모형, 원리, 이론이 어떻게 그리고 왜 자연 세계의 현상을 연구하고 문제를 해결하는 데 사용될 수 있는지에 초점을 맞춘다. 다음의 좋은 분석적 질문이 어떻게 파동의 패턴과 속성에 대해 탐구하게 하는지 살펴보자.

여러분은 지금 파동의 속성에 대한 단원을 가르치고 있다. 학생들은 다음의 내용을 소통하거나 드러내게 될 것이다.

- 진폭과 파장에 관련된 패턴을 묘사하기 위한, 그리고 파동이 물체를 움직이게 할 수 있는 파동 모형을 개발하라. (NGSS-4-PS4-1)

학생들은 [자료 4.6]에 제시된 좋은 질문을 다루게 될 것이다.

[자료 4.6] **좋은 분석적 질문: 진폭과 파장**

파동이 어떻게 진폭과 파장으로 묘사되고 물체를 움직이게 할 수 있는가?
(※ 이 질문은 한정적 핵심 질문으로도 활용할 수 있다.)
- 무엇이 파동의 속성과 움직임을 특징짓는가?
- 같은 유형의 파동이 진폭(파동의 높이)과 파장(파동의 정점들 사이의 거리) 측면에서 어떻게 다른가?
- 파동은 어떻게 물질의 전반적인 변위 없이 한 장소에서 다른 장소로 에너지를 이동시키는 운동의 반복적인 패턴이 되는가?
- 파장과 파동의 빈도가 왜 파장이 이동하는 매개체에 따라 결정되는가?
- 파동이 다른 파동과 교차할 때 상대적인 위상(즉, 파동의 정점과 저점의 상대적인 위치)에 따라 어떻게 그리고 왜 서로 더해지거나 상쇄될 수 있는가?

- 파동은 서로 교차할 때 왜 서로에게 영향을 주지 않은 상태로 나타날 수 있는가?
- 파동이 그것을 수신하는 쪽에서 해독할 수 있는 패턴을 포함하는 복잡한 정보를 생산하기 위해서 어떻게 같은 유형의 다른 파동과 결합될 수 있는가?
- 어떻게 파동이 물질의 체적 운동[*] 없이 에너지 및 암호화된 정보를 이동시키는가?
- 어떻게 파동이 변화 없이 장거리를 이동하고, 다른 파동을 건드리지 않고 지나가며, 그것이 만들어진 곳으로부터 먼 곳에서 감지되고 해독될 수 있는가?
- 어떻게 사람의 귀와 뇌는 소리 정보의 패턴을 감지하고 해독하며, 그 정보를 무작위의 소음과 구별하는 데 함께 작동하는가?
- 모든 악기를 설계하고 사람의 음성에 의한 소리를 만드는 데에 공명이 어떻게 사용되는가?
- 파동이 그것의 파장에 비해 작은 물체를 통과할 때 왜 크게 영향을 받지 않는가?
- 파동의 속성 및 물질과 전자기 방사선의 상호작용에 대한 이해를 바탕으로, 과학자와 기술자는 어떻게 정보를 먼 거리까지 이동시키고 저장하며 자연을 연구하는 시스템을 여러 규모로 설계하는가?

　첫 번째 질문이 어떻게 교수적 초점을 세우고 그 단원의 총괄 평가로서 기능하는지에 주목하라. 이어지는 질문들은 학생에게 파동이 어떻게 그리고 왜 물체를 움직이게 만드는지를 탐구하게 하고, 진폭과 파장으로 파동의 패턴을 설명하도록 한다. 일련의 분석적 질문들은 파동의 패턴과 속성에 대해 학생이 과학적 탐구를 지속하게 유도한다. 이러한 좋은 질문에 답하는 것은 이 원리에 대한 더 깊이 있는 이해를 촉진하고 지식의 전이 및 사용을 뒷받침한다.

결론

　좋은 분석적 질문은 사고의 엄밀함이라는 개념을 포함한다. 이 질문은 학생에게 '어떻게'와 '왜'를 이해하고 분석하도록 하기 때문이다. 이 질문은 또한 질문에 답하고 문제를 설명하며 과제를 완수하기 위해 '개념과 절차가 어떻게 그리고 왜 사용될 수 있는지'를 알고 드러내는 것뿐만

....

[*]　전체적인 덩어리의 움직임에 따라 함께 움직이게 되는 입자들의 운동을 의미한다.

아니라 분석하고 말하기를 기대한다. 학생들은 이 질문을 다루고 이에 답하면서 개념과 내용에 대한 이해를 심화할 것이다. 뿐만 아니라 좋은 분석적 질문은 전이 가능한 지식과 개인적 전문성을 계발시켜, 자신이 배운 개념이나 내용을 관련된 다른 어떤 질문, 문제, 과제에도 사용할 수 있게 돕는다. 이 질문은 사고의 엄밀함을 촉진하는 질문 줄기일 뿐 아니라, 전략적이고 광범위하게 개념과 내용을 탐구하고 설명하도록 학생을 독려하는 방법이다.

교사 전문성 계발

좋은 분석적 질문을 만들어보자

목표
대학 및 직업 준비를 위한 성취기준의 수행 목표로부터 학생이 검토하는 글이나 화제에
대해 깊이 생각하게 하는 좋은 분석적 질문을 개발하라.
이것은 2장에서 좋은 핵심적 질문에 초점을 맞춘 교사 전문성 계발을 확장한 것이다.

자료
- 여러분이 속한 지역에서 채택한 대학 및 직업 준비를 위한 성취기준
- 여러분의 학교에서 채택한 교육과정과 교재
- 좋은 질문과 블룸의 분류체계([표 1.1])
- 좋은 질문과 DOK([표 1.3])

절차
1. 해당 차시나 단원의 일부로 다뤄질 학업 성취기준, 글, 주제 등을 확인하라.
2. 학생이 드러내야 하는 인지적 행동을 결정하라. 그 인지적 요구를 다룰 수 있는 HOT
   질문 줄기를 선택하라.
3. 조사, 실험되고 설명될 개념이나 절차에 대해 기술하라. 그 내용을 [표 4.2]의 HOT
   질문 줄기 다음에 기록하라.
4. 해당 차시나 단원의 교수 목표를 수립하고 총괄 평가로서 기능하게 할 질문을
   선택하라. 이 질문을 그 단원을 위한 한정적 핵심 질문으로 만들어라. 성취기준에서
   도출된 다른 질문을 그 단원 내에서 다뤄질 사고의 엄밀함을 위한 보조 질문으로
   사용하라.
   a. 수학: 진한 글자로 된 내용군을, 단원의 교수적 초점을 수립하고 총괄 평가로
      기능할 좋은 분석적 질문으로 재진술하라. 이것은 그 단원의 한정적 핵심 질문이
      될 것이다. 내용군 하위의 성취기준을 단원 내의 개별적 수업을 위한 교수적 초점
      및 총괄 평가의 기능을 하는 좋은 분석적 질문으로 재진술하라.
   b. 영어: 핵심 생각과 세부 내용 영역 하위에 열거된 성취기준 중 교수적 초점을
      세우고 형성 평가의 기능을 할 하나의 성취기준을 선택하라. 이 수행 목표를
      학생이 읽을 문학 작품이나 정보적 글을 다루는 좋은 분석적 질문으로 재진술하라.
      다른 읽기 성취기준 역시 학생이 글을 자세히 읽고 그에 실질적으로 반응할 수
      있도록 좋은 분석적 질문으로 전환시켜라.
   c. 과학: 대학 및 직업 준비를 위한 성취기준의 학습 목표를, 학생이 성취기준에서
      다루는 과학적 개념과 실천을 조사, 설명, 실험하게 하는 좋은 분석적 질문으로
      재진술하라. 차세대과학교육표준 성취기준(NGSS)은 한 단원의 좋은 주제 질문으로
      기능할 수 있는 좋은 분석적 질문을 포함하고 있다.
   d. 역사/사회: 진한 글자로 된 내용군을, 교수적 초점을 세우고 총괄 평가로

기능하는 좋은 분석적 질문으로 재진술하라. 성취기준을 단원 내의 개별적 수업을 위한 교수적 초점 및 총괄 평가의 기능을 하는 좋은 분석적 질문으로 전환시켜라.

e. 예술: 대학 및 직업 준비에 관련된 성취기준의 학습 목표를 학생이 읽고 검토할 문학 작품 및 정보를 제공하는 글을 다루는 좋은 분석적 질문으로 재진술하라. 좋은 분석적 질문 중에서 제시된 글을 읽고 검토하기와 관련된 교수 목표를 세우고 총괄 평가로 기능하는 질문을 하나 선택하라. 다른 성취기준들을 학생이 영상, 연극, 음악의 공연과 제작에 관해 자세히 읽고 실질적으로 반응하게 하는 좋은 분석적 질문으로 전환시켜라.

[표 4.2] 좋은 분석적 질문 생성기

조사하라 **실험하라** **설명하라**	어떻게			
	왜			
절차적 지식	어떻게	이/가		에 작용하는가?
	어떻게	이/가		에 사용될 수 있는가?
	왜	이/가		에 작용하는가?
	왜	이/가		에 사용될 수 있는가?
개념적 지식	무엇이	~을	범주화하는가?	
			특징짓는가?	
			분류하는가?	
			구분하는가?	
			가리키는가?	
			유사점은 무엇인가?	
			차이점은 무엇인가?	

실제적 문식성	의도가 무엇인가?	
	목적이 무엇인가?	
	그 글은 무엇을 함의하는가?	
	의미는 무엇인가?	
	메시지는 무엇인가?	
	무엇을 나타내는가?	
	저자는 무엇을 제안하는가?	
	무엇을 상징하는가?	
	어조는 어떠한가?	
	저자의 목적은 무엇인가?	

좋은 성찰적 질문은
어떻게 지식과 사고를 확장하는가

여러분은 지금 미국 남북 전쟁 전(前) 시기의 문화, 종교, 사회 개혁 운동의 근원과 특징에 대한 단원을 가르치고 있다. 학생들은 다음의 활동을 하게 될 것이다.

- 미국인이 어떻게 사회를 개혁하고 독창적인 문화를 갖기 위해 노력했는지 이해하라. (NHS.USE3.4.B)
- 글의 중심 생각이나 주제를 찾고 내용 전개를 분석하라. 중심 생각을 뒷받침하는 핵심적인 세부 내용과 생각을 요약하라. (CCSS.ELA-LITERACY.CCRA.R.2)
- 관점이나 목적이 어떻게 글의 내용과 문체를 형성하는지 평가하라. (CCSS.ELA-LITERACY.CCRA.R.6)
- 지식을 형성하기 위해서 또는 저자들이 취하는 접근 방식들을 비교하기 위해서 두 개 이상의 글들이 유사한 주제나 화제를 어떻게 다루는지 분석하라. (CCSS.ELA-LITERACY.CCRA.R.9)
- 내용의 효과적인 선택, 조직, 분석을 통해 복잡한 개념과 정보를 명확하고 정확하게 탐구하고 전달하기 위한 정보를 전달하는 글이나 설명하는 글을 써라. (CCSS.ELA-LITERACY.CCRA.W.2)
- 초점화된 질문을 바탕으로 조사하고 있는 주제에 대한 이해를 보여주는 짧은 또는 더 지속적인 연구 과제를 수행하라. (CCSS.ELA-LITERACY.CCRA.W.7)

- 문학 작품이나 정보를 전달하는 글에서 자신의 분석, 성찰, 연구를 뒷받침하기 위한 근거를 도출하라.(CCSS.ELA-LITERACY.CCRA.W.9)

학생들은 [자료 5.1]에 서술된 좋은 질문에 응답하게 될 것이다.

[자료 5.1] 좋은 성찰적 질문: 19세기 미국 역사

- 역사와 문식성 사이의 관련성은 무엇인가?
- 2차 대각성 운동(Second Great Awakening)* 및 그 운동의 주요 지도자들이 가진 생각이 다음에 제시된 미국의 사회 및 문화 측면에 어떤 영향을 미쳤는가?
  - 정치
  - 이상
  - 철학
  - 예술과 문학
- 2차 대각성 운동이 다음에 어떤 영향을 미쳤는가?
  - 초월주의(transcendentalism)**
  - 공교육
  - 여성 참정권
  - 노예제도 폐지
  - 상업주의
- 무엇이 19세기 초 초월주의의 출현을 야기했는가?
- 청교도인이 초월주의 운동에 어떤 영향을 미쳤는가?
- 무엇이 미국 르네상스를 촉발했는가?
- 19세기 초기에 이루어진 유토피아적 실험의 원인과 그 결과는 무엇이었는가?
- 무엇이 초월주의 운동의 종식을 초래했는가?
- 랠프 월도 에머슨(Ralph Waldo Emerson)과 헨리 데이비드 소로(Henry David Thoreau)의 관계는 어떠했으며, 그들은 서로에게 또 초월주의 운동에 어떤 영향을 미쳤는가?
- 에머슨에 의하면 초월주의와 이상주의의 연관성은 무엇인가?

....

* 대각성 운동이라고 불리는 미국의 개신교 부흥 운동의 네 시기 중에서 18세기 말부터 19세기 초까지 약 50년에 걸쳐 일어난 두 번째 부흥 운동기를 일컫는다. 부흥이라는 개념과 감정에 호소하는 설교가 많은 이들이 개신교로 개종하는데 기여했으며, 남북 전쟁 촉발의 직접적 원인이 된 노예 제도 폐지 운동을 포함한 여러 개혁 운동들이 이 2차 대각성 운동의 중요한 부분을 차지했다.

** 근대국가로 발돋움하는 미국의 전환기인 1830~1840년대에 미국의 사상가 랠프 월도 에멀슨을 필두로 하는 미국의 사상가들이 주장한 낭만주의 사상을 일컫는다. 초월주의는 문화적, 사상적 빈곤 상태에 있던 미국 사상가들이 독일 관념주의, 영국 낭만주의, 신플라톤주의, 동양사상 등을 편의에 따라 조합한 철학으로 간주되었다. 그러나 이 조합철학의 근본은 미국 역사의 근간을 이루는 청교주의와 직접적인 관련이 있다고 평가받고 있다.

> • 『월든(Walden)』에서 소로가 물질주의와 순응을 거부한 이유는 무엇인가?
> • 에머슨과 소로의 글이 과거 및 현재의 개인, 사회, 문화에 미친 영향은 무엇인가?

이 단원 수업의 초점은 미국의 남북 전쟁 이전에 있었던 문화적·종교적·사회적 개혁 운동의 기원과 특징에 있다. 학생들은 초월주의의 두 핵심 인물인 에머슨과 소로의 글이 어떻게 미국 사회와 문화 및 2차 대각성 운동에 영향을 주고 그 토대가 되었는지 조사하도록 요구받는다.

이 수업을 위한 좋은 성찰적 질문은 역사와 문학의 관계에 대한 생각을 확장하고 전통적인 초·중·고 교육을 넘어선 보편적이고 핵심적인 질문을 탐구하도록 유도한다. 이 질문은 생각을 강화하고 문제를 다루며 과제를 완수하기 위해 자신이 배운 것을 어떻게 사용할 수 있을지 깊이 생각하도록 요구하기 때문에 사고의 엄밀함 또한 뒷받침한다.

좋은 성찰적 질문은 어떤 역할을 하는가

좋은 성찰적 질문은 '왜'를 분석하게 가르치고 다음의 활동을 할 때 학생들이 더 적극적으로 평가하고 성찰하도록 장려한다.

- 왜 지식이 현상을 공부하고 문제를 해결하기 위해 사용될 수 있는지에 대해 **탐구하라**.
- 원인, 연관성, 결과를 **조사하라**.

위의 두 가지는 블룸과 웹이 서술한 계획, 추론, 고차원적 사고 과정의 조합을 포함하는 인지적 과정이다. 이 과정은 성찰적 과정이라 불린다. 학생은 이 과정을 통해 이유를 분석할 뿐 아니라 평가, 더 정확히 말하면 관계와 결과 이면의 원인을 탐구하고 성찰하게 되는 것이다. 또한 이 과정은 교사, 글, 심지어는 제시된 화제 이상으로 더 깊이 있게 탐구하도록 장려한다. 생각을 확장할 기회가 주어지면, 학생들은 단순히 이해를 넓히는 것을 넘어 자신의 교육과 경험을 전문 지식으로 종합해낸다.

좋은 성찰적 질문의 목표는 학생이 자신의 지식과 사고를 확장하는 데 필요한 증거와 예시를 최대한 많이 생각해내도록 유도하는 것이다. [표 5.1]에 제시된 좋은 성찰적 질문이 어떻게 학생에게 수업에서 읽고 있는 글과 화제에 대해 깊이 있는 조사를 수행할 기회를 제공하는지 살펴보자.

[표 5.1] 수행 목표로부터 좋은 성찰적 질문 만들기

구체적 수행 목표	좋은 성찰적 질문
• 마크 트웨인(Mark Twain)이 『허클베리 핀의 모험(The Adventures of Huckleberry Finn)』을 풍자로 쓰기로 한 세 가지 이유를 나열하라.	• 마크 트웨인이 『허클베리 핀의 모험』을 풍자로 쓰기로 한 이유는 무엇인가?
• 두 수를 나누었을 때 몫을 구하는 네 가지 방법을 찾아라.	• 두 수를 나누었을 때 몫을 구하는 방법에는 어떤 것들이 있는가?
• 물이 지구의 생명체에게 중요한 다섯 가지 이유를 찾아라.	• 지구의 생명체가 물에 의존하는 이유는 무엇인가?
• 대공황의 일곱 가지 원인을 나열하라.	• 무엇이 대공황을 야기했는가?
• 오염의 여덟 가지 원인을 찾아라.	• 오염의 원인은 무엇인가?
• 알코올이 신체에 미치는 아홉 가지 영향을 나열하라.	• 알코올이 신체에 어떤 영향을 미치는가?
• 새로운 미디어와 기술이 사람, 사회, 문화를 정치적, 사회적, 경제적, 전문적, 지리적, 학문적으로 변화시키는 열 가지 방식을 확인하라.	• 새로운 미디어와 기술이 사람, 문화, 사회에 관련된 다음의 영역에 어떤 영향을 미쳤는가? - 역사 - 정치 - 사회 - 경제 - 직업 - 지리 - 학문

[표 5.1]에 제시된 수행 목표가 어떻게 학생이 특정한 답을 찾거나 나열하도록 제한하는지, 그리고 좋은 성찰적 질문이 어떻게 학생에게 이 화

제들을 깊이 있게 탐구하도록 유도하는지 주목하라. 이처럼 성찰적 질문은 학생에게 원인, 관계, 연관성, 결과 등에 대해 곰곰이 생각하게 함으로써 학생의 지식과 사고를 확장시킨다.

사고의 엄밀함과 연관된 성찰적 질문은 지식을 확장하고 지식의 깊이를 표현하는 것과 관련되어 있다. 사실적 질문은 학생이 사실적 지식의 획득에 초점을 맞추도록 요구한다. 분석적 질문은 학생이 개념적이고 절차적인 지식을 계발하고 드러내도록 한다. 이와 달리 성찰적 질문은 학생이 현상을 연구하고, 문제를 풀고, '왜', 즉 원인, 관계, 결과, 영향이 무엇인지에 대해 전략적이고 광범위하게 생각하도록 지식과 사고를 확장시킨다.

이제 좋은 성찰적 질문이 어떻게 글과 화제에 관한 지식과 사고를 넓히도록 돕는지 살펴보자.

전략적 지식

전략적 지식을 다루는 성찰적 질문은 '왜'에, 다시 말해 왜 이것이 답이며, 왜 이것이 결과인지에 초점을 맞춘다. 이 질문들은 정보가 '어떻게' 사용되어야 하는지 대신에 '왜' 사용되어야 하는지에 집중하게 함으로써, 개념적이고 절차적인 지식을 다루는 분석적 질문을 확장한다. 이렇듯 '왜'는 답 이면에 있는 원인을 명료하게 하도록 요구하기 때문에 더욱 평가적이다. 다음 시나리오가 어떻게 함수의 결괏값이 도출된 이유에 대해 전략적으로 생각해보게 하는지 고려해보라.

여러분은 지금 함수를 정의하고 평가하고 비교하는 단원을 가르치고 있다. 학생들은 다음의 활동을 하게 될 것이다.

- 함수란 각 입력을 정확히 하나의 출력에 배정하는 규칙이라는 점을 이해한다. 함수의 그래프는 하나의 입력과 그에 대응하는 출력으로 이루어진 순서쌍의 집합이다. (CCSS.MATH.CONTENT.8.F.A.1)
- 서로 다른 방식으로(대수적으로, 그래프로, 표의 숫자로, 구두 설명으로) 주어진 두 함수의 속성을 비교하라. (CCSS.MATH.CONTENT.8.F.A.2)
- 그래프가 직선인 선형함수를 정의하는 방정식 $y = mx + b$를 해석하라. 선형

이 아닌 함수의 예를 제시하라. (CCSS.MATH.CONTENT.8.F.A.3)

학생들은 [자료 5.2]에 제시된 좋은 질문을 다루고 그에 답하게 될 것이다.

[자료 5.2] **좋은 성찰적 질문: 함수**

- 함수의 출력과 입력의 관계는 무엇인가?
- 출력값이 입력값에 따라 달라지는 이유는 무엇인가?
- 함수가 각 입력을 정확히 하나의 출력에 배정하는 이유는 무엇인가?
- $y = mx + b$라는 방정식이 그래프가 직선인 선형함수로 해석될 수 있는 이유는 무엇인가?
- 선형이 아닌 함수의 결괏값은 무엇인가?

[자료 5.2]와 관련된 성취기준을 자세히 살펴보라. 대부분의 경우 학생에게 기대하는 바가 분명하다. 이 기준은 학생이 '왜', 즉 '이유가 무엇인지'를 질문하게 유도하고 장려한다. 함수의 규칙을 이해하는 것은 '이유가 무엇인지'를 이해하는 것을 포함한다. 다른 방식으로 제시된 함수의 속성을 비교하는 것과 방정식을 선형/비선형 그래프로 해석하고 그 예시를 제공하는 것은 학생이 '이유가 무엇인지'를 명확히 알게 한다. 첫 번째 기준인 "함수의 그래프는 하나의 입력과 그에 대응하는 출력으로 이루어진 순서쌍의 집합이다."를 살펴보라. 이것은 학생들에게 '왜' 또는 '이유가 무엇인지'를 묻고 탐구하도록 한다. 성찰적 질문은 어떠한 실행, 원리, 과정이 왜 특정한 답, 요구되는 결과, 특정 결과를 도출할 때 사용될 수 있는지를 명확히 하기 위해 전략적으로 사고하고 추론하도록 요구한다.

또한 원인에 초점을 맞춘 성찰적 질문은 학생의 지식과 사고를 학습 목적과 수행 목표에 진술된 것 이상으로 확장시킬 수 있다. 예를 들어, 수학의 수행 목표는 주로 학생에게 수학 문제를 풀도록 하면서도 왜 특정 결과가 얻어질 수 있는지와 같은 근본적인 질문을 탐구하는 것까지 기대한다. 성찰적 질문하기는 이 결과를 이루어낸다.

심층적 지식

성찰적 질문은 누가, 무엇을, 어디에서, 언제에 대해 조사하는 단계에서 원인, 효과, 영향, 결과 등 다양한 맥락에서 사용될 수 있는 심층적 지식을 탐구하는 단계로 학생을 이동시킨다(Walkup & Jones, 2014). 다음의 성찰적 질문이 르네상스 시대에 서유럽에서 일어난 문화 변혁에 대한 학생의 지식을 어떻게 확장하는지 살펴보자.

여러분은 지금 르네상스에 대한 단원을 가르치고 있다. 학생들은 다음의 활동을 하게 될 것이다.

- 활자를 이용한 인쇄기술혁명의 사회적, 지적 의의를 분석하라. (NHS.WHE6. 2.B.1)
- 이탈리아 르네상스와 유럽 북부 알프스 지역에서의 인본주의 사상의 발전 간 연관성에 대해 설명하라. (NHS.WHE6.2.B.2)
- 16세기 유럽의 문학, 음악, 회화, 조각, 건축 분야에서의 주요 성취를 평가하라. (NHS.WHE6.2.B.3)
- 과학혁명과 그것의 선행 사건인 그리스 합리주의, 중세 신학, 이슬람 과학, 르네상스 인본주의, 새로운 세계 지식 사이의 연관성을 설명하라. (NHS.WHE6. 2.D.1)
- 계몽 운동과 그에 선행하여 일어난 로마 공화주의, 르네상스, 과학혁명 사이의 연관성을 설명하라. (NHS.WHE6.2.E.1)

학생들은 [자료 5.3]에 제시된 좋은 질문을 다루고 그에 답하게 될 것이다.

[자료 5.3] 좋은 성찰적 질문: 르네상스

- 르네상스가 과거와 현재에 미친 전 세계적 영향은 무엇인가?
- 무엇이 사람, 사회, 문화를 변화시키는가?
- 이탈리아의 르네상스와 유럽 북부 알프스 지역에서의 인본주의 사상의 발전 간 연관성은 무엇인가?
- 르네상스의 주요 성취들이 다음의 영역에 미친 영향은 무엇인가?
  - 과학
  - 문학
  - 음악

  - 회화
  - 조각
  - 건축
- 르네상스, 과학혁명, 계몽 운동 사이의 연관성은 무엇인가?
- 활자를 이용한 인쇄기술의 혁명이 서유럽에 사회적, 지적으로 미친 영향은 무엇인가?

또한 성찰적 질문은 특정 교과 영역이나 범교과적 개념과 내용 사이의 연관성을 탐구하고 평가하도록 유도하고 장려한다. 이 질문을 통해 학생은 특정 과목에서 그들이 배우고 있는 개념이나 내용을 '왜' 또는 '어떤 이유로' 다른 과목이나 실생활의 환경, 쟁점, 문제, 상황에 대처하고 반응하는 데 사용할 수 있는지를 탐구할 수 있다.

삶과 관련된 지식

성찰적 질문은 학생의 관점을 교육과정과 교실 너머까지 확장시키고, 학생에게 다음의 능력을 드러내도록 요구한다.

- 세계 인식 보다 세계적인 범위의 생각, 사건, 개인, 쟁점 및 그것들을 단호하게, 실용적으로, 세심하게 다루는 방법에 대한 지식과 이해
- 경제 문식성 사회에서 경제의 역할 및 개인적·직업적으로 가장 좋은 선택을 하는 방법에 대한 지식과 이해
- 시민 문식성 사회에서 정부의 역할 및 시민으로서 사회에 참여하고 정보에 입각하여 의사결정을 내리는 방법에 대한 지식과 이해
- 보건 문식성 국가적이고 국제적인 공중 보건과 안전에 대한 쟁점 및 예방을 위한 최선의 보건 관련 결정을 내리는 방법에 대한 지식과 이해
- 환경 문식성 환경 및 환경 문제를 적절하게 다루는 방법에 대한 지식과 이해
- 디지털 미디어 문식성 이용 가능한 디지털 자원과 기술 및 이에 대한 접근, 평가, 사용 방법에 대한 더 넓은 지식과 이해(Partnership

for 21st Century Learning, 2015; Trilling & Fadel, 2009)

이 능력들은 "우리 시대의 핵심 쟁점 및 문제와 관련된 학제적인 21세기 테마"(Trilling & Fadel, 2009, p. 83)로 간주된다. 성찰적 질문은 이러한 주제들을 포함하여 학생이 학교에서 배우는 글과 화제에 대한 연관성을 확립하는 것을 돕는다. 이 질문은 학생에게 생각과 정보 사이의 연관성, 영향, 관계를 훨씬 총체적인 규모로 평가하도록 요구한다.

또한 성찰적 질문은 추상적 개념을 더욱 구체화하고 학생의 사고를 그들이 한 번도 생각해보지 않은 방식으로 확장할 수 있게 돕는다. 다음의 시나리오가 어떻게 자연재해의 영향에 대해 조사하도록 유도하는지 생각해보라.

여러분은 지금 자연재해에 관한 단원을 가르치고 있다. 학생들은 다음의 활동을 하게 될 것이다.

- 미래의 재앙적 사건을 예측하고 그 영향을 경감시키기 위한 기술 발전에 도움을 주기 위해 자연재해에 대한 자료를 분석하고 해석하라. (NGSS-MS-ESS3-2)
- 과학적 원리를 적용하여 환경에 대한 인간의 영향을 모니터링하고 최소화하기 위한 방법을 설계하라. (NGSS-MS-ESS3-3)
- 지난 세기 동안 지구의 온도 상승을 야기한 요소에 대한 증거를 명확하게 하기 위한 질문을 하라. (NGSS-MS-ESS3-5)

학생들은 [자료 5.4]에 제시된 좋은 질문을 다루고 그에 답하게 될 것이다.

[자료 5.4] 좋은 성찰적 질문: 자연재해

- 자연재해의 원인과 결과는 무엇인가?
- 자연재해가 무작위적이라고 또는 그렇지 않다고 여겨지는 이유는 무엇인가?
- 자연재해와 인간 활동의 연관성은 무엇인가?
- 자연재해가 정확하게 예측될 수 없는 이유는 무엇인가?
- 사람들이 여전히 자연재해가 발생하기 쉬운 지역에 정착하는 이유는 무엇인가?

> - 자연재해가 과거 및 현재의 과학, 공학, 기술의 발전에 미친 영향은 무엇인가?
> - 자연재해와 지구 기후 변화 사이의 연관성은 무엇인가?
> - 지난 세기에 지구의 기온 상승을 야기한 것은 무엇인가?
> - 지난 세기 동안 지구 기온 상승의 결과는 무엇이었는가?

이 성찰적 질문이 어떻게 자연재해에 대한 학생의 지식을 학문적 관점 이상으로 확장시키고, 학생에게 자연재해와 지구온난화 사이의 연관성에 대한 다른 일반론을 설명하도록 장려하는지에 주목하라.

좋은 성찰적 질문을 활용해 어떻게 가르칠 수 있는가

앞서 말했듯 성찰적 질문은 학생이 글에 나와 있는 생각과 정보 너머까지 모험을 하게 만든다. 좋은 성찰적 질문이 어떻게 다양한 교육과정 영역에 걸쳐 학생의 지식과 사고를 확장하도록 돕는지 살펴보자.

영어, 예술

[표 5.2]에 제시된 좋은 성찰적 질문은 사실적 질문, 분석적 질문과 더불어 작가, 예술가, 음악가가 작품을 만드는 데 영감을 준 요소에 대한 학생의 지식과 사고를 확장하도록 유도한다. 이 질문을 다룸으로써 학생은 작품의 힘과 창의적인 예술가들이 자신의 관점을 공유하는 독특한 방식에 대해 더 깊이 이해하게 된다.

[표 5.2] **사실적 질문, 분석적 질문, 성찰적 질문의 비교**

사실적 질문	분석적 질문	성찰적 질문
• 사기꾼 이야기(trickster tale)*란 무엇인가?	• 사기꾼 이야기 속의 동물 캐릭터가 다음의 내용에 대한	• 사기꾼 이야기는 동물이 등장하는 동화와 만화에 어떤

....

*   다른 사람을 속이는 내용을 포함한 이야기를 뜻한다.

	교훈을 어떻게 가르치는가? - 민중의 지혜 - 인간의 본성 - 올바른 행동	영향을 미치는가?
• 신화란 무엇인가?	• 신화적 이야기가 다음의 주제를 어떻게 다루는가? - 영웅의 원정과 임무 - 아름다움 - 사랑 - 운명 - 전쟁 - 오만, 야망, 자만심, 우월감의 위험성 - 선량함의 보상 - 악의 응징 - 식인주의	• 고대 문화 및 사회의 신화가 현대의 스토리텔링과 삶에 대한 관점에 어떤 영향을 미치는가?
• 에드거 앨런 포는 누구인가?	• 에드거 앨런 포의 이야기가 다음의 주제를 어떻게 다루는가? - 죽음 - 사랑과 증오 - 자신 대 분신 - 광기 대 이성 - 광기 대 논리 - 여성의 이상화 - 집착 - 호기심 - 산 자에 대한 죽은 자의 힘 - 희망과 절망 - 인간의 동물적 본능	• 에드거 앨런 포의 이야기가 다음 장르에 어떤 영향을 미치는가? - 탐정 미스터리 - 공포 - 공상 과학 - 시 - 문학 비평
• 셰익스피어식 연극이란 무엇인가?	• 무엇이 특정 연극을 셰익스피어식 희극으로 특징짓는가? • 무엇이 특정 연극을 셰익스피어식 비극으로 특징짓는가?	• 셰익스피어의 연극이 다음의 영역에 미친 역사적 · 현재적 영향은 무엇인가? - 연극 - 예술 - 문학 - 음악 - 행동과 관점
• 마크 트웨인은 누구인가?	• 마크 트웨인의 문체를 다른 작가들의 문체와 구별 짓는 것은 무엇인가?	• 마크 트웨인이 풍자와 사회 비판에 미친 역사적 · 현재적 영향은 무엇인가?

• 스콧 피츠제럴드(Scott Fitzgerald)가 쓴 『위대한 개츠비(The Great Gatsby)』의 줄거리는 무엇인가? • 스콧 피츠제럴드가 쓴 『위대한 개츠비』의 배경은 무엇인가? • 스콧 피츠제럴드가 쓴 『위대한 개츠비』의 등장인물은 누구인가?	• 『위대한 개츠비』가 다음의 주제를 어떻게 다루는가? 　- 사회와 계급 　- 사랑 　- 아메리칸 드림 　- 잃어버린 세대 　- 부 　- 전통적인 부자(old money) 대 신흥 부자(new money) 　- 기억 　- 고립 　- 죽음 　- 결혼과 사랑	• 무엇이 스콧 피츠제럴드가 『위대한 개츠비』를 쓰는 데 영향을 미쳤는가? • 『위대한 개츠비』가 다음의 내용에 대한 사회적 논평으로 여겨지는 이유는 무엇인가? 　- 아메리칸 드림의 변질 　- 사회의 계층화 　- 잃어버린 세대 　- 물질주의와 부 　- 부도덕과 타락
• 디스토피아적 과학 소설이란 무엇인가? • 검열이란 무엇인가? • 레이 브래드버리(Ray Bradbury)가 쓴 『화씨 451(Fahrenheit 451)』*의 줄거리는 무엇인가? • 조지 오웰(George Orwell)의 『1984』의 줄거리는 무엇인가?	• 레이 브래드버리는 『화씨 451』에서 검열과 사생활에 대해 무엇을 제안하는가? • 조지 오웰은 『1984』에서 검열과 사생활에 대해 무엇을 암시하는가? • 『화씨 451』과 『1984』가 검열과 사생활이라는 쟁점을 다루는 방식에 있어 유사한 점은 무엇인가?	• 레이 브래드버리의 『화씨 451』과 조지 오웰의 『1984』가 디스토피아적 과학 소설의 예가 되는 이유는 무엇인가?
• 레오나르도 다빈치(Leonardo da Vinci)는 누구인가?	• 레오나르도 다빈치가 다음 작품을 어떻게 설계하고 제작했는가? 　- <모나리자(Mona Lisa)> 　- <최후의 만찬(The Last Supper)> 　- <비트루비우스의 인체 비례 (The Vitruvian Man)>	• 레오나르도 다빈치와 그의 작품이 다음 분야의 연구에 미친 역사적·현재적 영향은 무엇인가? 　- 예술 　- 건축 　- 해부학 　- 동식물학 　- 수학 　- 과학 　- 지형과 지질학 　- 종교

....

*　　1953년에 출판된 레이 브래드버리의 공상과학 소설로, 책이 금지된 미래를 배경으로 한다. 소설 제목인 '화씨 451'은 섭씨 233도로, 책이 불타기 시작하는 온도를 뜻한다.

• 루트비히 판 베토벤(Ludwig van Beethoven)은 누구이며, 그의 교향곡에는 무엇이 있는가?	• 베토벤의 교향곡을 다른 교향곡과 구별 짓는 것은 무엇인가?	• 베토벤과 그의 교향곡이 음악 작곡과 공연에 미친 역사적·현재적 영향은 무엇인가?
• 발라드는 무엇인가? • 서정시는 무엇인가?	• 시를 발라드로 분류하게 하는 것은 무엇인가? • 시를 서정시로 특징짓는 것은 무엇인가?	• 발라드와 서정시가 작사에 미친 역사적·현재적 영향은 무엇인가?

수학

성찰적 질문은 어떻게 수학이 사용될 수 있는지 실험하는 수준에서 왜 수학이 사용되어야 하는지 그 이유를 탐구하는 수준으로 학생을 이동시키며, 학생이 연역 추론을 사용해 자신의 답을 분석하고 증명하도록 유도한다. 다음의 시나리오가 어떻게 추론과 증거를 사용해 확률 모형을 평가하게 하는지 살펴보자.

여러분은 지금 우연한 사건의 탐구와 확률 모형의 개발, 사용, 평가에 대한 단원을 가르치고 있다. 학생들은 다음의 활동을 하게 될 것이다.

• 우연한 사건의 확률이란 그 사건이 일어날 가능성을 표현하는 0에서 1 사이의 숫자임을 이해하라. 0에 가까운 확률은 그것이 일어날 가능성이 낮은 사건이라는 것을 의미하며, ½ 정도의 확률은 일어날 것 같기도 하고 아니기도 한 사건을 의미한다. 그리고 1에 가까운 확률은 일어날 가능성이 높은 사건을 의미한다. (CCSS.MATH.CONTENT.7.SP.C.5)
• 가능성을 실험하는 과정에 대한 자료를 모으고 그것의 장기적이고 상대적인 빈도를 관찰함으로써 우연한 사건의 확률의 근사치를 계산하라. 그리고 주어진 확률에 근접하는 상대도수를 예측하라. (CCSS.MATH.CONTENT.7.SP.C.6)
• 확률 모형을 개발하고 사건의 확률을 계산하는 데 그것을 사용하라. 하나의 모형에서 얻어진 확률을 실제 관찰된 빈도와 비교하라. 일치도가 좋지 않다면, 불일치의 가능한 원인에 대해 설명하라. (CCSS.MATH.CONTENT.7.SP.C.7)
• 조직화된 목록, 표, 수형도, 모의실험 등을 사용해 복합 사건의 확률을 찾아라. (CCSS.MATH.CONTENT.7.SP.C.8)

학생들은 [자료 5.5]에 제시된 좋은 질문을 다루고 그에 답하게 될 것이다.

[자료 5.5] 좋은 성찰적 질문: 확률

- 이론적 확률(theoretical probability)을 결정하려면 한 사건에서 두 개 이상의 결과가 일어날 가능성이 동일해야 하는 이유는 무엇인가?
- 이론적 확률과 실험적 확률(experimental probability)의 차이점은 무엇인가?
- 한 사건의 이론적 확률이 반드시 0과 1 사이의 유리수로 표현되어야 하는 이유는 무엇인가?
- 한 사건의 이론적 확률이 '확실'하게 또는 '불가능'하게 나타나는 이유는 무엇인가?
- 확률의 숫자가 클수록 그 사건이 일어날 가능성이 더 큰 이유는 무엇인가?
- 다음의 이유는 무엇인가?
  - 0에 가까운 확률은 일어날 것 같지 않은 사건을 가리킨다.
  - ½의 확률은 일어날 것 같기도 하고 아니기도 한 사건을 가리킨다.
  - 1에 가까운 확률은 일어날 것 같은 사건을 가리킨다.
- 'P(사건) + P(여사건*) = 1'이라는 알고리즘에 의하면 한 사건의 확률과 그것의 나머지 사건의 확률의 합이 1과 같은데, 그 이유는 무엇인가?
- 우연적인 사건의 상대도수가 주어진 확률에 근접할 수 있는 이유는 무엇인가?

이 학습 경험은 답을 구하기 위해 수학이 사용되는 방식을 조사하고, 우연을 포함한 사건의 결과를 명확히 하기 위해 확률 모형이 사용되는 이유를 탐구하도록 한다.

또한 수학에서 사용되는 성찰적 질문은 문제가 제대로 해결되었는지 분석하는 평가 항목에 답하는 방법을 가르치는 데에도 유용하다. 본질적으로 성찰적 질문은 문제 풀이 방법을 설명하는 단계에서 그 해법이 적절한 이유를 명확하게 하는 단계로 교수·학습의 초점을 이동함으로써 학생의 수학적 사고를 촉진한다. 이러한 탐구적 전략은 학생이 학습에 몰입하게 하는 좋은 방법이다.

과학

과학 교과에서 좋은 성찰적 질문은 인과관계 및 연관성의 패턴을 확

....

* 어떤 사건이 일어나지 않을 사건을 의미한다.

립하는 데 초점을 맞춘다. 성찰적 질문은 관찰된 효과나 기록된 결과의 원인을 입증하기 위해 사용된다(Shuttleworth, 2009; Trochim, 2006). 과학 교과의 대학 및 직업 준비를 위한 성취기준의 수행 목표는 일반적으로 실험, 논증, 공학적 설계를 통해 과학적 탐구를 촉진하는 방향으로 표현된다.

학생은 실험, 논증, 설계 등을 개발하고 이에 참여하기 전에, 성취기준에서 도출된 좋은 성찰적 질문에 답함으로써 원인, 연관성, 결과 등을 탐구하도록 장려된다. 과학 교과의 화제에 대한 학생의 사고를 확장하고 싶다면, 과거 또는 오늘날의 자연 현상이 지구상의 다른 구조와 체계에 미치는 지리적·정치적·경제적·사회적 영향에 대해 탐구하도록 유도하는 좋은 성찰적 질문을 하라.

역사와 사회

역사와 사회 교과에서 사용되는 성찰적 질문도 사실 및 사건이 일어난 상황과 이유를 조사하는 수준에서 과거와 현재의 생각, 사건, 개인, 쟁점 등의 영향 및 결과를 탐구하는 수준으로 학생을 이동시킨다. 또한 성찰적 질문은 학생에게 제시되거나 그들이 직접 읽은 내용 이상으로 역사에 대한 지식을 확장하도록 격려한다. 첫 세계화 시대의 출현이 가져온 결과에 대한 다음의 시나리오를 살펴보자.

여러분은 지금 1450~1600년에 있었던 세계 주요 지역의 대양 횡단 연결이 어떻게 세계적 변화를 이끌었는지에 대한 단원을 가르치고 있다. 학생들은 다음의 내용을 드러내 보이고 소통하게 될 것이다.

- 15~16세기에 유럽인이 해외로 진출하게 된 원인과 결과를 이해하라. (NHS. WHE6.1.A)
- 15~16세기에 이루어진 유럽인과 사하라 이남 아프리카인, 아시아인, 아메리카인의 조우에 대해 이해하라. (NHS.WHE6.1.B)
- 동식물군과 병원균의 전 세계적인 교환의 결과를 이해하라. (NHS.WHE6.1.C)
- 장소의 문화적·환경적 특성이 시간의 흐름에 따라 어떻게 변화하는지 설명하라. 어떤 장소를 다른 장소와 유사하게 또는 다르게 만드는 문화적·환경

적 특징의 결합을 분석하라. 정치적 · 경제적 결정이 오랜 시간에 걸쳐 어떻게 다양한 장소와 지역의 문화적 · 환경적 특성에 영향을 미쳐왔는지 평가하라. (C3.D2.Geo.5.3-12)

- 환경적 · 문화적 특징이 특정 장소나 지역의 인구 분포에 어떻게 영향을 미치는지 설명하라. 인간의 정착 활동이 특정 장소와 지역의 환경적 · 문화적 특징에 끼치는 영향을 평가하라. (C3.D2.Geo.6.3-12)

- 문화적 · 환경적 특성이 어떻게 사람과 재화, 그리고 생각의 분포 및 이동에 영향을 미치는지 분석하고 설명하라. 교통 및 통신 기술의 변화가 인간의 거주지 간 공간적 연결에 어떤 영향을 미치는지, 그리고 생각과 문화적 행위의 전파에 어떤 영향을 주는지 분석하고 설명하라. 역사적 사건과 생각, 기술, 문화적 행위의 공간적 전파가 이동 패턴 및 인구 분포에 어떻게 영향을 미쳤는지 그 상호성을 분석하라. (C3.D2.Geo.7.3-12)

학생들은 [자료 5.6]에 제시된 좋은 질문을 다루게 될 것이다.

[자료 5.6] 좋은 성찰적 질문: 지리

- 15~16세기에 유럽인이 해외로 진출하게 된 원인과 결과는 무엇이었는가?
- 다음의 내용이 15~16세기에 이루어진 유럽인의 해외 진출과 정복에 어떤 영향을 미쳤는가?
  - 유럽 사회(특히, 스페인과 포르투갈)의 주요 사회적 · 경제적 · 정치적 · 문화적 특징
  - 선박 건조, 항해술, 해전(海戰) 분야의 기술적 발전
  - 라이베리아 군대의 동기, 성격, 단기적 중요성
  - 사하라 이남 아프리카, 아시아, 아메리카 지역으로의 상업적 탐험
- 포르투갈인의 아프리카, 인도, 동남아시아로의 해상 확장의 결과는 무엇이었는가?
- 포르투갈인과 아프리카인, 아시아인, 동남아시아인 사이의 관계는 무엇이었는가?
- 오스만인, 인도인, 중국인, 일본인, 베트남인, 태국인 세력이 유럽인의 상업적 · 군사적 · 정치적 침투를 제한한 결과는 무엇이었는가?
- 가톨릭교회가 아메리카와 동남아시아의 스페인 및 포르투갈 식민지의 토착민과 관련된 정책의 기초, 조직, 실행에 어떤 영향을 미쳤는가?
- 동식물군과 병원균의 전 세계적인 교환의 결과는 무엇이었는가?
- 15세기 후반~16세기에 일어난 전 세계적인 식물과 동물의 교환이 유럽인, 아시아인, 아프리카인, 아메리카 원주민의 사회와 상업에 어떤 영향을 주었는가?
- 1492년 이후 아메리카 대륙에 유입된 새로운 질병을 일으키는 미생물이 그곳에 살고 있던 원주민의 문명에 파괴적인 인구학적 · 사회적 영향을 미친 이유는 무엇이었는가?
- 아메리카의 인간, 지리, 자연환경에 대한 지식이 유럽의 종교 및 지적 생활에 어떤 영향을 미쳤는가?

이 성찰적 질문은 특정 사건이 현재와 과거에 미치는 영향을 분석하게 함으로써 학생들의 사고를 확장시킨다. 성찰적 질문을 통해 학생의 지식과 사고를 확장하도록 장려하는 최선의 방법은 그들이 사건의 개인적·사회적·문화적 영향에 대해 통시적 및 공시적으로 살펴보게 하는 것이다. 이러한 질문하기는 사건의 원인, 연관성, 결과뿐만 아니라 적절성에 대해서도 탐구하도록 독려한다.

결론

성찰적 질문과 분석적 질문은 학생이 이유를 분석하도록 함으로써 사고의 엄밀함을 촉진시킨다. 그러나 이 두 종류의 질문이 공유하도록 요구하는 지식의 깊이는 서로 다르다. 분석적 질문은 주로 해당 지식이 다양한 상황에서 어떻게 사용될 수 있는지 깊이 생각해보도록 하는 데 초점을 맞추는 반면, 성찰적 질문은 지식을 확장할 것과 왜 해당 지식이 답, 결과, 해결책 등을 명확하게 하기 위해 사용될 수 있는지 생각할 것을 요구한다. 이 좋은 질문들은 서로를 보완하며, 학생이 현상을 연구하고 문제를 해결하는 데 필요한 전이 가능하고 광범위한 지식을 기르고 계발하도록 돕는다.

좋은 성찰적 질문을 만들어보자

목표
대학 및 직업 준비를 위한 성취기준의 수행 목표로부터 학생에게 사건과 경험의 원인, 연관성, 결과 등을 탐구하도록 장려하는 좋은 성찰적 질문을 개발하라.

자료
- 여러분이 속한 지역에서 채택한 대학 및 직업 준비를 위한 성취기준
- 여러분의 학교에서 채택한 교육과정과 교재
- 좋은 질문과 블룸의 분류체계([표 1.1])
- 좋은 질문과 DOK([표 1.3])

절차
1. 해당 차시나 단원의 일부로 다뤄질 학업 성취기준, 글, 주제 등을 확인하라.
2. 학습 목표의 인지적 요구가 학생에게 '분석'을 하도록 할지, 또는 '평가'를 하도록 할지 결정하라. 이 인지적 요구를 다루는 HOT 질문 줄기를 선택하라.
   a. 이유를 분석하기를 기대하는 수행 목표: 연관성, 관계, 결과가 무엇인지 탐구하도록 묻는 성찰적 질문으로 학습 목표를 재진술하라.
   b. 이유를 평가하기를 기대하는 수행 목표: 결과, 영향, 이유가 무엇인지 탐구하도록 묻는 성찰적 질문으로 학습 목표를 재진술하라.

[표 5.3] 좋은 성찰적 질문 생성기

조사하고 탐구하라	무엇이 원인인가? 무엇이 원인이었는가?	
	연관성은 무엇인가?	
	관계는 무엇인가?	
	결과는 무엇인가?	
	영향은 무엇인가?	
	이유는 무엇인가?	

좋은 가설적 질문은
어떻게 호기심과 창의력을 불러일으키는가

여러분은 지금 자릿값과 연산의 속성을 사용하여 두 자릿수 이상의 산술을 수행하는 것에 관한 단원을 가르치고 있다. 학생들은 다음의 활동을 하게 될 것이다.

- 자릿값과 연산의 속성을 바탕으로 한 전략을 사용하여 최대 네 자릿수의 정수를 한 자릿수 정수와 곱하고, 두 개의 두 자릿수 정수를 곱하라. 방정식, 사각형 배열, 넓이 모형을 활용하여 계산에 대해 그림을 그리고 설명하라. (CCSS.MATH.CONTENT.4.NBT.B.5)

학생들은 [자료 6.1]에 서술된 좋은 질문을 다루고 그에 답하게 될 것이다.

[자료 6.1] 좋은 가설적 질문: 두 자릿수 이상의 연산

- 두 자릿수 이상 수가 어떻게 다음의 방법을 사용하여 곱해질 수 있는가?
  - 곱셈의 표준 알고리즘
  - 자릿값
  - 부분 곱(partial products)[*]

....

[*] 곱셈에서 각 자릿수별로 곱하여 그 값을 모두 합하는 방식을 뜻한다.

> - 보정(compensation)[*]
> - 반올림
> - 격자 곱셈법
> - 배열을 쪼개는 것이 큰 숫자를 곱하는 데 어떤 도움을 주는가?
> - 배열, 부분 곱, 또는 보정이 다음의 내용을 설명하기 위해 어떻게 사용될 수 있는가?
>
> | | | | | |
> |---|---|---|---|---|
> | 3 x 10 | 7 x 20 | 2 x 16 | 2 x 125 | 14 x 32 |
> | 4 x 100 | 8 x 50 | 3 x 19 | 4 x 375 | 16 x 54 |
> | 6 x 1,000 | 9 x 60 | 5 x 34 | 6 x 625 | 18 x 76 |
>
> - 방정식, 배열, 부분 곱, 또는 보정이 다음의 시나리오에 어떻게 사용될 수 있는가?
>   - 한 영역에 100명씩 수용 가능한 영역 네 개로 구성된 경기장의 총 좌석 수는 몇 개인가?
>   - 100개의 동전이 들어 있는 통을 여덟 개 가지고 있다면, 동전의 총 개수는 몇 개인가?
>   - 한 줄에 30칸씩 여덟 줄이 있는 주차장의 총 주차 칸은 몇 개인가?
> - 방정식, 배열, 부분 곱이 다음의 시나리오에 어떻게 사용될 수 있는가?
>   - 값이 45달러이고 세금이 3달러인 의자 두 개를 구입하는 데 드는 총 비용은 얼마인가?
>   - A 학급은 9주 동안 학교 도서관에서 매주 25권의 책을 대출한다. B 학급은 매주 A 학급보다 7권씩 적게 대출한다. 그렇다면 A 학급과 B 학급은 3주, 6주, 9주 동안 각각 총 몇 권의 책을 빌리게 되는가? 9주 동안 두 학급에서 대출한 책은 모두 몇 권인가?

지금까지 우리는 배경지식을 쌓도록 돕는 사실적 질문, 개념과 내용을 어떻게 그리고 왜 다양한 맥락에서 사용할 수 있는지를 비판적으로 생각하도록 요구하는 분석적·성찰적 질문을 다루었다. 사고의 엄밀함의 또 다른 측면은 학생에게 자신의 지식과 사고, 보다 정확히는 상상력의 경계를 시험하고 '만약'을 고려하고 확정하도록 요구함으로써 그들이 창의적으로 생각하게 만드는 것을 포함한다.

[자료 6.1]의 좋은 가설적 질문이 어떻게 위에서 언급한 방향으로 사고의 전환을 이루어내는지 주목하라. 특히 다양한 방법, 모형, 전략, 구조가 두 자릿수 이상의 곱셈 문제를 푸는 데 '어떻게 사용될 수 있는지'에 주

....

*   수학에서 문제를 머릿속에서 좀 더 쉽게 풀기 위해 덧셈, 뺄셈, 곱셈, 또는 나눗셈을 재구성하는 과정을 의미한다.

목하라. 이러한 맥락은 학생이 전략적으로 생각하게 하고(DOK-3), 그들이 배우고 있는 수학적 개념과 절차가 학문적·일상적 상황으로 어떻게 전이되고 사용될 수 있는지에 관해 사고를 확장시키도록 요구한다(DOK-4). 학생들은 가설적 질문에 답하면서 수학을 하는 방법 및 수학이 다른 맥락에 '어떻게 적용될 수 있는지'에 대해 상상하고 실험하는 방법을 배운다.

좋은 가설적 질문은 어떤 역할을 하는가

좋은 가설적 질문은 특히 학생에게 다음의 활동을 요구하는 다양한 시나리오를 통해서 상황과 조건의 가능성 및 잠재력에 초점을 맞춘다.

- 만약을 **상상하라**.
- 무슨 일이 벌어질지, 무슨 일이 벌어질 수 있을지, 어떻게 할지 등을 **가정하라**.
- 어떻게 할 수 있을지, 어떻게 될지, 다른 무엇이 있는지, 다른 어떤 방법이 있는지 등을 **고려하라**.
- 무엇이 이유가 될 수 있는지 또는 무엇이 이유일지를 **가정하라**.
- 무엇을 할지 또는 어떻게 할지를 **예측하라**.

가설적 질문은 블룸과 웹이 인용한 대학 및 직업 준비를 위한 성취기준의 사고의 엄밀함을 가장 깊이 있는 수준으로 다룬다. 특히 지식이 '어떻게 사용될 수 있을지'에 대해 창의적이고 전략적으로 생각하는 것이 그러하다. 또한 가설적 질문은 학생이 배운 것을 활용할 수 있는 가설적 시나리오와 상황을 제공함으로써 학생의 사고를 확장시킨다.

그러나 다른 좋은 질문과 달리, 가설적 질문은 세부 내용, 규칙, 개념과 절차를 좌우하는 세부 사항에 처음부터 국한되지는 않는다. 가설적 질문은 상상력을 활용하도록, 그리고 창의적 사고를 유도하는 질문 줄기인 '만약'에 대해서 자유롭게 생각해보도록 장려한다. 학생은 자신이 습득하고 계발한 지식을 자신의 생각, 가정, 예측, 이론이 타당한지 또는 실행 가능한지 확인하는 데 사용한다.

가설과 예측

가설적 질문은 일반적으로 가설 수립하기와 예측하기라는 두 종류의 서로 다른 사고 과정에 참여시킨다. 이 두 용어는 종종 비슷한 의미로 사용되지만, 전혀 다른 사고 활동이다.

먼저 가설 수립하기에 대해 알아보자. 여기에서 가설은 그저 형식적인 가설이 아니다. 가설은 이미 일어난 사건이나 현상에 대한 그럴듯한 설명이나 가능한 이유를 뜻하며, 이는 증거, 관찰, 패턴에 기반한다. 가설적 질문은 학생이 '만약'에 대해 숙고하고 이론화하도록 함으로써 가설을 구상하게 유도한다. 다음에 제시될 시나리오에서 가설적 질문이 어떻게 화학반응에 대한 경험적 추측 및 잠정적 진술을 하도록 하는지 살펴보자.

여러분은 지금 물질과 그 반응에 대한 단원을 가르치고 있다. 학생들은 다음의 활동을 하게 될 것이다.

- 원자의 최외각 전자 상태, 주기율표에서의 경향성, 그리고 화학적 속성의 패턴에 대한 지식을 바탕으로 단순 화학반응의 결과에 대한 설명을 구성하고 수정하라. (NGSS-HS-PS1-2)

학생들은 [자료 6.2]의 좋은 질문을 다루게 될 것이다.

[자료 6.2] **좋은 가설적 질문: 물질**

- 다음과 같은 반응이 일어나는 이유는 무엇이겠는가?
  - 가스레인지의 불꽃이 연소하더라도 온도는 화씨 350도(섭씨 177도) 이상으로 올라가지 않는다.
  - 사막에 있는 자동차에 녹의 흔적과 징후가 보인다.
  - 초코볼이 입 안에서는 녹지만 손에서는 녹지 않는다.
  - 모형 화산에 뜨거운 물, 주방 세제, 적색 식용 색소를 담은 뒤, 식초와 베이킹 소다를 넣으면 화산이 분출한다.

> - 물이 담긴 밀폐 용기를 냉동실에 2시간 45분 동안 보관한 뒤 격하게 흔들면 물이 급속하게 냉동될 것이다.
> - 구아바 잎 추출물과 수산화나트륨으로 만든 비누는 여드름을 치료한다.
> - 레몬, 라임, 오렌지, 자몽과 같은 감귤류 과일 조각에 구리 못을 박고 여기에 전구를 연결하면 불이 켜진다.
> - 부풀려진 철솜에 불꽃을 붙이면 불꽃놀이처럼 보인다.

이 가설적 질문이 어떻게 사건이나 결과 이면의 이유를 탐구하도록 유도하는지 주목하라. 이 질문에 대한 답은 학생이 자신의 생각을 이론으로 실험하고 검증하고 결론을 도출하는 데 사용하는 가설이 될 것이다. 나아가 학생은 자신의 가설을 더 논리적으로 만들고 이후 그 가설을 입증하기 위해 추가적인 증거를 획득해야 한다.

가설과 달리 예측은 증거나 예상에 기반한 전망이다. 다음에 제시된 가설적 질문은 인구의 패턴과 이동이 지구의 지리적 조건에 미치는 영향에 대해 예측하도록 한다.

여러분은 지금 지리 과목에서 인구의 공간적 패턴과 이동에 대한 단원을 가르치고 있다. 학생들은 다음의 활동을 하게 될 것이다.

- 문화적·환경적 특성이 어떻게 사람의 분포와 이동, 재화, 사고에 영향을 미치는지 설명하라. 교통 및 통신 기술의 변화가 인간의 거주지 간 공간적 연결에 어떤 영향을 미치는지, 그리고 생각과 문화적 행위의 전파에 어떤 영향을 주는지 설명하라. 역사적 사건과 생각, 기술, 문화적 행위의 공간적 전파가 이동 패턴 및 인구 분포에 어떻게 영향을 미쳤는지 그 상호성을 분석하라. (C3. D2.Geo.7.3-12)
- 인간의 거주지와 이동이 위치 및 다양한 천연 자원의 사용과 어떤 관계가 있는지를 분석하고 설명하라. 인간과 환경 사이의 관계가 어떻게 거주지와 이동의 공간적 패턴을 확장하거나 축소시켰는지 분석하고 설명하라. 경제 활동과 정치적 결정이 도시, 교외, 농촌 지역 각각의 내부 및 상호간 공간적 패턴에 미친 영향을 평가하라. (C3.D2.Geo.8.3-12)
- 재앙 수준의 환경적·기술적 사건이 인간의 거주지와 이동에 미친 영향을 분석하라. 인간이 야기한 장기적인 환경 변화가 분쟁과 협력의 공간적 패턴에 미친 영향을 평가하라. 장기적인 기후 변동이 인간의 이동과 거주 패턴, 자원

과 토지 사용 등에 미친 영향을 지역 규모에서부터 전 세계적 규모까지 평가하라. (C3.D2.Geo.9.3-12)

학생들은 [자료 6.3]에 제시된 좋은 질문을 다루게 될 것이다.

[자료 6.3] 좋은 가설적 질문: 인구의 패턴

- 인간과 환경의 관계가 어떻게 거주와 이동의 공간적 패턴을 확장하거나 축소시킬 수 있겠는가?
- 경제 활동과 정치적 결정이 다음에 제시된 지역 각각의 내부 및 상호 간 공간적 패턴에 어떤 영향을 미칠 수 있겠는가?
  - 도시
  - 교외
  - 농촌
- 재앙 수준의 환경적·기술적 사건이 인간의 거주지와 이동에 어떤 영향을 미칠 수 있겠는가?
- 인간이 야기한 장기적인 환경 변화가 분쟁과 협력의 공간적 패턴에 어떤 영향을 미칠 수 있겠는가?
- 장기적인 기후 변동이 지역 규모에서부터 전 세계적 규모까지 다음 항목에 어떤 영향을 미칠 수 있겠는가?
  - 인간의 이동과 거주 패턴
  - 자원
  - 토지 조성

또한 이 가설적 질문은 학생에게 특정 사건이나 결과에 대한 결론과 아이디어를 끌어내도록 유도한다. 이 질문은 증거를 바탕으로 할 수도 있고 상상에 근거할 수도 있지만, 학생이 그 예측의 타당성을 입증할 수는 없다. 그러므로 가설적 질문은 질문의 목표가 미래의 결과에 대해 정확하게 예측하는 것인지 아닌지를 확실히 해야만 한다.

시나리오

가설적 질문은 학생이 학문적·일상적 상황에서 배운 것을 '어떻게 사용할 수 있을지' 또는 '어떻게 사용할 것인지'에 대해 비판적이고 창의적으로 생각하도록 하는 다양한 시나리오를 제공한다. 또한 가설적 질문은 주어진 특정 패턴, 제한, 규정하에서 어떤 일이 일어날 수 있는지 또는 일어날지 고찰하게 한다. 다음의 시나리오는 자연선택(natural selection)과 적응이 어떻게 생물의 변화를 '야기할 수 있을지'에 대해 고려하게 한다.

여러분은 지금 생물학적 진화의 통일성과 다양성에 대한 단원을 가르치고 있다. 학생들은 다음의 활동을 하게 될 것이다.

- 한 개체군의 특질에서 나타난 유전적 변이가 어떻게 특정 환경에서 몇몇 개체가 생존하고 번식할 확률을 증가시키는지에 대한 설명을 증거에 기반하여 구성하라. (NGSS-MS-LS4-4)
- 생물체의 특질 중에서 인간이 원하는 특질이 유전되도록 하는 기술에 대한 정보를 모으고 종합하라. (NGSS-MS-LS4-5)
- 자연선택이 어떻게 시간이 흐르는 동안 개체군 내의 특정한 특질을 증가시키거나 감소시키는지에 대한 설명을 뒷받침하기 위해 수학적 표상을 사용하라. (NGSS-MS-LS4-6)

학생들은 [자료 6.4]에 제시된 좋은 질문을 다루게 될 것이다.

[자료 6.4] **좋은 가설적 질문: 진화**

- 생물체 간 유전적 변이가 어떻게 생존과 번식에 영향을 미칠 것인가?
- 한 개체군의 특질에서 나타난 유전적 변이가 어떻게 특정 환경에서 몇몇 개체가 생존하고 번식할 가능성과 확률을 증가시킬 수 있겠는가?
- 동일한 종에 속한 개별 개체의 상이한 특징이 다음의 측면에 어떻게 이점으로 작용하겠는가?
  - 생존
  - 짝 찾기
  - 번식
- 자연선택은 어떻게 시간이 흐르는 동안 개체군 내에서 특정한 유전적 특질의 증가와 감소를 유도하는가?
- 자연선택은 어떻게 한 개체군에서 특정한 특질의 우위와 다른 특질의 열세를 일으키는가?
- 생명체의 특질 차이가 번식 성공에 영향을 미치지 않는다면 어떤 일이 일어나겠는가?
- 인위선택(artificial selection)은 어떻게 인간에게 생명체의 특정한 특성에 영향을 미칠 수 있는 능력을 부여했는가?
- 인위선택이 어떻게 생물체의 특질 중에서 인간이 원하는 특질이 유전되도록 하는

방식에 변화를 가져올 것인가?
• 만약 과학의 진보가 인간에게 생명체의 특질을 선택할 수 있는 능력과 기회를
  준다면 어떤 일이 일어나겠는가?

[자료 6.4]에 제시된 가설적 질문은 학생이 여러 시나리오와 수많은 결과에 대해 숙고하게 한다. 또한 학생은 인위선택과 자연선택이 생명체의 생존, 짝을 찾는 능력, 번식 기회에 어떻게 영향을 미칠 수 있을지에 대한 자신만의 생각과 이론을 생성하고 의견을 말할 수 있게 된다. 학생은 연구, 조사, 검토를 통해 획득하고 발전시킨 인위선택과 자연선택에 대한 지식을 자신의 생각을 입증하는 증거로 사용할 것이다.

나아가 가설적 질문은 학생이 학습한 것을 실생활에서 사용해보는 다양한 시나리오를 교사가 창의적으로 고안할 기회를 제공한다. 예를 들어, 수학 과목에서 교사는 학생에게 '실생활 속 상황에서 수학적 개념과 과정이 어떻게 사용될 수 있을지' 묻고, 이에 관한 다양한 시나리오를 제시할 수 있다. 이 활동은 학생이 배우는 수학이 실생활에 '어떻게 적용될 수 있을지'에 대한 학생의 지식을 심화시키고, 그러한 경험이 '어떨지'를 상상하거나 그것을 행동으로 표현하도록 돕는다. 또한 교사는 가설적 질문을 사용하여 학생이 창의적 글쓰기를 통해 자신이 얼마나 깊이 있게 학습했는지를 공유하도록 하는 범교과적 활동을 개발할 수도 있다. 예를 들어, 학생에게 역사/사회 수업이나 과학 수업에 제시된 '만약에' 시나리오에 대해 숙고하도록 질문할 수도 있고, 문학 수업에서 접하는 단편 소설, 시, 노래, 영화 대본과 같은 서사를 가지고 '어떤 일이 일어날지'에 대한 생각을 공유하도록 할 수도 있다.

상위인지적 지식

가설적 질문은 학생이 '정답, 바라는 결과물, 구체적인 결과를 어떻게 다양한 방법론, 모형, 전략, 기법을 사용하여 성취할 수 있는가'에 대해 생각하도록 한다. 앤더슨과 크래스월(Anderson & Krathwohl, 2001)은 이를 상위인지적 지식(metacognitive knowledge)이라고 정의하는데, 이는 다양한

개념과 절차가 동일한 답이나 결과를 도출하기 위해 어떻게 그리고 왜 사용될 수 있을지에 대한 지식을 뜻한다. 이러한 가설적 질문을 통해 학생은 질문에 답하고 문제를 해결하고 과제를 완수하는 데 하나 이상의 방법이 있을 것이라는 점을 배우고, 자신의 학습 양식에 더 적합한 방법론과 전략을 인식하고 이해할 수 있다. 예를 들어, 교사는 학생에게 사칙연산을 사용하여 여러 가지 방법으로 계산하도록 하고, 어떤 방법이 자신에게 가장 잘 맞는지를 결정하도록 요구하는 가설적 질문을 할 수 있다.

또한 가설적 질문은 학생이 결론을 내리기 전에 가능한 모든 선택지를 고려해보게 한다. 다음의 시나리오가 어떻게 인간이 지구에 미치는 영향을 최소화하는 방법을 고려하게 하는지 살펴보자.

여러분은 지금 인간이 지구 시스템에 미치는 영향에 대한 단원을 가르치고 있다. 학생들은 다음의 활동을 하게 될 것이다.

- 과학적 원리를 적용하여 환경에 대한 인간의 영향을 모니터링하고 최소화하기 위한 방법을 설계하라. (NGSS-MS-ESS3-3)

학생들은 [자료 6.5]에 제시된 좋은 질문을 다루게 될 것이다.

[자료 6.5] **좋은 가설적 질문: 인간이 환경에 미치는 영향**

- 다음 항목이 생물다양성을 어떻게 증진시킬 수 있겠는가?
  - 재생 가능한 자원의 생산을 포함하는 공급 서비스
  - 환경 변화를 증감하는 조절 서비스
  - 인간의 가치와 즐거움을 대표하는 사회문화적 서비스
- 다음 항목이 어떻게 생물다양성에 미치는 인간의 영향을 모니터링하고 최소화할 수 있겠는가?
  - 기후 조절
  - 질병과 해충 방제
  - 수질 정화
  - 생물다양성 은행(biodiversity banking)
  - 유전자 은행(gene banking)
  - 살충제의 사용 줄이기와 살충 효과 개선하기

> - 이동성 종을 보호하는 위치 기반 접근법
> - 야생동물의 통행로, 서식지 통행로, 녹지 통행로 설정하기
> - 국립공원, 야생동물 보호구역, 삼림 보존구역, 동물원, 식물원과 같은 보호구역 설정하기
> - 전 지구적 협약과 국내법의 통과 및 이행
> • 인간이 생물다양성에 미치는 다음과 같은 영향이 어떻게 모니터링되고 최소화될 수 있겠는가?
> - 과소비, 인구 과잉, 삼림 파괴, 토지 오용, 대기오염, 수질오염, 토양오염, 지구온난화
> - 자연 장벽의 파괴와 재배치로 인한 침입종의 유입
> - 이종교배 유전자의 이입, 유전적 잠식을 통한 유전자의 오염
> - 과도한 사냥과 벌목, 잘못된 토양 보존, 야생동물 불법 거래로 인한 남획
> - 유전적 침식과 오염으로 인한 식량 생산, 자원, 안전의 감소
> - 토양 개간과 도시화로 인한 서식지 파괴
> - 지구온난화와 기후 변화

[자료 6.5]의 첫 두 질문은 제시된 각 항목이 어떻게 생물다양성을 증진하고 인간이 야기하는 변화를 최소화할 수 있을지 조사하도록 한다. 마지막 질문은 생물다양성과 관련하여 인간의 특정한 영향과 행동이 어떻게 최소화되고 관리될 수 있을지를 탐구하도록 장려한다. 각 질문은 학생의 지식과 사고를 심화시키고 문제를 해결하는 데 하나 이상의 방법이 있을 것이라는 점을 인식하도록 안내한다. 다양한 가능성을 고려할 수 있는 이러한 자유는 학생이 자신만의 결론을 도출하고 그 문제에 어떻게 반응할지 결정하도록 한다. 뒤에 이어지는 장에서는 논증적, 정서적, 개인적 질문에 대해 더 논의할 것이다.

창의성과 호기심

가설적 질문은 학생에게 자신이 받은 교육과 자신의 상상력을 사용해서 '만약'에 대해서 상상하게 한다. 이것은 학생들의 창의성과 호기심을 촉발하는 강력한 방법이다. 창의성과 호기심은 학생을 "사실과 현실의 세계로부터 해방시키고 아마 아무도 가본 적 없었던 또는 가지 않을 곳으로 자유롭게 배회하도록 한다"(Raths, Wasserman, Jonas, & Rothstein, 1986,

p. 14). 학문적 지식과 이해를 활용하여 자신이 상상해낸 생각이 현실적인 지, 잠재력이 있는지를 확인하는 것은 그다음이다.

예를 들어, 학생에게 '만약 지진이나 쓰나미와 같은 자연재해가 미국 서부 해안을 덮친다면 어떻게 될까?', '그러한 재해를 예측하고 예방하며 사람들을 보호하기 위해서 무엇을 할 수 있을 것인가'?, '이를 위해 어떤 종류의 기술이 개발되고 사용될 수 있을 것인가?'와 같은 가설적 질문을 던진다고 가정해보자. 이 질문들은 학생의 호기심을 자극하여 그들이 재해의 잠재력에 대해 조사하고 이러한 재해를 다룰 방법을 상상하도록 한다. 그것이 바로 '만약'에 대해 상상하도록 질문하는 것의 힘이다. '어떻게'와 '왜'에 대한 질문은 학생들에게 배운 것을 분석하고 평가하여 비판적으로 생각하도록 유도하지만, '만약'이라는 질문은 혁신, 창안, 설계를 통해서 창의적으로 생각하게 격려한다. 이 좋은 질문은 궁극적으로 창의적인 설계를 통해 재능과 사고를 드러내 보이고 발전시키도록 학생을 이끈다.

좋은 가설적 질문을 활용해 어떻게 가르칠 수 있는가

좋은 가설적 질문을 개발하려면 다음의 공식을 사용하라.

나는 + 가설적 질문 줄기 + DOK 맥락 + 궁금하다

교사는 학생의 호기심, 상상력, 흥미, 놀라움을 자극하고 학생이 배우는 것에 대해서 비판적이고 창의적으로 생각하도록 유도하는 좋은 가설적 질문을 개발하기 위해 이 공식을 활용할 수 있다.

이제 좋은 가설적 질문이 어떻게 비판적이고 창의적인 사고를 촉진하는지 살펴보자.

영어, 예술

좋은 가설적 질문은 영어, 예술에 대한 비판적이고 창의적인 사고를 촉발한다. 어느 문학 작품의 중심 생각, 구성, 주제에 대해 생각해본 뒤 그 것을 좋은 가설적 질문의 줄기로 시작하는 질문으로 바꿔보라.

가설적 질문은 문학적 허구나 비허구적 작품에 대한 학생의 호기심과 흥미를 자극하는 데 사용될 수 있다. 호기심과 흥미, 이것이 바로 작품이 창작되는 방식이다. 즉, 작품은 저자나 예술가가 만약을 상상하거나 어떤 일이 일어날지 고려하거나 무엇을 할지 예측하는 좋은 가설적 질문에 응답하면서 만들어진 것이다.

가설적 질문은 학생이 중심 생각이나 주제에 대해서 비판적으로 생각하도록 유도한다. 다음에 이어지는 시나리오가 어떻게 글에 표현된 생각에 대해 비판적으로 사고하도록 하는지 살펴보자.

여러분은 지금 레이 브래드버리의 『화씨 451』에 대한 단원을 가르치고 있다. 학생들은 다음의 활동을 하게 될 것이다.

- 글의 중심 생각이나 주제를 찾고 내용 전개를 분석하라. 중심 생각을 뒷받침하는 핵심적인 세부 내용과 생각을 요약하라. (CCSS.ELA-LITERACY.CCRA.R.2)
- 글 속에서 인물, 사건, 생각이 어떻게 그리고 왜 전개되고 상호작용하는지 분석하라. (CCSS.ELA-LITERACY.CCRA.R.3)
- 관점이나 목적이 어떻게 글의 내용과 문체를 형성하는지 평가하라. (CCSS.ELA-LITERACY.CCRA.R.6)
- 언어적, 시각적, 양적 등 다양한 매체와 형식으로 제시된 내용을 통합하고 평가하라. (CCSS.ELA.LITERACY.CCRA.R.7)
- 내용의 효과적인 선택, 조직, 분석을 통해 복잡한 개념과 정보를 명확하고 정확하게 탐구하고 전달하기 위한 정보를 전달하는 글이나 설명하는 글을 써라. (CCSS.ELA-LITERACY.CCRA.W.2)
- 문학 작품이나 정보를 전달하는 글에서 자신의 분석, 성찰, 연구를 뒷받침하기 위한 근거를 도출하라. (CCSS.ELA-LITERACY.CCRA.W.9)

학생들은 [자료 6.6]에 제시된 좋은 질문을 다루게 될 것이다.

[자료 6.6] **좋은 가설적 질문: 『화씨 451』**

- 미래는 어떨 것 같은가?
- 과거와 현재가 어떻게 미래에 영향을 끼칠 수 있겠는가?
- 만약에 읽기가 금지된다면?
- 만약에 사람들이 오직 영화, TV, 비디오 등을 보는 것만을 선택하고 책을 읽지 않는다면?
- 만약에 인쇄물이 금지되거나 쓸모없어지고 사람들이 정보를 오직 영상이나 음성 의사소통을 통해서만 얻게 된다면?
- 만약에 세상이 『화씨 451』에 묘사된 것과 같다면?
- 어떻게 세상이 『화씨 451』에 묘사된 것과 같이 될 수 있을 것인가?
- 『화씨 451』에 묘사된 세상이 실현되려면 어떤 잠재적인 조건이 필요한가?
- 미래가 『화씨 451』에 묘사된 것처럼 되지 않으려면 무엇을 할 수 있을 것인가?

'미래의 삶은 어떻게 될 것이며 과거와 현재가 어떻게 미래에 영향을 미치겠는가?'는 『화씨 451』및 여타 과학 소설들이 다루는 내용이다. 이 내용은 학생이 고려하기에 매우 넓고 큰 생각이자 주제로, 학생의 호기심을 증폭시키는 좋은 보편적인 질문이 될 수 있다. 그것은 만약 사람들이 읽기를 금지당한다면 어떻게 될지, 세상이 브래드버리의 과학 소설에 묘사된 세상과 같다면 어떨지, 우리 미래를 위한 잠재력은 무엇인지 등에 대해 비판적으로 생각하도록 학생을 장려한다.

이처럼 영어, 예술 분야에서 가설적 질문은 학생이 여러 생각들을 비판적·창의적으로 조사하고 표현하는 사고 과정을 이해하고 그에 참여하도록 할 수 있다.

수학

수학에서의 가설적 질문은 학생이 세 유형의 탐구에 반응하도록 유도한다. 첫 번째 유형의 질문은 수학적 개념과 절차가 학문적·일상적 문제를 푸는 데 '어떻게 사용될 수 있을지' 숙고하게 한다. 예를 들어, 교사는 학생에게 수학 문제를 푸는 데 곱셈이 어떻게 사용될 수 있을지 생각해 보라고 한 뒤 학생이 직접 풀어볼 문제를 제공할 수 있다. 교수적 초점은 특정 문제를 어떻게 푸는가가 아니라 문제를 풀기 위해 수학적 개념이나 연산이 어떻게 사용될 수 있는가에 있다. [자료 6.1](118쪽)은 전략적으로 사고하고(DOK-3) 수학 문제를 풀기 위하여 수학적 개념이나 절차가 '어떻게 사용될 수 있을지' 설명하는 데 초점을 맞추는 가설적 질문의 예를 포함한다.

두 번째 유형의 질문은 수학 문제, 원리, 과정이 가설적인 실생활의 문제와 상황을 '어떻게 해결할 수 있을지'에 대해 학생의 사고를 확장한다. 가설적 시나리오는 학생이 수학적 개념과 절차를 적용할 수 있는 맥락뿐만 아니라 학생이 자신의 응답을 뒷받침하기 위해 사용할 수 있는 글 속 증거의 역할을 한다. 예를 들어, 여러분이 숫자에 대한 사전 이해를 유리수 체계에 대한 이해로 확장하고 적용하는 방법에 대한 단원을 가르친다고 가정해보라. 그리고 학생에게 다음의 질문을 하라.

- 다음의 실생활 맥락에서 양수와 음수가 어떻게 함께 사용될 수 있겠는가?
  - 해수면 위와 아래의 온도 측정하기
  - 해수면 위와 아래의 고도 측정하기
  - 자산과 부채 계산하기
  - 양전하와 음전하 측정하기

각 맥락은 가설적인 실생활 문제를 다루기 위해 수학적 정리가 어떻게 전이되고 사용될 수 있는지 탐구하도록 유도하는 기능을 한다. 여기에서는 문제 자체를 푸는 것보다는 사고를 확장하는 것(DOK-4)이 강조된다.

세 번째 유형의 질문은 수학 연산을 수행하는 데 다른 방법과 전략이 어떻게 '활용될 수 있을지' 묻는다. 이 질문은 수학적 과정에 대한 절차적 이해를 넓힌다. 어떻게 다양한 방법을 사용해 두 자릿수 이상의 숫자를 곱할 수 있을지 묻는 [자료 6.1](118쪽)을 보라. 여기서 교수적 초점 및 평가는 문제를 정확하게 푸는 데 있는 것이 아니라 이 전통적·비전통적인 방법이 '어떻게 그리고 왜' 사용될 수 있는지에 대해 전략적으로 사고하고(DOK-3), 사고를 확장하는(DOK-4) 데 있다. 이들은 공통 핵심 성취기준(CCSS)에 기반한 수학 문제를 다루는 데 사용될 수 있다. 이 유형의 가설적 질문은 학생의 수학 학습 경험을 더욱 실험적이고 탐구적으로 만든다.

과학

[자료 6.2]~[자료 6.6]은 과학 교과에서 가설적 질문을 이용해 사고의 엄밀함을 위한 교수와 학습을 하는 사례를 보여준다. 여기에 제시된 좋은 질문은 학생이 자연 현상에 대한 가설을 세우고 어떤 이론이 맞거나 틀렸음을 입증하는 실험을 수행하여 결과를 예측하도록 한다. 이 질문에 대한 응답은 학생이 공학에 관한 모형이나 계획을 설계하기 위한 전 단계로 기능한다. 아래의 [표 6.1]은 학생이 과학적 탐구와 공학적 설계 모두에 참여하게 하는 좋은 가설적 질문의 예시를 포함한다. 이 가설적 질문은 프로젝트 기반 학습이나 문제 기반 학습과 같이 심도 있는 교육 경험을 촉진하는 좋은 주도적 질문으로 쉽게 개발될 수 있다.

[표 6.1] 과학 성취기준으로부터 좋은 가설적 질문 만들기

대학 및 직업 준비를 위한 과학 성취기준	좋은 가설적 질문
한 지역에서 햇빛의 온난 효과를 감소시키는 구조물을 설계하고 만들기 위해 도구와 재료를 사용하라. (NGSS-K-PS3-2)	• 한 지역에서 햇빛의 온난 효과가 어떻게 감소될 수 있겠는가? • 한 지역에서 햇빛의 온난 효과를 감소시키기 위해 무엇이 설계되고 만들어질 수 있겠는가?
빛이나 소리를 사용하여 장거리 의사소통의 문제를 해결할 수 있는 장치를 설계하고 만들기 위해 도구와 재료를 활용하라. (NGSS-1-PS4-4)	• 빛이나 소리가 장거리 의사소통에 어떻게 사용될 수 있겠는가? • 장거리 의사소통의 문제를 해결하기 위해 빛이나 소리를 사용하여 무엇을 설계할 수 있겠는가?
바람이나 물로 인한 지형의 변형을 늦추거나 막기 위해 고안된 다양한 해결책을 비교하라. (NGSS-2-ESS2-1)	• 바람이나 물이 지형을 바꾸는 것을 어떻게 늦추거나 막을 수 있겠는가? • 바람이나 물이 지형을 바꾸는 것을 늦추거나 막기 위해 무엇을 할 수 있겠는가?
날씨와 관련된 위험의 영향을 감소시키는 디자인 설계안의 가치를 주장하라. (NGSS-3-ESS3-1)	• 날씨와 관련된 위험의 영향을 줄이기 위해 무엇을 할 수 있겠는가? • 다른 해결책이 어떻게 날씨로 인한 위험의 영향을 효과적으로 감소시킬 수 있겠는가?

지구에서 일어나는 자연적 과정이 인간에게 미치는 영향을 줄이기 위한 다양한 해결책을 고안하고 비교하라. (NGSS-4-ESS3-2)	• 지구에서 일어나는 자연적 과정이 인간에게 미치는 영향을 감소시키기 위해서 무엇을 할 수 있겠는가?
개별 공동체가 지구의 자원과 환경을 보호하기 위해 과학적 아이디어를 사용할 수 있는 방법에 대한 정보를 획득하고 결합하라. (NGSS-5-ESS3-1)	• 개별 공동체가 지구의 자원과 환경을 보호하기 위해 어떻게 과학적 아이디어를 사용할 수 있겠는가?
열에너지의 전이를 최소화하거나 극대화하는 장치를 설계, 구성, 실험하기 위해 과학적 원리를 적용하라. (NGSS-MS-PS3-3)	• 열에너지의 전이가 어떻게 최소화되거나 극대화될 수 있겠는가? • 열에너지의 전이를 최소화하거나 극대화하기 위해 무엇을 설계하거나 구성할 수 있겠는가? • 에너지의 전이를 최소화하거나 극대화하는 장치를 설계, 구성, 실험하기 위해 어떻게 과학적 원리가 적용될 수 있겠는가?
생물다양성과 생태계 서비스를 유지하기 위한 경쟁적인 설계 방안에 대해 평가하라. (NGSS-MS-LS2-5)	• 생물다양성과 생태계 서비스가 어떻게 유지될 수 있겠는가? • 서로 다른 설계 방안이 어떻게 생물다양성과 생태계 서비스를 효과적으로 유지할 수 있겠는가?
환경에 대한 인간의 영향을 관리하고 최소화하는 방법을 설계하기 위해 과학적 원리를 적용하라. (NGSS-MS-ESS3-3)	• 환경에 대한 인간의 영향이 어떻게 관리되고 최소화될 수 있겠는가? • 환경에 대한 인간의 영향을 관리하고 최소화하기 위해 어떤 방법이 설계될 수 있겠는가? • 환경에 대한 인간의 영향을 관리하고 최소화하는 방법을 설계하기 위해 어떤 과학적 원리가 사용될 수 있겠는가?
주어진 제약 속에서 작동하는 장치를 활용하여, 한 형태의 에너지를 다른 형태의 에너지로 변환하는 장치를 설계하고, 제작하고, 개선하라. (NGSS-HS-PS3-3)	• 에너지가 한 형태에서 다른 형태로 어떻게 변환될 수 있겠는가? • 주어진 제약 속에서 작동하는 장치를 활용하여, 한 형태의 에너지를 다른 형태의 에너지로 변환하는 어떤 종류의 장치가 설계되고, 제작되고, 개선될 수 있겠는가?
환경과 생물다양성에 대한 인간 활동의 영향을 줄이기 위한 해결책을 설계하고, 평가하고, 개선하라. (NGSS-HS-LS2-7)	• 환경과 생물다양성에 대한 인간 활동의 영향을 줄이기 위해 무엇을 할 수 있겠는가?
비용-편익 비율에 근거하여 에너지와 광물 자원의 개발, 관리, 사용을 위한 경쟁적인 설계 방안을 평가하라. (NGSS-HS-ESS3-2)	• 비용-편익 비율에 근거하여 에너지와 광물 자원을 관리하고 사용하기 위해 무엇이 개발될 수 있겠는가?

역사와 사회

역사와 사회 교과에서는 좋은 가설적 질문을 사용하여 학생에게 역사적 데이터나 정보를 기반으로 가설을 세우고 예측을 하도록 하라. 이들 질문은 사후가정 사고(counterfactual thinking)를 촉진함으로써, 즉 이미 일어난 사건에 대해 일어날 수 있었을 법한 대안적 사건을 가정함으로써, 역사적인 견해, 사건, 개인, 쟁점에 대한 학생의 인식을 심화시킨다. 역사에서 사후가정 사고는 블랙과 맥레일드(Black & MacRaild, 2007)가 "만약에"의 역사라고 일컬은 연구의 한 하위 장르로, "무엇이 일어났는지 이해하기 위해서 어떤 일이 일어나지 않았는지 또는 어떤 일이 일어날 수 있었을지에 대해 추측해보는 것"(p. 125)을 뜻한다.

- 만약에 초기 인간 문명이 서아시아 대신에 아메리카에서 시작되고 번성했다면 어떤 일이 벌어졌을까?
- 만약에 중국이나 일본에서 온 탐험가들이 서유럽의 탐험가들보다 먼저 남아메리카와 북아메리카를 발견했다면 어떤 일이 벌어졌을까?
- 만약에 알렉산더 대왕이 그렇게 젊은 나이에 죽지 않았다면 어떤 일이 벌어졌을까?
- 만약에 로마 제국이 멸망하지 않았거나 중세 시대에 다시 권력을 가질 수 있었다면 어떤 일이 벌어졌을까?
- 만약에 이집트 문명이 몰락하지 않았다면 어떤 일이 벌어졌을까?
- 만약에 르네상스가 일어나지 않았다면 어떤 일이 벌어졌을까?
- 만약에 테르모필레 전투에서 스파르타인들이 페르시아인들을 물리칠 수 있었다면 어떤 일이 벌어졌을까?
- 만약에 콜럼버스가 '신대륙'에 도착하지 못했다면 어떤 일이 벌어졌을까?
- 만약에 오스만-비잔틴 전쟁에서 비잔틴 제국이 패배하지 않았다면, 그래서 전쟁 이후 오스만튀르크 제국이 새로운 권력으로 떠오르지 않았다면 어떤 일이 벌어졌을까?

- 만약에 미국 독립혁명에서 식민지 주민들이 졌다면 어떤 일이 벌어졌을까?

이 좋은 질문은 중요하거나 그렇지 않은 역사적 사건과 경험의 영향에 대해 학생들이 비판적·창의적으로 생각할 기회를 제공한다.

결론

사고의 엄밀함을 위한 모든 질문 중에서, 좋은 가설적 질문이 가장 역동적이다. 가설적 질문은 학생이 배운 것에 대해서 비판적이고 창의적으로 생각하도록 하기 때문이다. 가설적 질문은 다른 무엇을 다른 어떤 방법으로 성취할 수 있는지에 대해서 전략적으로 사고하고, 정답과 결과를 설명하도록 요구한다. 이 질문은 또한 자신이 배운 것을 다양한 학문적·일상적 맥락에 어떻게 전이하고 사용할 수 있는지 또는 그럴 것인지에 대해 고려하게 함으로써 학생의 사고를 확장시킨다. 무엇보다 중요한 것은 가설적 질문이 '만약'에 대해서 상상하고, 무슨 일이 '일어날 수 있었는지' 또는 '일어났을지'에 대해서 가정하며, 무슨 일이 '일어날 것인지'에 대해서 예측하도록 장려함으로써, 그리고 우리의 사고가 타당하고 실행 가능한 것인지 아닌지 입증하게 함으로써, 학생과 교사 모두의 지식과 상상의 경계를 시험한다는 것이다.

좋은 가설적 질문을 만들어보자

목표

학생이 '만약에', '무슨 일이 일어날 수 있었는지', '무슨 일이 일어났을지', 그리고 '무슨 일이 일어날 것인지'에 대해서 비판적이고 창의적으로 생각하도록 그리고 자신이 획득한 더 깊이 있는 지식을 어떻게 전이시키고 사용할 수 있을지에 대해 유연하게 생각하도록 요구하는 좋은 가설적 질문을 개발하라.

자료

- 여러분이 속한 지역에서 채택한 대학 및 직업 준비를 위한 성취기준
- 여러분의 학교에서 채택한 교육과정과 교재
- 좋은 질문과 블룸의 분류체계([표 1.1])
- 좋은 질문과 DOK([표 1.3])

절차

1. 해당 차시나 단원의 일부로 다뤄질 학업 성취기준, 글, 주제 등을 확인하라.
2. 해당 차시나 단원의 일부로 다뤄질 구체적인 세부 사항과 요소가 무엇인지 정의하라.
3. 해당 차시나 단원의 일부로 조사되고 탐구될 개념과 절차가 무엇인지 기술하라.
4. 학생이 어떤 종류의 사고를 드러낼 필요가 있는지를 결정하고 [표 6.2]에 제시된 질문 줄기 중 적절한 것 옆에 세부 내용, 요소, 개념, 절차를 정의하는 진술을 배치하라.
   a. 학생이 상상을 해야 한다면, 그 진술문을 '만약에'라는 질문 줄기 옆에 배치하라.
   b. 학생이 고려를 해야 한다면, 그 진술문을 '어떻게 ~할 수 있었을지', '어떻게 ~했을지', '다른 무엇이 있는지', '다른 방법이 있는지'라는 질문 줄기 옆에 배치하라.
   c. 학생이 가정을 해야 한다면, 그 진술문을 '무슨 일이 일어날 수 있었는지', '무슨 일이 일어났을지', '어떻게 ~할지', '어떻게 ~했을지'라는 질문 줄기 옆에 배치하라.
   d. 학생들이 예측을 해야 한다면, 그 진술문을 '무엇이 ~일지', '어떻게 ~일지'라는 질문 줄기 옆에 배치하라.

[표 6.2] **좋은 가설적 질문 생성기**

상상하라	만약에	
고려하라	어떻게 ~할 수 있었을지?	
	어떻게 ~했을지?	
	다른 무엇이 있는지?	
	다른 방법이 있는지?	
가정하라	무슨 일이 일어날 수 있었는지?	
	무슨 일이 일어났을지?	
	어떻게 ~할지?	
	어떻게 ~했을지?	
예측하라	무엇이 ~일지?	
	어떻게 ~일지?	

좋은 논증적 질문은
어떻게 선택, 주장, 논란을 다루는가

여러분은 지금 지구와 태양계에 대한 단원을 가르치고 있다. 학생들은 다음의 활동을 하게 될 것이다.

- 태양계 내에서 물체의 규모 특성을 결정하기 위해 데이터를 분석하고 해석하라. (NGSS-MS-ESS1-3)

학생들은 [자료 7.1]에 제시된 좋은 질문에 답하게 될 것이다.

[자료 7.1] 좋은 논증적 질문: 태양계에서 명왕성의 지위

- 명왕성이 행성으로 다시 분류되어야 하는가, 아니면 계속해서 외행성으로 지정되어야 하는가?
- 국제천문연맹의 행성에 대한 정의는 과학적 사실이나 전문가의 의견에 기반한 것인가?
- 행성에 대한 어느 기관의 정의가 권위 있고 최종적인 것으로 간주되어야 하는가? 국제천문연맹의 정의인가, 아니면 하버드–스미스소니언 천체물리학센터의 정의인가?

평가 질문에 대한 답은 '맞다' 또는 '틀리다' 둘 중 하나이지만, 사고의 엄밀함을 촉진하는 질문은 평가와 수업 모두에서 더욱 미묘한 차이까지 반영할 것을 요구한다. 다시 말해 좋은 논증적 질문은 학생에게 자신의 답이 왜 그리고 어떻게 정확하고, 받아들여질 만하며, 적절한지에 대해 자세히 설명할 것을 요구한다. 사실적 질문은 학생에게 세부 내용을 기대한다. 분석적 질문과 성찰적 질문은 학생이 더 깊이 파고들기를 요구한다. 가설적 질문은 학생이 '만약'에 대해서 숙고하고 가능성과 잠재력에 대해 결정하게 한다. 이처럼 사고의 엄밀함을 위한 질문 틀에서 아래에 있는 질문일수록 좋은 질문에 대한 답은 맞고 틀림으로 평가되기보다는, 답이 도출된 방식과 제시된 증거의 구체적 요소에 따라 옳고 그름으로 평가된다. 예를 들어, 무엇이 이 좋은 논증적 질문에 대한 옳은 답인가?

- 국제천문연맹 총회(International Astronomical Union General Assembly, 2006)가 제공한 증거를 바탕으로 명왕성은 행성이 아니라고 선언하는 것은 정확한가?
- 하버드–스미스소니언 천체물리학센터(Harvard-Smithsonian Center for Astrophysics, 2014)가 제시한 추론을 바탕으로 명왕성이 행성으로 분류되어야 한다고 주장하는 것은 정확한가?
- 명왕성의 행성으로서의 지위가 과학뿐 아니라 의미론의 문제인 것 같다는 주장은 적절한가?

다양한 답이 정확하고 받아들여질 만한 것으로 간주될 수 있다. 답의 힘은 그것의 맞고 틀림이 아니라, 그것이 얼마나 명확하고 총체적이며 설득력 있게 형성되었는지에 달려 있다. 답을 반박하거나 그에 동의하지 않는 것, 심지어 그 쟁점이나 주장의 다른 면을 제시하여 반박하는 것 역시 적절하다. 그것이야말로 사고의 엄밀함을 위한 교수·학습의 다음 측면, 즉 학생이 결론을 내리고 결정을 방어하기 위해 자신이 모은 증거와 계발시킨 전문성을 사용하도록 하는 것이다.

좋은 논증적 질문은 어떤 역할을 하는가

좋은 논증적 질문은 학생이 어떤 쟁점이나 화제의 모든 측면을 탐구한 뒤 논리적이고 방어 가능한 선택을 하거나 특정 입장을 취하도록 한다. 이러한 종류의 답을 하기 위해서 학생은 다음의 활동을 해야 한다.

- 글이나 화제에 대한 다양한 관점, 견해, 입장을 **고려하라.**
- 결론과 주장의 정확성과 타당성에 대해 **비평하라.**
- 타당한 추론과 적절하고 충분한 증거로 뒷받침되는 주장을 **작성하라.**

논증적 질문이 공격적이거나 자기 의견을 고집하거나 설득적인 것만을 의미하지는 않는다. 물론 그럴 수도 있다. 그러나 이 좋은 질문의 목표는 학생에게 논쟁에서 이기는 방법을 가르치는 것이 아니라 "자신의 주장을 제시하거나 누군가의 편을 드는"(Rose, 1989) 방법을 가르치는 것이고, "학생을 단지 더 나은 논쟁자로 변화시키는 것이 아니라 증거를 바탕으로 주장을 구성하는 데 능한, 더 나은 비판적 사상가로 만드는 것"(Britannica Digital Learning, 2014, p. 2)이다.

논증적 질문은 견고한 주장과 올바른 결정을 하기 위해, 개인적 감정이나 경험에만 의존하지 말고 열린 마음을 가지고 적절한 조사를 하도록 요구한다. 중요한 것은 이 질문이 사고의 엄밀함을 촉진하는 좋은 질문에 답하는 방법에는 맞게 답하기, 틀리게 답하기, 주장이나 결론을 설득력 있게 답하기라는 세 가지가 있음을 인식하도록 돕는다는 것이다. 동시에 주장이나 결론은 조건적이며 추가 정보나 새로운 관점이 제시되면 바뀔 수도 있다는 점에 주목해야 한다.

사고의 엄밀함에 뿌리를 둔 다른 좋은 질문과 마찬가지로, 논증적 질문은 학생이 증거에 근거하여 아이디어나 쟁점에 대해 논평 또는 비평하도록 유도한다. 학생은 제시된 자료와 세부 내용을 분석하고, 그것이 타당하고 편파적이지 않은지 판단하도록 요구받는다. 또한 자신의 사고를 평가하고 자신의 관점이 주로 사실에 기반한 것인지 또는 느낌에 기반한 것인지를 결정하도록 장려된다.

이제 좋은 가설적 질문이 어떻게 타당한 추론과 충분한 증거로 강화된 구체적인 주장을 평가하게 하는지 자세히 살펴보자.

선택

논증적 질문은 선다형 질문이지만, 학생이 몇 개의 다른 오답을 피해 하나의 정답을 고르게 하는 전형적인 선다형 질문과는 다르다. 논증적 질문은 "몇몇의 경쟁력 있는 대안에서 하나를 선택하는 결정을 요구한다"(Jonassen & Hung, 2008, p. 17). 논증적 질문은 학생이 타당하고 방어 가능한 선택지들을 고려하도록 요구한다. 이 질문의 목적은 학생에게 다양한 선택지의 강점과 약점을 평가하고, 충분한 정보에 근거하여 어느 것이 좋은지 결정하고, 논리적 추론과 믿을 만한 증거로 자신의 선택을 방어하도록 하는 것이다.

논증적 질문은 부정확하게 표현되면 단순히 네/아니요로 답변될 수 있고, 또는 의도하지 않게 학생을 특정한 입장으로 유도할 수도 있다. 그렇기에 논증적 질문의 표현에는 타당성과 유용성의 위험이 상존한다. 이러한 문제를 피하려면 질문을 '여러 개 중 하나를 선택하는' 탐구 질문으로 재진술하고 어느 것이 최선인지, 가장 적절한지, 또는 가장 효과적인지에 대해 물어라.

예를 들어, 우리는 '동물 실험은 반드시 금지되어야 하는가?'와 같은 질문은 제기하지 말아야 한다. 학생이 단순히 네/아니요로만 답할 수 있기 때문이다. 우리는 이 질문을 '동물 실험은 금지되어야 하는가, 허용되어야 하는가, 규제되어야 하는가, 아니면 특별한 상황을 위해 남겨두어야 하는가?'와 같이 바꿔야 한다. 이제 학생은 쟁점의 모든 측면에 대해 탐구하고 입장을 선택하며 자신의 결론을 방어할 것을 요구받게 되었다. 이를 통해 학생은 모든 질문에 네/아니요의 이분법적인 방법으로만 답할 수 있는 것은 아니며, 어떤 질문은 응답의 조건, 방식, 이유에 대해 설명을 요구한다는 사실을 알게 된다.

주장

논증적 질문은 학생이 논거와 구체적인 주장의 유형을 평가하도록 한다. 그 유형들은 다음과 같다.

- **사실**에 대한 주장 그 주장이 사실, 의견, 또는 추론에 기반한 것인가?
- **정의**에 대한 주장 그 주장이 확정적인가, 조건적인가, 또는 해석적인가?
- **원인**에 대한 주장 이유나 결과에 대한 그 주장이 타당한가, 근거가 없는가, 또는 의문의 여지가 있는가?
- **가치**에 대한 주장 어떤 것의 중요성이나 가치에 대한 그 주장이 가치 척도나 기준에 근거하여 정확한가, 받아들일 만한가, 또는 적절한가?
- **정책**에 대한 주장 쟁점이나 문제는 어떻게 다뤄져야 하는가?(Wood, 2007)

주장은 '사실'이 아니다. 사실은 이미 입증된 객관적인 진술이다. 주장은 옳은 것이라고 방어될 수 있는 입장이다. 예를 들어, 명왕성이 태양계의 천체라는 것은 과학적 연구에 근거한, 타당한 데이터로 증명된 것이다. 반면, 명왕성이 행성인가 아닌가는 무엇이 행성이라고 정의되는가 또는 무엇이 행성이 될 자격이 있는가에 대한 해석에 달려 있다.

국제천문연맹의 정의에 따르면 명왕성은 행성이 아니다. 그러나 하버드-스미스소니언 천체물리학센터는 명왕성이 행성이라고 주장한다. 각 단체는 자신의 해석을 뒷받침하는 이유와 근거를 가지고 있다. 이것이 바로 명왕성에 행성의 지위를 부여하는 것이 사실에 대한 주장이 아니라 방어될 필요가 있는 입장인 이유이다.

논증적 질문은 토론될 필요가 있는 주장, 선언, 진술을 다룬다. 다양한 논증적 질문들이 [표 7.1]에 제시되어 있다. 각 질문은 사실이거나 확실하거나 적절하거나 실행 가능하다고 입증되어야 옳다고 할 수 있는 구체적인 주장을 다룬다. 이러한 주장의 힘은 다음에 제시된 기준에 근거해 판단된다.

- 증거와 증명 그것은 정확한가? 그것은 믿을 만한가? 그것은 사실인가? 그것은 관련성이 있는가? 그것은 충분한가? 그것은 진실인가?
- 논리와 추론 그것은 그럴듯한가? 그것은 가능한가? 그것은 합리적인가? 그것은 분별력 있는가? 그것은 타당한가?
- 중요성과 가치 그것은 받아들일 만한가? 그것은 적절한가? 그것은 실현 가능한가? 그것은 실용적인가? 그것은 분별력 있는가? 그것은 실행 가능한가?

[표 7.1] 논증적 질문의 다섯 가지 유형

사실	• 줄기세포 연구가 인간 신체의 기초에 대한 통찰력을 제공하고, 의학적 쟁점을 다루는 데 잠재적으로 도움이 될 수 있는가? 또는 그것의 과학적 가치가 증명되지 않았거나 과장되었거나 결점이 있는가? • 수업 일수나 학년을 늘리는 것이 학생의 학습을 증가시키는가, 감소시키는가, 또는 어떤 영향도 주지 않는가? • 기술은 사람의 생각하고 배우는 방식을 증가시키는가, 감소시키는가, 또는 변화시키는가? • 싸울 때 여성이 남성보다 더 효과적인가, 덜 효과적인가? • 산업화가 사회에 이익을 더 많이 주는가 아니면 문제를 더 많이 일으키는가? • 숲에 살며 유인원을 닮은 생명체로 묘사되는 빅풋(Bigfoot)은 실재하는가, 신화인가, 아니면 아직까지는 미확인된 또 다른 종류의 생명체인가?
정의	• 비만은 신체적 상태인가, 정신적 질환인가, 또는 사회적 문제인가? • 지구온난화는 자연적 현상인가 또는 인간이 만들어낸 사건인가? • 진정한 아름다움이란 무엇인가? • 결혼의 법적, 종교적, 사회적 정의는 무엇인가? • 무엇이 작품을 예술로서 또는 포르노그래피로서 정의하는가? • 태아는 인간인가, 아니면 세포의 집합인가? • 정당화된 전쟁과 정당화되지 않은 전쟁이란 무엇인가? • 무엇이 성희롱으로 간주되는가?
원인	• 악천후가 증가한 이유는 지구온난화 때문인가, 아니면 지구 시스템의 자연적 순환 때문인가? • 과식이 질병이나 사망을 초래하는가? • 후천성면역결핍증(AIDS)의 유행은 연구 지원의 부족 때문인가, 아니면 인간의 행동 때문인가? • 유아를 어린이집에 보내는 것은 아동의 발달에 이로운가, 해로운가? • 빈곤과 안정 중 어느 것이 아동이 받는 교육의 질에 더 큰 영향을 미치는가?

가치	• 아동 예방접종은 의무여야 하는가, 아니면 선택이어야 하는가? • 미국은 국제적 갈등에 적극 관여해야 하는가, 아니면 국내 문제에 더욱 신경 써야 하는가? • 아동은 참여와 수행에 대해서 인정받고 보상받아야 하는가? • 공립학교가 사립학교보다 더 좋은가, 아니면 나쁜가? • 고문은 체벌의 수단으로 정당화될 수 있는가, 아니면 정당화될 수 없는가? • 고양이, 개, 물고기, 희귀 동물 중에서 무엇이 더 나은 반려동물인가? • 안락사는 도덕적인가, 비도덕적인가? • 휴대전화는 수업을 위한 도구인가, 아니면 주의를 산만하게 만드는 무기인가?
정책	• 국제 분쟁에서 미국은 어떤 역할을 해야 하는가? • 미국의 각 주는 국가 수준의 학업 성취기준을 채택해야 하는가, 아니면 주 나름의 학업 　성취기준을 채택해야 하는가? • 최저임금은 인상되어야 하는가, 인하되어야 하는가, 또는 특정 지역의 물가를 반영해야 하는가? • 운전 중 휴대전화 사용은 어떻게 다뤄져야 하는가? • 흉악범의 투표권을 보장해야 하는가, 아니면 박탈해야 하는가? • 공공장소에서의 흡연이 금지되어야 하는가, 허용되어야 하는가, 또는 규제되어야 하는가? • 미국 대통령은 두 번까지만 연임할 수 있어야 하는가, 세 번 이상 중임할 수 있어야 하는가, 　아니면 일정 기간이 지난 뒤에 다시 후보로 나올 수 있어야 하는가?

비록 주장이 '옳은 것'이라고 방어된다고 할지라도, 새로운 정보가 발견되면 입장은 바뀔 수 있다. 예를 들어, 명왕성에 대한 주장의 경우 대부분의 전문가와 전문 단체가 국제천문연맹의 행성에 대한 정의를 옳다고 받아들였다. 그러나 추가적인 세부 사항과 새로운 정보가 발견된다면 이 정의는 바뀔 수도 있다.

논란

논증적 질문은 학생이 논란을 다루고 비판적 · 창의적으로 사고하게 장려한다. 그라프(Graff, 2003)는 서로 충돌하는 주장이 무엇이며 그것이 어떻게 다뤄져야 하는지를 기술하는 이 교수적 접근을 "갈등을 가르치기"와 "논란을 통해 배우기"라고 부른다. 여기, 학생들의 비판적이고 창의적인 탐구를 촉진하는 몇 가지 방법이 있다.

- 논란이란 무엇인가?
- 논란에 대해서 무엇이 행해져야 하는가?

- 그 논란은 어떻게 다뤄져야 하는가?
- 왜 그 논란이 다뤄져야 하는가?
- 그 논란을 다루고 그에 반응하기 위해 무엇이 필요한가?
- 그 논란을 다루고 해결하고 합의해야 하는가, 아니면 회피해야 하는가?

논란이 있는 논증적 질문의 목표는 문제를 푸는 것이 아니다. 하나의 논란에는 많은 이해 당사자가 존재하며, 그들은 각자 주관적 관점을 가지고 있다. 어떤 사람들은 그것이 반드시 다뤄져야 하는 심각한 문제라고 주장할 것이다. 다른 사람들은 그 입장을 부정하는 반론을 제기할 것이다. 그렇기 때문에 '무엇이 논란인가'에 대해 묻는 것 자체가 논쟁적이다. 그 것은 개인의 견해에 따라, 그리고 개인이 갈등을 어떻게 인식하느냐에 따라 달라진다.

논란이 있는 논증적 질문을 다루는 것이 그렇게 어렵다면, 우리는 왜 그 질문에 답하려고 하는가? 그 질문이야말로 "우리가 살고 있는 도시와 세상을 괴롭히고 우리 개개인이 접촉하는"(Kolko, 2012) 실생활의 문제이기 때문이다. 각각의 중요한 논란은 여러 원인과 심각한 결과가 존재하는 문화적·환경적·정치적·사회경제적 문제를 다룬다. 리텔과 웨버(Rittel and Webber, 1973)는 이러한 중요한 논란을 '난제(wicked problems)'라고 부른다. 난제란 이용 가능한 정보의 정확성과 양을 포함하는 요인들(법적·정치적·사회경제적 결과와 의무, 이해 당사자의 수, 야기될 수 있는 관련 문제) 때문에 정의하기 복잡한 비정형화된 구조의 문제를 의미한다(Kolko, 2012). 이런 중요한 논란에 대응하는 데 가해지는 제약은 어떤 시도든 "불가능한 프로젝트"(Dobson, 2013)로 만든다.

이러한 문제는 분명 다루기 어렵다. 그렇다고 해서 교육자가 이를 반드시 피해야만 하는 것은 아니다. 사실, 논란이나 난제를 교육적 경험의 일부로서 다루어야 한다고 강하게 주장하는 것은 바로 이러한 어려움 때문이다. 부록 D(211쪽)에는 학생이 난제 또는 불가능한 프로젝트를 다루어야 하는지, 해결해야 하는지, 합의해야 하는지, 아니면 회피해야 하는지에 대해 결정하고 논의하도록 요구하는 좋은 논증적 질문의 목록이 제시되어 있다.

좋은 논증적 질문을 활용해 어떻게 가르칠 수 있는가

전통적으로 논증적 질문은 토론과 설득을 통해 다른 사람에게 영향을 미치는 방법을 가르치기 위해 사용되어왔다. 그러나 토론과 설득이 논증적 질문의 일차적인 목표는 아니다. 논증적 질문은 학생이 다음의 내용에 대해 토의하게 한다.

- 그 주장은 정확한가, 정확하지 않은가, 또는 의문의 여지가 있는가?
- 그 결론은 확정적인가, 확정적이지 않은가, 또는 잠정적인가?
- 그 논쟁적인 주장은 반박할 수 없는 것인가, 반박할 수 있는 것인가, 또는 해결할 수 없는 것인가?

이들 질문은 논증적 문식성, 즉 생각, 정보, 쟁점을 듣고 요약하며 그것에 반응하는 능력을 촉진한다(Graff, 2003). 이 사고 기능은 그라프(Graff, 2003)가 "교육받는다는 것의 핵심으로 보인다"(p. 3)고 주장한 것이며, 대학 및 직업 준비도를 측정한다. 실제로 모든 교과의 대학 및 직업 준비를 위한 성취기준의 수행 목표는 논증을 통해서 지식과 사고를 표현할 것을 강조한다(NCCAS, 2015; NCSS, 2013; NGACBP & CCSSO, 2010; NGSS Lead States, 2013). 논증적 질문이 어떻게 다양한 교과에 걸쳐 텍스트 및 주제에 대한 의사 결정과 논의를 촉진시키는지 살펴보자.

영어, 예술

논증은 영어 학업 성취기준에서 매우 중요하게 강조된다. 각 영역은 다음에 제시될 총체적인 핵심 질문을 다루도록 요구하는 수행 목표를 포함한다.

- 글에 제시된 논거와 구체적인 주장을 추론의 타당성과 증거의 적절성 및 충분성을 포함하여 어떻게 기술하고 평가할 수 있는가?
- 실질적인 주제나 글을 분석할 때, 타당한 추론과 적절하고 충분한 증거를 활용하여 주장을 뒷받침하기 위한 논거를 어떻게 작성할 수 있는가?
- 정보, 결과, 뒷받침하는 증거를 어떻게 과제, 목적, 청중에 적합한 형식으로 제시하여 수용자가 추론, 조직, 전개, 양식의 흐름을 따라가도록 할 수 있는가?

총체적인 핵심 질문은 학생에게 어떻게 논거를 설명하거나 평가할지에 대해 소통하도록 요구하기 때문에 논증적 질문보다 더 분석적이다. 특정한 논증적 질문의 중심 아이디어는 반드시 교육과정으로부터 나올 필요가 없으며, 어디서든 나올 수 있다. 이들 질문을 논증을 가르치는 데 활용하라.

좋은 논증적 질문은 학생이 특정 문학 작품이나 예술 작품에 대해 옹호하고 자신의 추론을 입증하도록 요구한다. 다음에 제시되는 질문이 어떻게 시민 불복종에 대한 저자의 다양한 관점뿐만 아니라 그 주제에 대한 자신의 생각을 비평하도록 요구하는지 살펴보자.

학생들은 지금 시민 불복종의 철학과 실천을 다루는 여러 종류의 글을 읽고 검토하고 있다. 학생들은 다음의 활동을 하게 될 것이다.

- 글의 중심 생각이나 주제를 찾고 내용 전개를 분석하라. 중심 생각을 뒷받침하는 핵심적인 세부 내용과 생각을 요약하라. (CCSS.ELA-LITERACY.CCRA.R.2)
- 관점이나 목적이 어떻게 글의 내용과 문체를 형성하는지 평가하라. (CCSS.ELA-LITERACY.CCRA.R.6)
- 글 속의 논거와 구체적인 주장을 추론의 타당성과 근거의 적절성 및 충분성 등을 고려하여 자세히 기술하고 평가하라. (CCSS.ELA-LITERACY.CCRA.R.8)
- 지식을 형성하기 위해서 또는 저자들이 취하는 접근 방식들을 비교하기 위해서 두 개 이상의 글들이 유사한 주제나 화제를 어떻게 다루는지 분석하라.

(CCSS.ELA-LITERACY.CCRA.R.9)

- 실질적인 주제나 글에 대해 분석할 때 타당한 추론과 적절하고 충분한 증거를 활용하여 주장을 뒷받침하는 논거를 작성하라. (CCSS.ELA-LITERACY.CCRA.W.1)
- 문학 작품이나 정보를 전달하는 글에서 자신의 분석, 성찰, 연구를 뒷받침하기 위한 근거를 도출하라. (CCSS.ELA-LITERACY.CCRA.W.9)
- 화자의 관점, 추론, 증거 및 수사법의 사용을 평가하라. (CCSS.ELA-LITERACY.CCRA.SL.3)

학생들은 [자료 7.1]에 제시된 좋은 질문을 다루고 그에 답하게 될 것이다.

[자료 7.1] 좋은 논증적 질문: 시민 불복종

- 시민 불복종에 대한 누구의 관점이 민주주의 정부와 가장 잘 또는 가장 덜 어울리는가?
  - 소크라테스(Socrates)
  - 성 토마스 아퀴나스(St. Thomas Aquinas)
  - 존 로크(John Locke)
  - 헨리 데이비드 소로
  - 마하트마 간디(Mahatma Gandhi)
  - 마틴 루터 킹 목사
  - 존 롤스(John Rawls)*
- 시민 불복종은 민주주의 사회에서 정당화될 수 있는가, 아니면 정당화될 수 없는가?
- 법을 어기는 것은 허용 가능한가, 아니면 완전히 용납될 수 없는가?
- 시민 불복종을 통한 저항과 시위가 효과적인가, 효과적이지 못한가?
- 시민 불복종의 한 행위로서 폭력이 정당화될 수 있는가, 아니면 폭력은 어떤 상황에서도 용납될 수 없는가?
- 시민 불복종은 적절한가, 적절하지 않은가?

위의 좋은 질문이 어떻게 학생의 사고를 '여러 글의 중심 생각을 분석하는 것'에서 '어느 것이 민주주의 정부의 원리에 가장 잘 또는 가장 덜 부합하는지에 관한 주장을 옹호하는 것'으로 확장시키는지 주목하라. 학생들은 또한 주장을 확립하기 위해서 글과 그들의 가치 체계로부터 아이

....
*   20세기 미국의 정치철학자로 공리주의적 정의관을 비판하면서 자유주의적 정의관을 주장하였다.

디어와 정보를 도출하도록 유도된다.

이 자유로운 교실은 심오한 결과를 낼 수 있다. 예를 들어, 만약 학생이 다음과 같은 주장과 논쟁을 논의한다고 가정해보자.

- 「갈가마귀(The Raven)」*는 에드거 앨런 포가 쓴 최고의 시인가, 아니면 그저 가장 성공적인 시인가?
- 『로미오와 줄리엣』은 셰익스피어 비극의 가장 좋은 예인가, 아니면 그의 다른 작품들 중에 더 나은 예가 있는가?
- 레오나르도 다빈치의 〈모나리자〉는 걸작이라서 유명한가, 아니면 그 작품의 모호함이나 신비로움 때문에 유명한가?
- 베토벤의 교향곡 중에서 어느 것이 작곡가의 예술성과 재능을 완벽히 반영하는가?

이들 질문과 이어지는 논의는 학생이 예술, 문학, 음악에 대한 그들의 지식을 확장시킬 때 자신이 공부하는 것의 질에 대해 깊이 생각해보도록 장려한다.

수학

수학 교과에서의 좋은 논증적 질문은 실행 가능한 논거를 구성하고, 다른 이의 추론을 비평하기 위해 자신의 추론과 증명을 사용하게 한다 (CCSS.MATH.PRACTICE.MP3).

수학적 증명이란 다른 사람에게 무언가가 참이라고 확신시키기 위해 시도하는 논거나 주장을 뜻한다(Hutchings, n.d.). 증명 또는 주장은 구어 진술, 알고리즘 공식, 숫자 문제, 또는 문장제 문제를 사용해 입증될 수 있다. 학생은 수학적 주장이 절대적인지(항상 참인지), 조건적인지(가끔 참인지), 또는 불완전한지(더 많은 정보가 필요한지) 증명해야 한다. 다음의 논증적 질문이 어떻게 학생을 수학적 증명에 참여하게 하는지 살펴보자.

....

* 에드거 앨런 포가 1845년 1월 29일 발표한 음산하고 몽환적인 분위기의 시이다.

여러분은 지금 두 자릿수 이상의 정수와 소수점 이하 둘째 자리 소수의 연산에 대한 단원을 가르치고 있다. 학생들은 다음의 활동을 하게 될 것이다.

- 두 자릿수 이상의 숫자에서 어느 한 자리의 숫자는 그 오른쪽 자리 숫자의 10배를, 왼쪽 자리 숫자의 1/10을 나타낸다는 점을 인지하라. (CCSS.MATH.CONTENT.5.NBT.A.1)
- 어떤 숫자와 10의 거듭제곱을 곱할 때 그 곱에 포함되는 숫자 0의 패턴에 대해서 설명하라. 그리고 소수가 10의 거듭제곱으로 곱해지거나 나눠질 때 소수점의 위치 패턴에 대해서도 설명하라. 10의 거듭제곱을 나타내기 위해 정수의 지수를 사용하라. (CCSS.MATH.CONTENT.5.NBT.A.2)
- 소수점 이하 둘째 자리 소수를 구체적인 모형이나 그리기를 사용하여, 그리고 자릿값, 연산의 속성, 덧셈과 뺄셈의 관계 등을 기반으로 한 전략을 활용하여 더하고 빼고 곱하고 나눠라. 그 전략을 작성한 방법과 연결 짓고 거기에 사용된 추론에 대해 설명하라. (CCSS.MATH.CONTENT.5.NBT.B.7)

학생들은 [자료 7.2]에 제시된 좋은 질문을 다루게 될 것이다.

[자료 7.2] 좋은 논증적 질문: 두 자릿수 이상의 정수와 소수

- 다음 내용의 증거는 무엇인가?
  - 패턴은 소수를 머릿속에서 10, 100, 또는 1,000으로 곱하거나 나누는 데 사용될 수 있다.
  - 정수나 소수의 곱은 반올림이나 근삿값을 사용해서 추정될 수 있다.
  - 소수를 포함하는 표준 곱셈 알고리즘은 정수를 곱하는 데 사용되는 표준 알고리즘의 확장이다.
  - 소수점은 자릿값에 의해 결정되거나 종종 숫자의 상대적인 크기에 대한 추론에 의해 결정될 수 있다.
  - 1보다 작은 두 소수의 곱은 두 인수 중 어느 하나보다 작다.
  - 정수인 제수와 피제수의 몫을 추정하는 것은 소수로 된 제수와 피제수의 계산에도 적용될 수 있다. 몇몇 근삿값이 대부분의 경우에 사용될 수 있다.
  - 소수를 포함하는 표준 나눗셈 알고리즘은 정수를 나누는 데 사용되는 표준 알고리즘의 확장이다.
  - 소수로 나눠지는 수는 제수를 정수로 바꾸기 위해 자릿수를 사용하는 것과 동일한 계산으로 표현될 수 있다.

소수에 대해 학생이 알아야 할 이러한 사실은 이미 참으로 밝혀졌기에 수학적 사실이라 할 수 있다. 여기서 교수적 초점은 이 수학적 진술이 모든 상황에서 참인지(절대적인지), 추가적인 설명을 필요로 하는지(불완전한지), 문제의 변수에 따라 다른지(조건적인지)를 판정하는 것이다.

　　예를 들어, '1보다 작은 두 소수의 곱은 항상 두 인수 중 어느 하나보다 작다'라는 주장은 절대적이다(항상 참이다). '숫자의 소수점은 자릿값이나 숫자의 상대적 크기에 대한 추론에 의해 결정될 수 있다'라는 주장은 조건적이다(가끔 참이다). 이 두 주장 모두 추가 설명이나 더 많은 정보를 요구하기 때문에 불완전한 것으로 논의될 수 있다는 점에 주목하라.

　　수학에서 사용되는 논증적인 좋은 질문은 학생이 해결책 이면에 있는 논리와 추론을 표현하도록 한다. 사고의 엄밀함을 위한 가르침은 학생이 수학 문제를 풀고 그 답을 입증하기 위해 수학적 개념 너머의 추론을 표현하도록 요구한다. 그렇게 하기 위해서 학생은 이 문제를 개별적인 부분이나 단계로 쪼개고, 왜 이러한 다양한 단계가 수학적 사실이나 절차에 대한 지식에 기반해서 다뤄질 수 있는지 옹호한다.

과학

　　과학 교과에서의 논증적 질문은 과학적 사건이나 현상에 대해 구성한 자신의 주장을 옹호하기 위해 증거에 기반한 추론을 사용하도록 한다. 이 질문의 목적은 학생이 과학적 가설이나 생각이 맞거나 틀렸음을 입증하게 하는 것이다. 학생의 논거는 "연역법과 귀납법을 기반으로 하거나 가장 가능성 있는 설명에 대한 추론을 기반으로 할 수도 있다"(NGSS, 2013, p. 71). 다음에 제시될 논증적 질문이 어떻게 공통 조상(common ancestry), 생물다양성, 자연선택, 적응 사이의 인과관계를 증명하도록 하는지 살펴보자.

여러분은 지금 생물학적 진화의 통일성과 다양성에 대한 단원을 가르치고 있다. 학생들은 다음의 활동을 하게 될 것이다.

- 공통 조상과 생물학적 진화가 여러 경험적 증거로 뒷받침된다는 과학적 정보에 대해 함께 이야기하라. (NGSS-HS-LS4-1)

- 진화의 과정이 주로 다음의 네 요인에 의한 결과였다는 내용에 대해, 증거에 기반한 설명을 구성하라.

  (1) 어떤 종에서 개체 수가 증가할 가능성

  (2) 돌연변이와 유성생식으로 인한 종 내 개체들의 유전적 변이

  (3) 제한된 자원에 대한 경쟁

  (4) 해당 환경에서 더 잘 생존하고 번식할 수 있는 생물체의 급증 (NGSS-HS-LS4-2)

- 유리한 유전적 특질을 가진 생물체가 그러한 특질이 없는 생물체에 비례하여 증가하는 경향이 있다는 설명을 뒷받침하기 위해 통계와 확률의 개념을 적용하라. (NGSS-HS-LS4-3)

- 자연선택이 개체군의 적응을 이끄는지에 대해 증거에 기반한 설명을 구성하라. (NGSS-HS-LS4-4)

- 환경적 조건의 변화가 다음과 같은 결과를 초래할 수도 있다는 주장을 뒷받침하는 증거를 평가하라.

  (1) 일부 종에서 개체 수의 증가

  (2) 오랜 시간에 걸쳐 일어나는 새로운 종의 출현

  (3) 다른 종의 멸종 (NGSS-HS-LS4-5)

학생들은 [자료 7.3]에 제시된 좋은 질문에 답하게 될 것이다.

[자료 7.3] 좋은 논증적 질문: 진화

- 다양한 종이 생물학적 진화를 통해서 공통 조상과 연결될 수 있다는 말의 증거는 무엇인가?
- 진화가 다음 요인의 결과일 수 있다는 증거의 타당성은 무엇인가?
  - 어떤 종에서 개체 수가 증가할 가능성
  - 돌연변이와 유성생식으로 인한 종 내 개체들의 유전적 변이
  - 자원 경쟁
  - 해당 환경에서 더 잘 생존하고 번식할 수 있는 생물체의 급증
- 유리한 유전적 특질을 가진 생물체가 그 특질을 가지지 않은 생물체에 비례하여 증가하는 경향이 있다는 말의 증거는 무엇인가?
- 자연선택이 개체군의 적응을 이끈다는 것의 증거는 무엇인가?
- 환경적 조건의 변화가 다음 사건들을 초래할 것이라는 말의 증거는 무엇인가?
  - 일부 종에서 개체 수의 증가
  - 오랜 시간에 걸쳐 일어나는 새로운 종의 출현
  - 다른 종의 멸종

이 성취기준은 학생에게 과학적 개념을 이해하거나 자연 과정을 설명하라고 요구하지 않는다. 각 수행 목표는 유전과 환경이 생물학적 진화에 어떻게 영향을 미칠지에 대해, 증거를 기반으로 설명이나 주장을 구성하여 대답을 뒷받침하도록 요구한다. 즉, 이 성취기준은 학생이 과학적 주장과 결론을 뒷받침하는 증거를 모으도록 요구한다. 또한 과학적 설명의 타당성을 설명, 정당화, 뒷받침하는 자신만의 주장으로 답하도록 한다.

과학 교과에서의 논증적 질문은 실생활 문제를 다루는 데 어떤 해결 방안이 가장 효과적인지, 즉 옳은 것인지를 선택하고 자신의 결정을 방어하기 위해 사용될 수 있다. 다음에 이어지는 시나리오가 어떻게 서로 경쟁 관계에 있는 생태계 관련 설계 방안을 평가하도록 하는지 살펴보자.

여러분은 지금 지구와 인간 활동에 대한 단원을 가르치고 있다. 학생들은 다음의 활동을 하게 될 것이다.

- 비용-편익 비율에 근거하여 에너지와 광물 자원의 개발, 관리, 사용을 위한 경쟁적인 설계 방안을 평가하라. (NGSS-HS-ESS3-2)

학생들은 [자료 7.4]에 제시된 좋은 질문을 다루고 그에 반응하게 될 것이다.

[자료 7.4] 좋은 논증적 질문: 지구공학

- 에너지와 광물 자원을 개발, 관리, 사용하기 위한 설계 방안 중 어떤 것이 비용-편익 비율을 생각해볼 때 가장 효과적인가?
- 다음의 상황을 다루는 데 비용 면에서 가장 효과적인 최상의 방법과 설계 방안은 무엇인가?
  - 자원의 보존, 재활용, 재사용
  - 농업
  - 석탄, 타르 모래,* 오일 셰일**의 채굴
  - 석유, 천연가스의 시추

....

*   찰흙, 모래, 물, 아스팔트의 혼합물로, 오일 샌드라고도 한다.

**   석유, 석탄 산지에서 나오는 퇴적암의 일종으로, 암석에 포함된 케로겐(kerogen)이라는 성분에 열을 가해 이것을 정제하면 셰일 오일이 얻어진다.

이 좋은 질문은 학생이 의사 결정을 통해서 문제를 해결하도록 한다. 그 목표는 학생이 조사, 실험, 탐구에 기반하여 어떤 설계 방안이 최선의 비용–편익 비율을 제공할지 결정하는 것이다.

역사와 사회

논증적 질문은 역사적·정치적·사회경제적 행위, 결정, 사건의 정확성 및 적절성에 근거하여 역사에 대해 질문하도록 요구한다. 이 좋은 질문은 학생에게 자신의 주장이 사실을 기반으로 한 것인지, 아니면 해석을 기반으로 한 것인지를 방어하도록 요구한다. 또한 논증적 질문은 역사가 객관적으로 제시되는지, 아니면 과거의 관점에 기반하는지에 대한 깊이 있는 논의로 이끈다. 다음의 논증적 질문이 어떻게 진정한 미국 초대 대통령으로 인정되어야 하는 사람에 대해 논의하도록 하는지 살펴보자.

여러분은 지금 미국 독립혁명을 정치, 경제, 사회 측면에서 다루는 단원을 가르치고 있다. 학생들은 다음의 활동을 하게 될 것이다.

- 국가와 주 수준의 혁명정부 형성에 대해 이해하라. (NHS.USE3.2)
- 중요한 역사적 변화를 이루고 지속성을 유지해온 개인이나 단체에 대한 질문을 생성하고 사용하라. 왜 그들이 그리고 그들이 이룩한 발전이 역사적으로 중요하게 여겨지는지 분석하라. 그들이 한 행동의 중요성이 시간이 지남에 따라 어떻게 바뀌었는지 그리고 역사적 맥락에 의해 어떻게 형성되었는지 평가하라. (C3.D2.His.3.3-12)
- 사람들의 관점이 어떻게 그들이 만든 역사적 자료를 형성했고 자료 속에 있는 이용 가능한 정보에 영향을 미쳤는지에 대해, 그리고 역사를 쓴 사람들의 관점이 그 역사를 형성한 방식에 대해 기술하고 분석하라. (C3.D2.His. 6.3-12)

학생들은 [자료 7.5]에 제시된 좋은 질문을 다루고 그에 답하게 될 것이다.

[자료 7.5] 좋은 논증적 질문: 조지 워싱턴

> • 미국의 초대 대통령으로 조지 워싱턴(George Washington)이 계속해서 인정되어야 하는가, 아니면 연합규약(Articles of Confederation)*에 의해 임명된 여덟 명의 대통령들이 인정되어야 하는가?

　　조지 워싱턴이 미국의 헌법에 따라 선출된 미국 최초의 대통령이라는 것은 사실이다. 그러나 워싱턴이 선출되기 전에, 여덟 명의 미국인이 연합규약에 의거하여 1년에 한 명씩 '의회가 정한 미국 대통령(Presidents of the united States under Congress Assembled)'으로 역임한 것 또한 사실이다. 여기서 논쟁점은 워싱턴이 미국 헌법에 따라 선출된 첫 번째 대통령으로 알려져야 하는지 여부가 아니라, 이 여덟 명이 미국의 대통령으로 인정되어야 하는지 여부이다. 질문의 목표는 학생이 쟁점의 양 측면을 모두 탐구하여 한 측면을 선택한 후, 명확하고 종합적이며 설득력 있게 그 선택을 옹호하도록 하는 것이다.

　　또한 역사에서의 논증적 질문은 학생이 역사적 결정의 정당성이나 부당성을 표현할 기회를 제공한다. 이 좋은 질문은 학생에게 그 상황이 다뤄진 방식을 비평할 때 포함되는 역사적 행동, 사건, 쟁점에 대한 사례 연구를 수행하도록 한다. 다음의 논증적 질문이 어떻게 학생에게 제2차 세계대전 시기 미국의 행동과 결정에 대해 논평할 기회를 제공하는지 살펴보자.

　　여러분은 지금 제2차 세계대전의 원인과 과정, 미국 국내와 해외에서 나타난 전쟁의 특성, 전쟁이 세계정세 속에서 미국의 역할을 재형성한 방식에 대해 가르치고 있다. 학생들은 다음의 활동을 하게 될 것이다.

....

* 미국의 최초 13개 주들이 합의하여 만든 미합중국 최초의 헌법으로, 국방 등 일부를 제외하고 각 주가 주권을 유지한다는 내용을 담았다. 이 문서는 또한 의회와 대통령의 역할도 명시하고 있는데, 이 문서에 의해 대통령의 권한을 수행했던 여덟 명은 존 핸슨(John Hanson), 엘리아스 부디놋(Elias Boudinot), 토머스 미플린(Thomas Mifflin), 리처드 헨리 리(Richard Henry Lee), 존 핸콕(John Hancock), 너새니얼 고햄(Nathaniel Gorham), 아서 세인트 클레어(Arthur St. Clair), 사이러스 그리핀(Cyrus Griffin)이다.

- 1935년부터 1941년에 독일, 이탈리아, 일본이 자행한 유럽, 아프리카, 아시아 침략에 대한 미국의 대응을 평가하라. (NHS.USE8.3.A.5)
- 일본에 대항하여 핵무기를 사용하기로 한 결정을 평가하고, 그 결정에 대한 이후의 논란을 검토하라. (NHS.USE8.3.B.4)
- 전쟁 기간 일본계 미국인의 억류에 대해서 평가하고, 그것이 시민적 자유 측면에서 갖는 함의를 검토하라. (NHS.USE8.3.C.4)

학생들은 [자료 7.6]에 제시된 좋은 질문을 다루고 그에 답하게 될 것이다.

[자료 7.6] 좋은 논증적 질문: 제2차 세계대전

- 제2차 세계대전에서 미국이 고립주의 입장을 고수한 것은 옳았는가, 아니면 옳지 않았는가?
- 진주만에 폭탄을 투하한 일본의 결정은 현명했는가, 어리석었는가, 또는 무모했는가?
- 1935년부터 1941년에 유럽, 아프리카, 아시아에서 자행된 독일, 이탈리아, 일본의 침략에 대한 미국의 반응은 전략적이었는가, 현명하지 못했는가, 또는 성급했는가?
- 추축국을 무찌르기 위한 계획 중 어떤 것이 더 효과적이었을 것인가?
  - 영국 해협을 건너 프랑스로 침입하는 루즈벨트의 계획
  - 지중해에서 북쪽으로 향하는 처칠의 우회 접근법
  - 가능한 한 가장 이른 시기에 서부 전선을 열기 위한 스탈린의 지원
- 연합국의 다음 계획 중 어떤 요소가 합리적인가, 불합리한가, 또는 무모한가?
  - 독일과 일본에 대항하는 군사 작전
  - 전쟁범죄 재판에서 독일과 일본 지도자에 대한 처벌
  - 국제 체제를 전복시키려는 이후의 시도를 막기 위해 독일과 일본에 새로운 정부를 수립
- 미국과 영국에 의해 발표된 대서양헌장(Atlantic Charter)이 효과적이었는가, 아니면 효과적이지 못했는가?

이 좋은 질문이 어떻게 역사적 행동과 결정을 비판적으로 돌아보게 하는지 살펴보라. 논증적 질문은 학생에게 그 결정이 무엇이며 어떻게 내려졌는지 파악하는 대신, 이들 결정의 적절성, 효과성, 타당성에 대해 비평하도록 유도한다. 논증적 질문은 학생이 이러한 역사적 생각, 사건, 개인, 쟁점에 대한 깊이 있는 이해를 계발하도록 촉진한다.

결론

논증적 질문하기의 정답은 그 질문 안에 있다. 정답은 만들어진 선택, 주어진 선택지, 취해진 입장에 대한 것이다. 선택, 주장, 결론, 논쟁점이 옳은지 아닌지를 방어하는 것은 학생에게 달려 있다. 또한 학생은 모든 쟁점, 문제, 상황이 확실하게 해결될 수 있는 것은 아니라는 점을 배운다. 가장 중요한 것은 논증적 질문이 비판적인 생각과 쟁점에 대한 자신의 논평을 제시하도록 하고, 타당한 추론 및 적절하고 충분한 증거로 자신의 관점을 방어하고 뒷받침하도록 한다는 점이다.

좋은 논증적 질문을 만들어보자

목표

사고의 엄밀함을 위한 교수와 학습의 차원을 뛰어 넘는 좋은 논증적 질문을 개발하라.

자료

- 여러분이 속한 지역에서 채택한 대학 및 직업 준비를 위한 성취기준
- 여러분의 학교에서 채택한 교육과정과 교재
- 좋은 질문과 블룸의 분류체계([표 1.1])
- 좋은 질문과 DOK([표 1.3])

절차

1. 해당 차시나 단원의 일부로 다루게 될 학업 성취기준, 글, 주제를 확인하라.
2. 글의 중심 생각과 핵심 세부 내용을 확인하라. 여러분은 학생이 글에 있거나 저자에 의해 만들어진 주장, 결론, 논쟁의 논리, 추론, 타당도에 대해 논평하고 비평하도록 유도하는 좋은 논증적 질문을 쓰도록 하기 위해 [표 7.2]를 사용하라.
3. 생각, 사건, 개인, 쟁점에 대한 다양한 관점을 검토하라. 학생이 결론을 내리거나 결정을 하기 전에 모든 측면을 검토하고 평가하도록 요구하는 좋은 논증적 질문을 제기하라.
4. 네/아니요로 답해질 수 있는 정황, 쟁점, 문제, 상황을 파악하라. 그것들을 학생에게 여러 개 중 오직 하나를 선택하도록 요구하는 좋은 논증적 질문으로 재진술하라.
5. 고도로 복잡하고 논쟁적이며 풀기 어렵다고 여겨지는 실생활의 정황, 쟁점, 문제, 상황을 조사하라. 이러한 것들이 다뤄지고 해결되기 위해서는 '무엇을 해야 하는지' 또는 '어떻게 해야 하는지'를 추천하고 제안하도록 요구하는 좋은 논증적 질문을 제기하라.

[표 7.2] 좋은 논증적 질문 생성기

결정하고 방어하라	~인가?		또는	
	~였는가?		또는	
	반드시 ~해야 하는가?		또는	
	~할 수 있었겠는가?		또는	
	~일 것인가?		또는	
	~여야/해야 하는가?		또는	
	무엇이 행해져야 하는가?			
	어떻게 ~해야 하는가?			
	왜 ~해야 하는가?			
	무엇이 필요한가?			

08

좋은 정서적 질문은
어떻게 차별화와 개인적 특성을 지원하는가

여러분은 지금 정부와 사회의 절차, 규칙, 법 및 이들의 개념을 정의하고 방향을 잡는 시민의식과 민주주의 원칙에 대한 단원을 가르치고 있다. 학생들은 다음의 활동을 하게 될 것이다.

- 정부, 사회, 공동체를 이끄는 핵심적인 시민의식과 민주주의 원칙을 파악하라. 미국의 건국 문서들에 포함된 생각과 원칙을 분석하라. 이들이 사회 및 정치 체계에 어떻게 영향을 주었는지 설명하라. 사회 및 정치 체계를 평가하라. (C3.D2. Civ.8.3-12)
- 시민사회 쟁점에 대한 자신과 타인의 관점에 기저가 되는 신념, 경험, 관점, 가치를 파악하라. 사람들이 정부와 시민사회 내의 쟁점을 다룰 때의 개인적 관심과 관점, 시민의식, 민주주의 원칙과의 관련성을 설명하라. 개인적 관심과 관점이 시민의식, 민주주의 원칙, 헌법상의 권리, 인권의 적용에 미치는 영향 및 그것의 적절한 역할에 대해서 분석하라. (C3.D2.Civ.10.3-12)

학생들은 [자료 8.1]에 제시된 좋은 질문에 답하게 될 것이다.

[자료 8.1] **좋은 정서적 질문: 정부**

- 현재 자신이 살고 있는 지역 사회에 영향을 미치는 특정한 공공의 쟁점에 대한 여러분의 의견은 무엇인가?
- 공공의 토론, 담론, 의사 결정의 주제가 되어온 논쟁적인 쟁점이나 화제에 대한 여러분의 관점은 무엇인가?
- 특정한 세계적 쟁점이 국내외 정부 기관 및 관료에 의해 다루어져 온 방식에 대한 여러분의 생각은 무엇인가?
- 다른 사람들과 상호작용할 때 여러분은 시민의식과 민주주의 원칙을 어떻게 사용하는가?
- 공공의 문제에 대해서 다른 사람들과 상호작용할 때 여러분이 시민의식과 민주주의 원칙을 사용하도록 어떻게 보장할 수 있는가?
- 공공의 쟁점을 다루고 그에 반응하기 위해서 여러분은 어떤 도덕과 원칙이 적용되고 사용되어야 한다고 생각하는가?

사고의 엄밀함을 위한 교수와 학습은 교수적 초점의 범위를 오로지 고차원적 사고를 드러내는 것(블룸의 신 교육 목표 분류체계)에서 학생의 지식과 이해의 범위를 다루는 것(웹의 DOK 단계)으로 이동시킨다. 그러나 우리가 학생이 배우는 그 모든 것을 가지고 그들이 진정으로 하길 원하는 것은 무엇인가?

정부와 사회의 민주적 원리에 대해 학생에게 제시한 좋은 질문을 자세히 살펴보자. 이 질문은 학생에게 민주적 원리가 무엇인지 기술하도록 또는 어떻게, 왜 이 원리가 절차와 규칙을 정의하고 안내하는지를 설명하도록 요구하지 않는다. 또한 학생에게 다른 시나리오를 고려하거나 토론에서 입장을 정하라고 하는 것도 아니다. 이 질문이 각 학생들에게 요구하는 것은 그들의 '의견, 관점, 생각이 무엇인지'를 표현하도록 하는 것이다. 또한 자신이 시민의식과 민주주의 원칙을 어떻게 사용하는지, 공공의 쟁점을 다루기 위해서 무엇을 해야 한다고 생각하는지를 공유하게 하는 것이다.

한편 이 질문의 교수적 초점과 총괄 평가의 대상은 개념과 내용의 이해를 넘어선, 주제에 대한 학생의 감정이나 특성이다. 즉, 각 학생이 어떻게 개인적 태도, 신념, 가치를 명확하게 표현할 수 있는가에 대한 것이다. 이것은 '정서적 학습'이라 알려져 있으며, 학생에게 지식을 이용하여 '그들이 하고, 믿고, 사고하고, 느끼고, 할 수 있는 것'의 깊이와 넓이를 드러내 보이고 소통하도록 요구하는 교수와 평가를 의미한다(Krathwohl, Bloom, & Masia, 1964)

좋은 정서적 질문은 학생이 질문에 대한 자신의 의견과 관점을 검토하도록 유도한다. 또한 무엇을 할 수 있는지 혹은 질문에 답하기, 문제 다루기, 과제 완수하기를 어떻게 할 수 있는지, 할 수 있었는지, 할 것인지를 보이도록 장려한다.

좋은 정서적 질문은 어떤 역할을 하는가

좋은 정서적 질문은 개인적 표현, 특히 자신이 배운 것에 대해 느끼는 점뿐만 아니라 개인적 학습의 깊이를 어떻게 확실하게 보여주고 소통할 수 있는지를 강조한다. 그러한 질문은 학생에게 다음의 활동을 하도록 유도한다.

- 자신이 특정 글이나 화제에 대해서 믿고, 느끼고, 생각하는 것을 전달하라.
- 특정한 생각, 사건, 개인, 쟁점에 대한 자신의 의견, 관점, 생각이 무엇인지 표현하라.
- 자신이 주어진 특정 조건이나 맥락에서 무엇을 할 수 있을 것인지 또는 무엇을 할 것인지 공유하라.
- 자신이 어떻게 질문에 대답할 수 있는지, 어떻게 문제를 다룰 수 있는지, 어떻게 과제를 완수할 수 있는지 또는 할 것인지를 보여라.

이 장에서 사용되는 '정서적'이라는 용어는, 교수의 필수적인 한 측면임에도 성취기준과 평가 기반의 학습에서는 강조되지 않았던 '감정적'이라는 용어와 같은 방식으로 사용된다. 학생이 표현하기를 기대하는 성

향, 감정, 느낌은 다음의 행동을 분류하는 블룸의 신 교육 목표 분류체계
의 정서적 영역 내에서 찾을 수 있다.

- **수용하다** 여러분은 어떻게 정보를 습득하고, 인정하고, 정보에 주
  의를 기울이며 정황, 상황, 경험에 대한 이해를 계발하는가?
- **반응하다** 여러분은 어떻게 생각, 사건, 개인, 쟁점에 반응하는가?
  그리고 어떻게 글이나 화제에 대해 더 많은 것 또는 더 나아간 내용
  을 배우려는 동기가 부여되는가?
- **가치를 평가하다** 여러분은 어떻게 행동, 경험, 목표, 현상, 문제에 대
  한 신념, 이상, 자존감을 확립하고 표현하는가?
- **조직하다** 여러분은 어떻게 신념과 이상을 타인의 관점과 충돌할지
  도 모르는 가치 체계로 처리하고 통합하는가?
- **특징짓다 또는 내면화하다** 여러분은 어떻게 여러분의 가치 체계를
  자신이 의지하고 기대와 경험을 다루기 위해 사용하는 철학이나
  생활방식으로 발전시키는가? (Krathwohl et al., 1964)

블룸의 신 교육 목표 분류체계에서 이 영역은 학습과 관련된 태도, 감
정, 느낌, 동기, 철학, 가치를 다루며, 기능, 전략, 주제가 아니라 학생에게
초점을 맞춘다. 또한 이 영역은 학생이 어떻게 개별적으로 생각과 정보를
가지고 문제를 해결하고 분투하는지, 그리고 어떻게 글과 화제에 대한 개
인의 인식과 태도를 인지적 수준이 아닌 감정적인 수준으로 전달하는지
를 묘사하고 상세히 설명한다. 정서적 영역은 행동적 측면을 엄밀한 교수
의 영역으로 가지고 온다.

좋은 정서적 질문은 학생이 웹이 제시한 가장 깊이 있는 수준(DOK-3
과 DOK-4)으로 지적 활동에 참여하고 그에 대해 소통하게 하며, 블룸이 제
시한 가장 높은 범주('창안하다')에서 그들의 사고를 드러내도록 요구한다.
사고의 엄밀함은 블룸의 신 교육 목표 분류체계와 웹의 DOK 수준을 겹처
놓고 있지만, 블룸의 신 교육 목표 분류체계의 정서적 영역을 포함하지는
않는다는 점을 기억하라. 그러나 좋은 정서적 질문은 이 영역을 포함한다.

그것이 좋은 정서적 질문이 '여러분'이라는 대명사를 사용하여 학생에게 교수적 초점을 맞추는 것을 강조하는 이유이다. 우리는 학생이 자신의 교육과 경험을 어떻게 개인적 전문성으로 처리했는지 보여주고 소통하기를 원한다.

이제 좋은 정서적 질문이 어떻게 교수적 초점을 학생이 사고를 드러내고 지식을 소통하는 것에서 그들이 배운 것에 대한 감정을 표현하고 공유하는 것으로 이동시키는지 살펴보자.

차별화

정서적 질문은 학생으로 하여금 학습의 깊이를 자신만의 독특한 방식으로 공유하도록 장려한다(Coil, 2004; Tomlinson, 1999; Wormelli, 2007). [표 8.1]에 제시된 정서적 질문이 질문의 초점을 과목에 대한 이해에서 학생의 생각으로 어떻게 이동시키는지 살펴보라.

[표 8.1] 좋은 정서적 질문 만들기

원래 질문	좋은 정서적 질문
• 곱셈을 포함하는 문제가 어떻게 표현되고 풀릴 수 있는가?	• 여러분은 곱셈을 포함하는 문제를 어떻게 표현하고 풀 수 있는가?
• 영웅과 우상의 차이점은 무엇인가?	• 여러분은 영웅과 우상의 차이점이 무엇이라 생각하는가?
• 두 수량 사이의 비율 관계를 어떻게 언어로 서술할 수 있는가?	• 여러분은 두 수량 사이의 비율 관계를 어떻게 언어로 서술할 수 있는가?
• 기후 지도가 다음의 정보를 어떻게 제공하는가? - 한 지역의 기후 - 한 지역의 강수량 - 한 지역의 기상학적 조건 - 일정 기간 동안 한 지역에 일어난 기후학적 변화	• 여러분은 다음의 내용을 알아내기 위해 기후 지도를 어떻게 사용할 수 있겠는가? - 한 지역의 기후 - 한 지역의 강수량 - 한 지역의 기상학적 조건 - 일정 기간 동안 한 지역에 일어난 기후학적 변화
• 무엇이 미국에서 초월주의 운동의 종식을 초래했는가?	• 여러분은 무엇이 미국에서 초월주의 운동의 종식을 초래했다고 생각하는가?

• 만약 생물체의 특질을 선택할 수 있는 기술이 개발된다면 무슨 일이 일어날 수 있겠는가?	• 여러분은 만약 생물체의 특질을 선택할 수 있는 기술이 개발된다면 무슨 일이 일어날 수 있겠다고 생각하는가?
• 명왕성은 태양을 둘러싼 아홉 개의 행성 중 하나로 간주되어야 하는가, 태양계 행성에서 배제되어야 하는가, 아니면 특별한 지위를 부여받아야 하는가?	• 여러분은 명왕성이 태양을 둘러싼 아홉 개의 행성 중 하나로 간주되어야 한다고 생각하는가, 태양계 행성에서 배제되어야 한다고 생각하는가, 아니면 특별한 지위를 부여받아야 한다고 생각하는가?

[표 8.1]에서 확인되는 교수적 초점의 이동은 사소해 보이지만 효과적이다. 왼쪽 열에 제시된 사고의 엄밀함을 촉진하는 질문은 모두 좋은 질문이다. 이 질문은 학생들에게 블룸의 분류체계와 웹의 DOK의 다양한 단계에 걸친 자신의 학습에 대해서 깊이 생각하고 표현하며 더 깊이 있는 지식과 사고를 보이도록 요구한다.

좋은 정서적 질문은 '여러분'으로 시작한다. 이 질문이 강조하는 것은 특정 기능, 전략, 과목이 아니다. 대신 이 질문은 학생이 자신의 의견과 관점으로 지식의 깊이를 공유하도록 촉구한다. 학생의 응답은 실질적이며 매우 다양할 것이다. 그 응답은 개별 학생이 특정 화제에 대해 진정으로 취하는 태도의 깊이를 반영하기 때문이다.

좋은 정서적 질문은 차별화를 촉진하기 위한 대명사로 '여러분'을 사용한다는 점에서 주도적 질문과 비슷하다. 좋은 주도적 질문은 학생이 학습의 깊이를 보여주는 결과물(보고서, 계획, 결과물, 프로젝트)을 만들고 설계하며 개발하고 생산하기 위해 자신의 기능과 재능을 사용하도록 한다. 그러나 정서적 질문은 더욱 친밀하고 내면적이며, 학생이 개인적·능동적·실질적 교육 경험에 참여하도록 한다.

자기 이해와 인식

정서적 질문은 개념과 절차에 대한 지식을 확장하여 다양한 상황에 전이시켜 사용하도록 한다는 점에서 좋은 분석적 질문과 유사하다. 그러나 정서적 질문은 학생이 어떻게 개인적으로 다른 교과 특수적 기능과 전략을 사용하여 현상을 공부하고 문제를 풀 수 있는지를 드러내게 하여 학생의 사고를 확장한다. [표 8.2]의 정서적 질문이 어떻게 교수적 초점을 이해와 설명에서 학습의 더욱 실용적인 측면으로 이동시키는지 살펴보자.

[표 8.2]에 제시된 수학 과목에서의 수행 목표의 기대치는 분석적 질문과 정서적 질문 모두를 다루지만, 각 질문이 초점을 맞추고 있는 사고의 엄밀함은 서로 다르다. 좋은 분석적 질문은 답과 결과를 얻기 위해 교과 특수적 기능이나 전략이 어떻게 사용될 수 있는지를 목표로 한다. 좋은 정서적 질문은 학생이 답을 설명하기 위해 특정한 알고리즘, 공식, 방법, 기술을 개인적으로 어떻게 사용했는지 소통하도록 안내한다.

[표 8.2] 좋은 분석적 질문 대 좋은 정서적 질문

대학 및 직업 준비를 위한 수학 성취기준	좋은 분석적 질문	좋은 정서적 질문
덧셈과 뺄셈을 포함하는 문제를 표현하고 풀어라.	• 덧셈 문제가 어떻게 표현되고 풀릴 수 있는가?	• 여러분은 덧셈과 뺄셈 문제를 어떻게 표현하고 풀 수 있는가?
두 자릿수 이상의 연산을 수행하기 위해서 자릿값에 대한 이해와 연산의 속성을 활용하라.	• 다음의 내용이 두 자릿수 이상의 연산을 수행하기 위해 어떻게 사용될 수 있는가? - 자릿값에 대한 이해 - 연산의 속성	• 여러분은 두 자릿수 이상의 연산을 수행하기 위해 다음의 내용을 어떻게 사용할 수 있는가? - 자릿값에 대한 이해 - 연산의 속성
단위분수(unit fraction)*를 활용해 분수를 만들어라.	• 단위분수로부터 어떻게 분수가 만들어질 수 있는가?	• 여러분은 단위분수를 활용해서 어떻게 분수를 만들 수 있는가?
비슷한 측정 단위를 주어진 측정 체계 내에서 변환하라.	• 비슷한 측정 단위가 주어진 측정 체계 내에서 어떻게 변환될 수 있는가?	• 여러분은 비슷한 측정 단위를 주어진 측정 체계 내에서 어떻게 변환할 수 있는가?
넓이, 겉넓이, 부피를 포함하는 실생활 및 수학 문제를 풀어라.	• 다음의 내용을 포함하는 실생활 및 수학 문제가 어떻게 풀릴 수 있는가? - 넓이 - 겉넓이 - 부피	• 여러분은 다음의 내용을 포함하는 실생활 및 수학 문제를 어떻게 풀 수 있는가? - 넓이 - 겉넓이 - 부피

....

* 분자가 1인 분수를 말한다.

비례 관계를 분석하고 그 관계를 실생활 및 수학 문제를 푸는 데 사용하라.	• 비례 관계는 실생활 및 수학 문제를 풀기 위해 어떻게 분석되고 사용될 수 있는가?	• 여러분은 비례 관계를 분석하고 사용하여 실생활 및 수학 문제를 어떻게 풀 수 있는가?
일차 방정식과 한 쌍의 연립 일차 방정식을 분석하고 풀어라.	• 다음의 내용은 어떻게 분석되고 풀릴 수 있는가? - 일차 방정식 - 한 쌍의 연립 일차 방정식	• 여러분은 다음의 내용을 어떻게 분석하고 풀 수 있는가? - 일차 방정식 - 한 쌍의 연립 일차 방정식
단일 계산 또는 측정 변인에 대한 데이터를 요약하고, 표현하고, 해석하라.	• 단일 계산 또는 측정 변인에 대한 데이터가 어떻게 요약되고, 표현되고, 해석될 수 있는가?	• 여러분은 단일 계산 또는 측정 변인에 대한 데이터를 어떻게 요약하고, 표현하고, 해석할 수 있는가?
복소수와 그의 연산을 복소평면*에 표현하라.	• 복소수와 그의 연산이 복소평면에 어떻게 표현될 수 있는가?	• 여러분은 복소수와 그의 연산을 어떻게 복소평면에 표현할 수 있는가?
문제를 풀기 위해 다항 등식을 사용하라.	• 다항 등식은 문제를 풀기 위해 어떻게 사용될 수 있는가?	• 여러분은 문제를 풀기 위해 다항 등식을 어떻게 사용할 수 있는가?
상황에 따라 적용 시 드러나는 함수를 분석하라.	• 상황 적용 시 드러나는 함수가 어떻게 해석될 수 있는가?	• 여러분은 상황 적용 시 드러나는 함수를 어떻게 해석할 수 있는가?
기하적 정리를 증명하라.	• 기하적 정리가 어떻게 증명될 수 있는가?	• 여러분은 기하적 정리를 어떻게 증명할 수 있는가?

조건적이고 맥락적인 지식

정서적 질문은 학생이 '만약'에 대해 고려하고, 가설을 설정하고, 상상하도록 한다는 점에서 좋은 가설적 질문과 유사하다. 그러나 학생이 주어진 시나리오나 상황에서 무엇이 일어날 수 있을지 또는 일어날지 비판적으로 생각하게 하는 가설적 질문과 달리, 정서적 질문은 주어진 상황에서 자신이 무엇을 할 수 있을지 또는 할지에 대해 비판적으로 생각하도록

....

* 복소수는 실수와 허수의 합으로 이루어진 수이고, 복소평면은 복소수를 기하학적으로 표현하기 위해 개발된 좌표평면이다.

요구한다. 다음의 시나리오가 어떻게 힘과 운동을 동반하는 상황을 다루는 방식을 설명하게 하는지 살펴보자.

여러분은 힘과 운동에 대한 단원을 가르치고 있다. 학생들은 다음의 활동을 하게 될 것이다.

- 충돌하는 두 물체의 운동에 관한 문제의 해결책을 설계하기 위해 뉴턴의 제3법칙*을 적용하라. (NGSS MS-PS2-1)

학생들은 [자료 8.2]에 제시된 좋은 질문에 답하게 될 것이다.

[자료 8.2] 좋은 주도적, 가설적, 정서적 질문: 물체의 운동

좋은 주도적 질문	좋은 가설적 질문	좋은 정서적 질문
• 뉴턴의 제3법칙을 사용하여 충돌하는 두 물체의 운동과 관련된 문제를 풀기 위해 여러분은 어떤 해결책을 설계할 수 있겠는가?	• 충돌하는 두 물체의 운동과 관련된 문제를 풀기 위해서 뉴턴의 제3법칙이 어떻게 사용될 수 있겠는가?	• 여러분은 충돌하는 두 물체의 운동과 관련된 문제를 풀기 위해 어떻게 뉴턴의 제3법칙을 사용할 수 있겠는가?

이들 질문 간 교수적 초점의 차이에 주목하라. 주도적 질문은 뉴턴의 제3법칙을 사용하여 문제를 풀기 위해 어떤 종류의 질문이 설계될 수 있는지에 집중한다. 정서적 질문은 더욱 학생 중심적이며, 학생이 해결책을 찾기 위해 뉴턴의 제3법칙을 어떻게 개인적으로 사용할 수 있을지에 초점을 둔다. 정서적 질문은 학생이 배운 것을 다양한 맥락에서 어떻게 사용할 것인지 또는 사용할 수 있을지에 대해 묻는다. 이 질문은 또한 학생이 특정 맥락에서 구체적인 문제를 다루기 위해 무언가를 만들고, 실행하고, 생산하

....

* 서로 접촉하고 있는 두 물체는 공통 접촉면에서 세기가 같고 방향은 반대인 힘을 서로 주고받는다는 작용 반작용의 원리를 뜻한다.

게 하는 좋은 주도적 질문이 될 수 있다. 다음의 시나리오를 살펴보자.

여러분은 시민론에서 참여와 숙고에 대한 단원을 가르치고 있다. 학생들은 다음의
활동을 하게 될 것이다.

- 시민의 덕목과 민주주의 원리를 학교 상황과 공동체 상황 그리고 타인과 함
께 일하는 상황에 적용하라. (C3.D2.Civ.7.K-12)
- 다양한 상황에서 단체로 의사를 결정하거나 판단을 내릴 때 토의와 신중한
처리를 위해 합의된 규칙을 따르고 사용하라. (C3.D2.Civ.9.K-12)

학생들은 [자료 8.3]에 제시된 좋은 질문을 다루고 그에 답하게 될 것이다.

[자료 8.3] 좋은 주도적, 가설적, 정서적 질문: 시민 참여

좋은 주도적 질문	좋은 가설적 질문	좋은 정서적 질문
• 여러분은 어떻게 시민의 덕목과 민주주의 원리를 사용하여 자신의 학교 또는 지역 공동체의 특정 환경, 쟁점, 문제, 상황을 다루고 그에 반응하겠는가?	• 시민의 덕목과 민주주의 원리가 다음의 시나리오와 상황에 어떻게 적용될 수 있겠는가? - 학교 상황 - 공동체 상황 - 타인과 함께 일하는 상황 • 토의와 신중한 처리에 대한 합의된 규칙이 다양한 상황에서 단체로 의사를 결정하고 판단을 내릴 때 어떻게 사용될 수 있겠는가?	• 여러분은 다음의 시나리오와 상황에서 시민의 덕목과 민주주의 원리를 어떻게 적용할 수 있겠는가? - 학교 상황 - 공동체 상황 - 타인과 함께 일하는 상황 • 여러분은 다양한 상황과 단체에서 의사를 결정하고 판단을 내릴 때 토의와 신중한 처리에 대한 합의된 규칙을 어떻게 사용할 수 있겠는가?

가설적 질문과 정서적 질문 간 교수적 초점의 차이는 명확하다. 가설
적 질문은 시민 덕목과 민주주의 원리가 다양한 상황에서 어떻게 사용될

수 있을지에 초점을 맞춘다. 정서적 질문은 각 학생이 서로 다른 상황에서 이 덕목과 원리를 어떻게 사용할 것인지를 강조한다. 주도적 질문은 학생이 시민 덕목과 민주주의 원리를 사용하여 특정 쟁점이나 문제를 어떻게 다룰 것인지 또는 다룰 수 있을지를 묻는 정서적 질문이다. 그러나 이 질문은 학생에게 특정 맥락에서의 해결책을 만들어내도록 요구하기 때문에 주도적 질문으로 보는 것이 더 적절하다.

시각과 관점

정서적 질문은 학생으로 하여금 타당한 근거와 충분한 증거를 사용해 의사 결정을 선택하고 옹호하도록 요구한다는 점에서 논증적 질문과 유사하다. 그러나 정서적 질문에 대한 반응은 개인적 의견을 바탕으로 하며, 사실이나 논리보다는 학생의 관점에 의해 주도된다. [표 8.3]에 제시된 좋은 정서적 질문이 어떻게 특정 주제에 대한 자신의 관점을 표현하고 공유하도록 장려하는지 살펴보자.

[표 8.3] 안 좋은 질문, 좋은 논증적 질문, 좋은 정서적 질문의 비교

안 좋은 질문	좋은 논증적 질문	좋은 정서적 질문
• 읽기와 수학은 범교과적으로 교육되어야 하는가?	• 읽기와 수학은 몇몇 수업에서 범교과적으로 교육되어야 하는가, 아니면 오직 특정 수업 및 시간에 교육되어야 하는가?	• 여러분은 읽기와 수학을 범교과적으로 가르치고 배우는 것에 대해 어떻게 생각하는가?
• 기술이 우리를 더욱 고립시키는가?	• 기술은 우리를 사람들로부터 더욱 고립시키는가, 아니면 사람들과 더욱 연결시키는가?	• 기술이 우리를 더욱 연결시키는지 또는 고립시키는지에 대한 여러분의 의견은 무엇인가?
• 미식축구가 선수들에게 매우 위험하다면, 우리가 그것을 봐야 하는가?	• 미식축구는 위험한가, 위험하지 않은가, 또는 다른 운동 경기나 스포츠와 다를 것이 없는가?	• 위험하다고 여겨지는 미식축구에 대한 여러분의 의견은 어떠한가? 그것은 TV에서 방영되어야 하는가, 아닌가?
• 어떤 종류의 초능력이든 가질 수 있다면, 어떤 능력을 가지고 싶은가?	• 초능력을 가지는 것은 축복일까, 아니면 저주일까?	• 여러분은 초능력을 가지고 싶은가, 그렇다면 왜 가지고 싶은가?

• 다음 대통령이 집권할 때 미국 경제가 어떻게 나아질 것인가?	• 다음 대통령이 집권할 때 미국 경제가 나아질 것인가, 침체될 것인가, 또는 그대로 유지될 것인가?	• 여러분은 다음 대통령이 집권할 때 미국 경제가 어떻게 될 것이라 생각하는가?
• 현대 문화가 유년기를 망치고 있는가?	• 현대 문화가 유년기를 망치고 있는가, 아니면 풍성하게 하는가?	• 여러분은 현대 문화가 유년기에 미치는 영향에 대해 어떻게 느끼는가?
• 온라인 학습은 대면 학습만큼 효과적인가?	• 온라인과 대면 중에서 어느 것이 더 나은 학습 방법인가?	• 여러분은 온라인 또는 대면 중 어느 것이 더 나은 학습 방법이라 생각하는가?

세 종류의 질문 간 차이점에 주목하라. 표의 첫 번째 칸은 너무 직접적이거나 학생의 사고와 반응을 제한하기 때문에 '안 좋은' 것으로 간주할 수 있는 질문을 포함하고 있다. 논증적 질문은 학생이 타당한 추론과 구체적인 증거를 바탕으로 어떻게 자신의 주장을 옹호할 수 있는지에 더욱 초점을 맞춘다. 정서적 질문의 반응은 학생의 의견과 관점을 바탕으로 한다.

정서적 질문은 토론과 토의를 장려하지만, 질문의 목표는 자신의 의견을 제시하고 청중을 설득하는 것이다. 즉, 정서적 질문의 목표는 학생이 자신의 생각과 의견을 청중과 공유하고 청중에게 설명하는, 그래서 청중의 의견이 바뀌도록 하는 것이다. [표 8.3]에 제시된 논증적 질문은 학생이 타당한 추론과 증거를 바탕으로 어떤 생각을 옹호하거나 반박하는 주장으로 반응하기를 기대한다. 이와 달리 정서적 질문은 자신의 교육과 경험을 바탕으로 계발된 전문 지식에 기반하여 자신의 관점이나 시각을 공유하도록 요구한다.

좋은 정서적 질문을 활용해 어떻게 가르칠 수 있는가

정서적 질문은 매우 주관적이고 학생 중심적이다. 학생이 정서적 질문을 다루는 방식은 그들의 개인적 지식과 태도에 기반한다. 학생은 자신의 지식, 사고, 특성의 깊이와 넓이를 숙고하여 대답하기 때문에 그 반응은 강한 감정적 요소를 띨 것이다. 또한 학생은 자신의 학습을 어떻게 하면 실질적이고 설득력 있게 전달할 수 있을지를 배우고, 타인의 관점에 적절한 관심을 둘 필요가 있다.

이를 성취하기 위해 학생은 정서적 질문에 마치 특정 영역, 과목, 연구 분야의 전문가인 것처럼 반응하도록 장려된다. 또한 학급의 다른 학생들이 전문가처럼 행동할 때 그들을 존중하기를 요구받는다. 모든 학생은 자신을 표현할 유연성과 자유를 부여받아야 한다. 좋은 정서적 질문은 학생들에 대한 것이고, 그들이 배운 내용을 어떻게 처리하는지에 대한 것임을 기억하라. 글과 주제에 대한 이러한 전문가적 접근법을 장려하기 위해 좋은 정서적 질문이 어떻게 범교과적으로 사용될 수 있는지 살펴보자.

영어, 예술

정서적 질문은 글이나 작품의 장점, 질, 가치를 바탕으로 그것을 판단하는 비평가나 검토자로 학생을 변모시킨다. 학생은 저자, 예술가, 음악가가 그 분야의 기술과 원리를 작품에 사용하는 방식에 대해 비판적으로 생각할 것으로 기대된다. 그러나 정서적 질문에 대한 학생 반응은 자신의 감정, 인식, 철학에 기반한 개인적 비평이다. 또한 학생은 타인의 주장을 방어하도록 장려된다. 다음의 좋은 정서적 질문이 어떻게 마크 트웨인의 『허클베리 핀의 모험』에 대한 의견과 생각을 표현하도록 장려하는지 살펴보자.

여러분은 지금 마크 트웨인의 『허클베리 핀의 모험』에 대한 소설 연구 단원을 가르치고 있다. 학생들은 다음의 활동을 하게 될 것이다.

- 글이 명시적으로 이야기하고 있는 것이 무엇인지 알아내고 그로부터 논리적 추론을 하기 위해 글을 자세히 읽어라. 글을 쓰거나 말할 때 글에서 도출된 결론을 뒷받침하기 위해서 원문에 있는 구체적인 증거를 인용하라. (CCSS.ELA-LITERACY.CCRA.R.1)

- 글의 중심 생각이나 주제를 찾고 내용 전개를 분석하라. 중심 생각을 뒷받침하는 핵심적인 세부 내용과 생각을 요약하라. (CCSS.ELA-LITERACY.CCRA.R.2)
- 특정 문장, 문단, 또는 더 큰 글의 부분(예 부분, 장, 장면, 연 등)을 포함하는 글의 구조가 서로 그리고 글 전체와 어떻게 연관되는지 분석하라. (CCSS.ELA-LITERACY.CCRA.R.5)
- 관점이나 목적이 어떻게 글의 내용과 문체를 형성하는지 평가하라. (CCSS.ELA-LITERACY.CCRA.R.6)
- 글 속의 논거와 구체적인 주장을 추론의 타당성과 근거의 적절성 및 충분성 등을 고려하여 자세히 기술하고 평가하라. (CCSS.ELA-LITERACY.CCRA.R.8)
- 문학 작품이나 정보를 전달하는 글에서 자신의 분석, 성찰, 연구를 뒷받침하기 위한 근거를 도출하라. (CCSS.ELA-LITERACY.CCRA.W.9)
- 화자의 관점, 추론, 증거 및 수사법의 사용을 평가하라. (CCSS.ELA-LITERACY.CCRA.SL.3)
- 언어가 다른 맥락에서 어떻게 작용하는지 이해하고, 의미나 문체를 위한 효과적인 선택을 하며, 읽거나 들을 때 더 완전히 이해하기 위해 언어 지식을 적용하라. (CCSS.ELA-LITERACY.CCRA.L.3)

학생들은 [자료 8.4]에 제시된 좋은 질문을 다루게 될 것이다.

[자료 8.4] 좋은 정서적 질문: 『허클베리 핀의 모험』

- 마크 트웨인의 『허클베리 핀의 모험』에 관한 논란과 비평에 대한 여러분의 의견은 무엇인가?
- 고전 문학 작품으로서 『허클베리 핀의 모험』에 대한 여러분의 관점은 무엇인가?
- 『허클베리 핀의 모험』의 독특한 구조와 문제에 대한 여러분의 생각은 무엇인가?
- 전쟁 이전의 미국에 대한 사회적 논평 및 문명화된 사회의 원칙과 미덕의 측면에서 마크 트웨인의 『허클베리 핀의 모험』에 대한 여러분의 생각은 무엇인가?
- 마크 트웨인의 원래 소설에 있던 인종차별적 표현을 정치적으로 옳고 수용될 수 있는 용어로 교체한 버전의 『허클베리 핀의 모험』을 출판한 앨런 그리벤(Alan Gribben)에 대한 여러분의 생각은 무엇인가?
- 마크 트웨인의 『허클베리 핀의 모험』에 대한 여러분의 의견은 무엇이며, 독자와 사회가 그 소설에 어떻게 반응하겠는가?

좋은 정서적 질문의 목표는 학생에게 『허클베리 핀의 모험』의 중심 생각이나 세부 내용에 대한 문학적 분석을 수행하거나, 그 작품의 문체를 분석하거나, 저자가 생각을 통합하는 방식을 비판적으로 사고하도록 요구하는 것이 아니다. 이 질문은 학생이 그 소설에 대한 자신의 생각과 관점을 표현하고, 특정 구절이나 인용구의 의미에 대한 자신의 해석을 제시하도록 요구한다. 가장 중요한 것은 정서적 질문이 그 소설과 타인의 논평에 대한 자신의 의견을 표현하도록 장려한다는 점이다. 다만 학생은 자신의 검토가 작품에 대한 분석이나 평가보다는 개인적 의견에 기반한 것일지라도, 타당한 추론과 충분한 증거를 가지고 자신의 의견을 뒷받침할 필요가 있다.

수학

수학 교과에서 정서적 질문을 사용하면, 수학적 기능과 전략에 맞춰져 있던 교수적 초점을 학생으로 돌려놓을 수 있다. 정서적 질문은 학생이 어떻게 다양한 수학과 실생활의 문제를 풀기 위해 개인적으로 수학을 사용할 수 있는지, 할 수 있을지 또는 할 것인지를 표현하도록 장려한다. [표 8.2](166쪽)로 돌아가서, 정서적 질문에서는 학생이 수학 문제를 풀기 위해 개인적으로 특정한 방법이나 기술을 어떻게 사용할 수 있는지를 보이도록 하는 데 초점을 맞춘다는 사실을 다시 살펴보자.

또한 정서적 질문은 수학에 대한 태도와 인식 그리고 개인적으로 문제를 풀기 위해 개념과 절차를 전이시키고 사용할 수 있는 방법을 표현하도록 장려한다. 이 좋은 질문은 단순히 학생에게 특정 절차를 사용하도록 요구하기보다는 특정 문제를 풀기 위해 자신이 믿거나 생각하는 것 중 어떤 것이 최선의 방법이 될 수 있을지를 물음으로써, 수학을 더욱 개별화되고 감정적인 것으로 만든다. 다음의 시나리오가 어떻게 특정 수학 문제나 실생활의 문제를 푸는 데 최선이 될 수학적 방법, 전략, 기술을 선택하도록 하는지 살펴보자.

여러분은 지금 두 자릿수 이상의 정수와 소수점 이하 두 자릿수가 있는 연산을 수행하는 방법에 대한 단원을 가르치고 있다. 학생들은 다음의 활동을 하게 될 것이다.

- 자릿값을 기반으로 한 전략, 연산의 속성, 곱셈과 나눗셈 사이의 관계를 사용하여, 최대 네 자리의 수를 두 자릿수로 나누어 정수로 된 몫을 구하라. 방정

식, 사각형 배열, 그리고 넓이 모형 등의 방식을 사용하여 계산을 설명하라. (CCSS.MATH.CONTENT.5.NBT.B.6)

학생들은 [자료 8.5]에 제시된 좋은 질문을 다루고 그에 답하게 될 것이다.

[자료 8.5] **좋은 정서적 질문: 두 자릿수 이상의 정수와 소수**

- 여러분은 최대 네 자리의 수를 두 자릿수로 나누었을 때의 정수 몫을 찾기 위해 어떤 전략이나 전략들을 사용하겠는가? 그 이유는 무엇인가?
  - 부분 몫
  - 자릿값 전략
  - 연산의 속성을 포함하는 전략
  - 곱셈과 나눗셈의 관계
  - 분배 법칙
  - 곱하기
  - 비례 추론
  - 열린 배열
  - 군집

좋은 가설적 질문은 학생에게 일련의 수학적 전략이 최대 네 자리의 피제수와 두 자리의 제수에 대한 정수 몫을 찾기 위해 어떻게 사용될 수 있는지를 묻는다. 정서적 질문은 학생이 어떤 전략을 사용할 것인지 결정할 자유를 줌으로써 사고의 엄밀함을 높이고 학습 경험을 개별화한다.

수학 교과에서 사용될 좋은 정서적 질문을 만드는 것은 분석적 질문이나 가설적 질문을 만들고 '여러분'이라는 대명사를 붙이면 되기에 매우 쉽다. 이 간단한 전환은 수학 교수법에 정서적 요소를 통합하여, 사고의 복잡성과 지식의 깊이를 확장하고 궁극적으로 수학적 역량과 자신감을 증가시킨다.

과학

과학 교과에서의 좋은 정서적 질문은 세 가지 목적에 기여한다. 첫 번째 목적은 자연 사건이나 현상을 설명하기 위해 어떤 모형이 개발되고 사용될 수 있는지 소통하도록 유도하는 것이다. 이 질문은 학생이 프로젝트에 기반한 학습을 통해서 자신의 지식과 사고를 보이게 하기 때문에 일반적으로 좋은 주도적 질문이 될 것이다. (과학 교과에서 좋은 주도적 질문을 개발하는 방법은 2장을 참고하라.)

두 번째 목적은 자연 사건이나 현상을 설명하기 위해 과학으로 무엇을 할 수 있는지 또는 과학을 어떻게 사용할 수 있는지에 대해 비판적이고 창의적으로 생각하도록 유도하는 것이다. 이는 학생이 과학적 실천에 대한 깊이 있는 지식을 사용하는 과학자처럼 생각하게 한다. [표 8.4]에 제시된 성취기준의 수행 목표가 학생이 세상과 특정 사건을 설명하기 위해 과학적 방법과 원리를 사용하도록 장려하는 정서적 질문으로 어떻게 전환되는지 살펴보자.

[표 8.4] 과학 성취기준으로부터 정서적 질문 만들기

대학 및 직업 준비를 위한 과학 성취기준	좋은 정서적 질문
식물과 (인간을 포함한) 동물이 생존하는 데 필요한 것의 패턴을 설명하기 위해 이들을 관찰하라. (NGSS-K-LS1-1)	• 여러분은 식물과 (인간을 포함한) 동물이 생존하는 데 필요한 것의 패턴을 설명하기 위해 이들을 어떻게 관찰할 수 있는가?
예측 가능한 패턴을 기술하기 위해 태양, 달, 별을 관찰하라. (NGSS-1-ESS1-1)	• 여러분은 예측 가능한 패턴을 기술하기 위해 태양, 달, 별을 어떻게 관찰할 수 있는가?
지구의 사건이 빠르게 또는 느리게 일어날 수 있다는 증거를 제공하기 위해 몇몇 자료에 제시된 정보를 사용하라. (NGSS-2-ESS1-1)	• 여러분은 지구의 사건이 빠르게 또는 느리게 일어날 수 있다는 증거를 제공하기 위해 몇몇 자료에 제시된 정보를 어떻게 사용할 수 있는가?
생명체와 그들이 오래 전에 살았던 환경에 대한 증거를 제공하기 위해 화석에서 얻은 자료를 분석하고 해석하라. (NGSS-3-LS4-1)	• 여러분은 생명체와 그들이 오래 전에 살았던 환경에 대한 증거를 제공하기 위해 화석에서 얻은 자료를 어떻게 분석하고 해석할 수 있는가?
오랜 시간에 걸친 지형 변화를 설명하기 위해 암석 형성의 패턴과 암석층 내의 화석에서 증거를 찾아라. (NGSS-4-ESS1-1)	• 여러분은 오랜 시간에 걸친 지형 변화를 설명하기 위해 암석 형성의 패턴과 암석층 내의 화석에서 어떻게 증거를 찾고 사용할 수 있는가?
개별 공동체가 지구의 자원과 환경을 보호하기 위해 과학적 아이디어를 사용할 수 있는 방법에 대한 정보를 획득하고 결합하라. (NGSS-5-ESS3-1)	• 여러분은 개별 공동체가 지구의 자원과 환경을 보호하기 위해 과학적 아이디어를 사용하는 방법에 대한 정보를 어떻게 얻고 결합할 수 있는가?

이 정서적 질문은 질문에 포함된 자연적 발생과 사건에 대해 설명하도록 한다. 이들 질문은 사건 자체, 심지어는 사고의 단계와 지식의 깊이 등에 초점을 맞추지 않는다. 정서적 질문은 학생이 사건과 현상 이면의 과학을 설명하기 위해 어떻게 개인적으로 정보와 관찰을 사용하고, 자료나 증거를 분석하고 해석하며, 과학적 원리를 적용할 수 있는지를 보이고 소통하도록 요구한다.

좋은 정서적 질문의 세 번째 목적은 현재의 사건이나 제시된 과학적 가설 및 생각에 대한 개인적 의견이나 관점을 공유하고 토론, 대화, 논의에 참여하도록 하는 것이다. 또한 그 질문은 자연 세계의 현재 상태에 대해 논평하고, 사람들이 어떻게 천연 자원을 보호할 수 있을지에 대해 제안하도록 장려한다. 더 나아가 정서적 질문은 학생의 지식과 사고를 확장시킬 수 있다. 이 질문은 학생에게 특정 관점을 갖도록 하기보다는 주제를 비판적인 눈으로 검토하도록 장려한다. 논증적 질문처럼 정서적 질문도 매우 신중하게 작성되어야 한다. 그래야 학생이 질문에 어떤 설명이나 자신의 반응을 뒷받침하는 증거 없이 단순히 네/아니요나 찬성/반대와 같이 단순하게 답하지 않을 수 있다.

역사와 사회

역사와 사회 교과에서 정서적 질문은 학생에게 역사적인 핵심 사건, 인물, 쟁점에 대한 관점과 의견을 표현할 기회를 제공한다. 이 좋은 질문은 학생이 단순히 글에 나와 있거나 교사에 의해 제공된 사실을 받아들이기보다는 역사에 반응하도록 한다. 다음의 시나리오가 어떻게 산업혁명의 영향과 효과에 대해 자신만의 결론과 생각을 생성하게 하는지 살펴보자.

여러분은 지금 주식회사, 중공업, 기계화된 농업의 등장이 미국을 어떻게 바꿨는지에 대한 단원을 가르치고 있다. 학생들은 다음의 활동을 하게 될 것이다.

- 산업화, 현대적인 기업의 출현, 물질적 풍요의 관계에 대해 이해하라. (NHS. USE6.1.A)

- 역사적 사건과 발전이 보다 광범위한 역사적 맥락뿐만 아니라 시간과 공간의 특수한 상황에 의해 어떻게 형성되었는지를 분석하고 평가하기 위해 연대표를 만들고 사용하라. (C3.D2.His.1.3-12) .
- 왜 동일한 역사적 시기를 살았던 개인과 단체가 다른 관점을 가지게 됐는지 설명하고, 다른 역사적 시기에 사람들의 관점에 영향을 미쳤던 복잡하게 상호작용하는 요인을 분석하라. (C3.D2.His.4.3-12)
- 과거에 일어난 사건의 다면적이고 복잡한 인과관계를 설명하고 분석하라. (C3.D2.His.14.3-12)
- 과거에 있었던 사건과 발전의 다양한 원인들의 상대적인 영향을 평가하고, 장기적 원인과 역사적 논쟁을 발전시킨 결정적인 사건을 구분하라. (C3.D2.His.15.6-12)

학생들은 [자료 8.6]에 제시된 좋은 질문을 다루게 될 것이다.

[자료 8.6] 좋은 정서적 질문: 산업화

- 산업혁명이 미국과 세계에 미친 역사적·현재적 영향에 대한 여러분의 생각은 무엇인가?
- 여러분은 산업혁명 시기에 일어난 획기적인 기술 발전이나 혁신 중 어떤 것이 통시적·공시적으로 미국에 가장 큰 영향을 미쳤다고 생각하는가?
- 여러분은 산업혁명 기간에 어떤 산업 또는 금융의 지도자가 통시적·공시적으로 미국의 성장과 발전에 가장 큰 영향을 끼쳤다고 믿는가?
- 여러분은 현존하는 또는 떠오르는 산업 중에서 어떤 것이 미래에 더 확대되고 성장할 것이라 생각하는가?
- 여러분은 미국의 경제, 노동력, 사회에 통시적·공시적으로 가장 큰 영향을 끼친 기술적 혁신이 무엇이라 생각하는가?
- 여러분은 미국의 경제, 노동력, 사회를 바꿀 차세대 기술적 혁신이 무엇이라 생각하는가?
- 여러분은 미국의 경제, 노동력, 사회에 큰 영향을 미친 현대의 산업, 기업, 금융 지도자가 누구라고 생각하는가?
- 여러분은 어떤 산업, 기업, 금융 지도자가 미래의 미국 경제, 노동력, 사회에 큰 영향을 미칠 것이라고 생각하는가?

학생은 자신이 믿고 느끼고 생각하는 것이 미국에 가장 큰 영향을 미치는 산업, 개인, 혁신임을 전달하도록 유도된다. 또한 학생은 자신이 믿고 느끼고 생각하는 것이 미국 경제, 노동력, 사회에 영향을 미쳐온, 또는 영향을 미칠 산업, 개인, 혁신이라는 점을 표현함으로써 사고를 확장시키도

록 장려된다.

정서적 질문은 학생이 의견과 관점을 표현할 기회를 제공하는 것을 넘어, 역사 그리고 시민의 행동과 결정이 특정한 개인, 단체, 사회에 의해 좌우되지 않는다는 점을 깨닫게 한다. 이때 학생이 결론을 도출하고 표현하는 것 그리고 태도, 신념, 감정을 실질적인 방법으로 공유하는 것은 매우 적절하다.

결론

좋은 정서적 질문은 학생이 자신의 전문성을 바탕으로 개인적으로 할 수 있는 것에 대해 소통하고 자신의 관점을 공유하는 것을 추구한다. 가장 중요한 것은 정서적 질문이 깊이 있는 학습의 핵심적인 요소, 즉 개인적 능력, 태도, 인식의 소통을 포함한다는 점이다. 교사는 유연함을 유지하고 학생에게 자신을 표현하고 생각을 공유할 자유를 줘야 한다. 교사는 학생 반응의 정확성과 수용 가능성을 평가하며 학생에게 스스로에 대해 적절하고 실질적으로 표현하는 방법을 가르친다.

좋은 정서적 질문을 만들어보자

목표
차별화와 개인적 특성을 다룸으로써 사고의 엄밀함을 위한 교수와 학습의 차원을 뛰어넘는 좋은 정서적 질문을 개발하라.

자료
- 여러분이 속한 지역에서 채택한 대학 및 직업 준비를 위한 성취기준
- 여러분의 학교에서 채택한 교육과정과 교재
- 좋은 질문과 블룸의 분류체계([표 1.1])
- 좋은 질문과 DOK([표 1.3])

절차
1. 해당 차시나 단원의 일부로 다루게 될 학업 성취기준, 글, 주제를 확인하라.
2. 읽히고 검토될 주제나 글의 중심 생각을 파악하라. [표 8.5]를 사용하여, 학생에게 '자신이 믿고, 느끼고, 생각하는 것'을 전달하도록 요구하는 질문 줄기 옆에 그 중심 생각을 열거하라.
3. 다뤄질 주제 및 저자, 자료, 글로 만들어진 주장과 결론을 확인하라. 학생에게 '자신의 의견, 관점, 견해, 생각'을 표현하도록 요구하는 좋은 질문 줄기 옆에 구체적인 주제나 주장을 적어라.
4. 어떤 기능이나 전략이 질문에 답하고 문제를 해결하며 과제를 완수하기 위해 어떻게 '사용될 수 있을지' 결정하도록 묻는, 학업 성취기준의 수행 목표로부터 도출된 분석적 질문을 검토하라. 이 질문을 현상을 연구하고 문제를 풀기 위해 교과 특수적 기능이나 전략을 어떻게 '사용할 것인지'를 공유하도록 학생에게 요구하는 질문으로 재진술하라.
5. 어떤 기능이나 전략이 질문에 답하고 문제를 해결하며 과제를 완수하기 위해 어떻게 '사용될 수 있을지' 또는 '사용될 수 있는지'를 고려하고 가정하도록 묻는, 학업 성취기준의 수행 목표로부터 도출된 가설적 질문을 검토하라. 이 질문을 상황, 쟁점, 문제, 정황을 다루고 그에 반응하기 위해 어떻게 특정 전략이나 기능을 사용할지를 보이도록 학생에게 요구하는 질문으로 재진술하라.
6. 질문에 사용되는 대명사 '여러분'에서 알 수 있듯, 이 질문의 교수적 초점은 기능, 전략, 주제에 있는 것이 아니라 학생에게 있다는 것을 그들에게 명시적으로 말하라.

[표 8.5] **좋은 정서적 질문 생성기**

전달하라	여러분은 무엇을 믿는가?	
	여러분은 어떻게 느끼는가?	
	여러분은 어떻게 생각하는가?	
표현하라	여러분의 의견은 무엇인가?	
	여러분의 관점은 무엇인가?	
	여러분의 생각은 무엇인가?	
공유하라	여러분은 무엇을 만들 수 있는가?	
	여러분은 무엇을 설계할 수 있는가?	
	여러분은 무엇을 개발할 수 있는가?	
	여러분은 무엇을 계획할 수 있는가?	
	여러분은 무엇을 생산할 수 있는가?	
보여주라	여러분은 어떻게 ~할 수 있겠는가?	
	여러분은 어떻게 ~하겠는가?	
	여러분은 어떤 종류의 독창적 글을 생산할 수 있겠는가?	
	여러분은 어떤 종류의 모형을 개발하고 사용하겠는가?	
	여러분은 어떤 종류의 학문적 또는 실생활의 문제를 제시하겠는가?	

09

좋은 개인적 질문은
어떻게 학습 동기를 부여하는가

여러분은 지금 18~19세기에 있었던 정치적 혁명의 원인과 결과에 대한 단원을 가르치고 있다. 학생들은 다음의 활동을 하게 될 것이다.

- 프랑스혁명이 어떻게 유럽과 세계의 변화에 기여했는지 이해하라. (NHS. WHE7.1.A)

학생들은 [자료 9.1]에 제시된 좋은 질문을 다루고 그에 답하게 될 것이다.

[자료 9.1] **좋은 개인적 질문: 프랑스혁명**

- 여러분은 프랑스혁명에 대해 무엇을 배우기를 원하는가?

[자료 9.1]에 제시된 질문은 학생이 프랑스혁명에 대해 비판적으로 생각하고 그 사건의 원인과 결과에 대해 더 깊이 있게 이해하도록 요구한다. 이 질문은 특히 학생에게 프랑스혁명에 대해 무엇을 배우기를 원하는지

묻는다. 이 좋은 질문은 학생이 자신의 학습에 대해 주인의식을 가지도록 동기를 부여하고, 자신이 개인적으로 어떤 화제에 대해 알고 이해하고 배우기를 원하는지 표현하고 공유할 기회를 제공한다.

사고의 엄밀함을 위한 질문하기는 학생이 자신의 학습의 깊이를 소통할 것을, 그리고 연구, 조사, 탐구, 실험하기를 원하는 질문을 고유한 방식으로 개발할 것을 요구한다.

좋은 개인적 질문은 어떤 역할을 하는가

좋은 개인적 질문은 호기심, 특히 개인적으로 관심 있는 주제에 대해 깊이 파고들게 하는 내재적 탐구심을 자극한다. 좋은 질문은 학생에게 자신감을 주어 다음의 활동을 할 수 있도록 만든다.

- 개념과 내용에 대해서 여러분이 더 배우고 싶은 것이 무엇인지 **고려하라.**
- 특정 글이나 화제에 대해서 여러분이 무엇을 더 배울 수 있을지 **숙고하라.**
- 여러분이 그 과목에 대한 수업에서 무엇을 배웠는지 **소통하라.**
- 여러분이 배운 것을 수업에서 어떻게 공유할지 **선택하라.**

개인적 질문은 학생으로부터 나온다. 따라서 사고의 엄밀함은 과목에 대한 학생의 흥미에 따라 다를 것이다. 아마 어떤 학생은 지식을 분석하는 데 더 깊이 몰두하기로 결정할 것이다(DOK-1). 또 다른 학생은 지식이 어떻게 사용될 수 있는지 조사하는 것을 선택할 것이다(DOK-2). 아니면 어떤 상황을 해석하는 데 왜 그 지식이 사용될 수 있는지 설명하기 위해 연구하는 것을 선택할 수도 있다(DOK-3). 어떤 학생은 모험을 좋아해서 그 지식으로 무엇을 할 수 있는지 또는 그 지식이 어떻게 사용될 수 있는지 알고 싶어 할 것이다(DOK-4). 학생으로부터 나오고 학생이 자신의

학습에 책임감을 가지도록 동기를 부여하기만 한다면, 그것은 좋은 질문
이다.

좋은 개인적 질문을 활용해 어떻게 가르칠 수 있는가

학생이 만든 개인적 질문을 활용하는 목적은 학생이 습득한 개인적
지식과 사고를 공유하도록 하는 것이다. 교육자는 촉진자가 되며, 학생이
자신에 대해서 얼마나 명확하고 완전하며 창의적으로 표현하는지 감독한
다. 다음에 이어지는 내용은 이 과정을 촉진하는 교사에게 도움을 줄 수
있는 조언이다.

- 학생에게 사고의 엄밀함을 촉진하는 질문 틀을 제시하고, 무엇을
  배우고 싶은지 물어라. 학생에게 반 전체와 공유할 좋은 개인적 질
  문을 생각해낼 시간을 적어도 하루는 주어라. 사고의 엄밀함을 촉
  진하는 질문 유형 중 어느 것이든 개인적 질문이 될 수 있다.
  다시 말해서, 특정 세부 내용을 연구하고(사실적 질문), 더 깊이 있는
  탐구로 파고들고(분석적 질문), 연관성을 조사하고(성찰적 질문), 상
  상력을 발휘하고(가설적 질문), 결론을 방어하고(논증적 질문), 자신
  이 배운 것을 공유할 것으로 기대하는(정서적 질문) 좋은 질문들은
  개인적 질문으로 사용될 수 있다.
  학생으로부터 나오고 학생이 자신의 학습에 책임감을 가지도록 동
  기를 부여하기만 한다면, 그것은 좋은 질문이다. 학생에게 더 고차
  원적인 사고를 드러내 보이는 질문을 강요하려는 생각은 버려라.
  여러분이 기대하는 것은 단지 상세하면서도 통찰력 있는 반응이라
  는 것을 학생에게 알려라.
- 학생에게 사고의 엄밀함이 무엇인지, 그것이 어떻게 고차원적 사
  고와 지식의 깊이를 촉진하는지 가르쳐라. 학생에게 [표 1.1](27쪽)
  과 [표 1.3](31쪽)에 포함된 좋은 질문을 복사하여 자료로 제공하라.

그다음 부록 A에 실려 있는 사고의 엄밀함을 위한 질문 틀(197쪽)을 제공하여, 학생이 자신의 발표를 연구하고 설계하기 위한 좋은 질문을 개발하는 것을 도와줘라. 만약 학생이 학급 전체에 도움이 될 좋은 질문을 생각해내면, 그를 칭찬하고 해당 질문을 화제를 탐구하는 데 포함시켜라.

- 모든 학생이 각자가 만든 개인적 질문을 반 전체와 공유하도록 하라. 이는 질문을 개발하는 데 어려움을 겪을 학생을 돕기 위한 것이기도 하다.

- 필요하다면 함께 작업하라. 만약 학생이 좋은 개인적 질문을 혼자서 만들 수 없다면 학급의 다른 학생들에게 그 학생과 협동하여 질문을 만들 의향이 있는지 물어라.

- 학생이 만들어낸 개인적 질문이 "우리가 왜 이것을 배워야 하는가?"일지라도 기분 나쁘게 생각하지 말아라. 그 질문은 학생이 내용의 적절성에 대해 비판적이고 실제적으로 생각하도록 한다. 이 질문을 하는 학생은 글 속의 증거, 개인적인 경험, 관찰 기록, 과학적 연구 등을 통해 뒷받침될 수 있는 깊이 있고 통찰력 있는 대답을 만들어야 한다. 그들은 단순히 "저는 이거 배울 필요 없어요."나 "저는 이거 배우고 싶지 않아요."라고 답할 수 없다.

- 각 단원의 거의 마지막 시간에 학생이 배운 것을 반 전체에 보일수 있도록 '보여주고 말하기' 시간을 제공하라. 이 시간을 통해 학생은 교사가 되어 보고, 반 전체에 자신이 배운 것의 깊이와 넓이를 공유하고 가르치는 경험을 쌓아야 한다. 이 경험은 자신의 학습에 대한 개인적 자부심과 책임감을 갖게 하고, 핵심적인 말하기·듣기 능력, 특히 지식과 생각을 명확하고 종합적이며 정확하고 창의적으로 표현하는 능력을 길러준다.

결론

개인적 질문은 자신이 주제에 대해서 중요하다고 느끼는 것을 반 전체에 가르칠 책임을 가진 존재로 학생을 변화시킨다. 반 친구들이 개념이나 주제에 대해 더 배울 수 있도록 돕고자 할 때, 학생은 교육적이고 참여적이며 유익하면서도 재미있는 발표를 한다. 학생은 무언가를 가르쳐 봄으로써 더 깊이 생각할 기회를 갖게 되고, 자신이 가진 지식을 더 명확하고 완전하며 창의적으로 표현하는 방법을 배울 수 있다.

좋은 개인적 질문을 만들어보자

목표
학생이 수업 시간에 읽고 검토한 글과 화제에 대해서 '여러분은 무엇을 배우고 싶은가'라는
질문을 함으로써, 자신의 학습에 대해 깊이 생각하고 표현하며 공유하도록 유도하는
좋은 개인적 질문을 제기하게 안내하라.

자료
- 여러분이 속한 지역에서 채택한 대학 및 직업 준비를 위한 성취기준
- 여러분의 학교에서 채택한 교육과정과 교재
- 좋은 질문과 블룸의 분류체계([표 1.1])
- 좋은 질문과 DOK([표 1.3])

절차
1. 가르칠 개념이나 내용을 확인하라.
2. 학생에게 무엇을 배우고 싶은지(사고의 엄밀함을 위한 질문 틀의 마지막 질문)를 물어라.
3. 학생에게 좋은 개인적 질문을 개발할 시간을 최소 하루 이상 제공하라.
4. 학생에게 각자 만든 좋은 개인적 질문을 공유하게 하고, 학생의 반응을 해당 차시나
   단원에 포함시켜라.
5. 학생이 자신의 질문을 다루고 그에 답하기 위해서 협동하거나 혼자 작업하는 것을
   허용하라.
6. 학생이 반 전체에 도움이 될 좋은 개인적 질문을 만들었다면, 그 좋은 질문을 반
   전체를 위한 질문으로 사용할 것을 제안하라. 그 질문을 한 학생을 칭찬하고, 그
   학생과 함께 반 친구의 답을 채점하라. 여러분은 또한 그 학생과 함께 채점 기준을
   만들거나 채점을 위한 기대치를 설정할 수도 있다. 이렇게 하면 그 학생은 배우고
   싶은 것을 배울 수 있고, 교육적 리더가 될 수 있다.
7. 학생이 보여주고 말하기나 발표를 통해서 자신의 질문과 대답을 공유할 수 있는
   일정을 잡아라.

10

학생은 좋은 질문을
어떻게 다루고 그에 답해야 하는가

지금까지 학생에게 고차원적 사고를 드러내고 지식의 깊이를 소통하게 함으로써 사고의 엄밀함을 촉진하는 좋은 질문을 개발하는 방법에 대해 광범위하게 소개하였다. 그러나 학생이 이 질문들에 어떻게 답해야 하는지, 또는 학생의 답이 어떻게 평가될 수 있는지에 대해서는 논의하지 않았다.

그 이유는 좋은 질문에 대한 답이 아직 제시되지 않았기 때문이다. 좋은 질문은 학생이 그 질문에 어떻게 반응하는지에 따라 평가된다. 이 말의 의미를 좀 더 자세히 살펴보자.

학생의 반응을 어떻게 평가할 수 있는가

교실 질문하기는 주로 지식과 사고를 평가하기 위해 사용된다. 학생이 알고 이해하는가? 학생이 자신이 배운 것을 실행할 수 있는가? 학생이 자신이 학습하고 있는 것에 대해 깊이 있게 사고할 수 있는가? 우리는 또한 학생의 답을 정확성(맞았는가, 틀렸는가?)이나 수용 가능성(개념이나 절차를 배운 대로 분명하고 적절하게 적용했는가?)에 기반하여 평가한다. 만약 학생이 정확하게 답했다면, 우리는 학생이 특정 개념이나 내용을 잘 배웠다고 결론내릴 수 있다. 만약 학생이 기대 이상의 세부 내용을 제시한다면, 학생은 그 개념이나 내용을 깊이 있게 배운 것이 틀림없다.

그러나 사고의 엄밀함은 질적이다. 사고의 엄밀함은 학생이 '얼마나 깊이 있고 폭 넓게' 자신의 학습을 보이고 소통할 수 있는지를 측정하는 것이지, '얼마나 많이' 아는지 또는 '얼마나 많은' 질문에 정확하게 답할 수 있는지를 측정하는 것이 아니다. 사고의 엄밀함을 위한 질문과 마찬가지로, 학생의 반응도 그 질에 근거하여 평가된다. 반응의 질은 다음의 기준으로 측정된다.

- 정확성 반응이 맞는가, 틀리는가? 예를 들어, 학생이 완벽하거나 논박할 수 없다고 증명된 반응을 제시하는가?
- 수용 가능성 학생의 반응이 설정된 기준이나 기대치를 충족하는가? 예를 들어, 학생이 질문과 관련된 성취기준을 충족하거나 이를 뛰어넘는 반응을 보이는가, 아니면 불완전하거나 받아들일 수 없을 만한 반응을 하는가?
- 적절성 반응이 깊이 있고 세부적인가? 예를 들어, 학생이 자신의 반응을 예시, 설명, 증거로 뒷받침하는가, 아니면 성급하게 일반화하거나 '어떻게' 또는 '왜'에 대한 설명 없이 결과만 제시하는가?
- 진정성 반응이 통찰력 있으며 그 학생만의 고유한 방식으로 표현되는가? 예를 들어, 반응이 진정으로 학생의 학습의 깊이와 넓이를 반영하고 나타내는가, 아니면 단지 획득한 정보를 반복하거나 재진술하는가?

위의 네 가지가 좋은 질문에 대한 반응을 질적으로 평가하는 기준이다. 어떤 반응이 얼마나 좋은지는 학생이 질문의 주제나 화제를 얼마나 깊이 있게 또는 광범위하게 다루는지에 달려 있다. 예를 들어, 여러분이 수전 힌턴의『아웃사이더』라는 소설을 가르치면서 학생에게 "소설『아웃사이더』에 등장하는 각 인물이 그들이 속한 공동체나 문화의 사회적 고정관념을 어떻게 반영하는가, 거부하는가, 또는 이에 반응하는가?"라는 질문을 다루고 반응하도록 요구했다고 가정해보자. 이 질문에 대한 학생의 반응이 얼마나 좋은지는 다음에 달려 있다.

- 사회적 고정관념을 정의하고,『아웃사이더』에서 확인할 수 있는 다양한 사회적 고정관념을 구별하며, 여러 등장인물을 파악하고, 그들이 어떻게 그러한 고정관념을 반영하거나 거부하거나 또는 이에 반응하는지 묘사함으로써 질문에 정확하게 답하는가?
- 질문의 모든 측면(반영, 거부, 반응)을 다룸으로써 질문에 수용적으로 반응하는가, 아니면 오직 한 부분만을 간단히 언급하는 데 그치는가?
- 글에서 구체적인 예를 제시하고, 그 예시가 어떻게 그리고 왜 자신의 반응을 지원하는 증거가 되는지 설명함으로써 질문에 적절하게 반응하는가?
- 소설의 인물이 어떻게 자신이 속한 공동체와 문화의 사회적 고정관념을 반영하거나 거부하거나 또는 이에 반응하는지에 대해 자신의 생각, 의견, 관점을 표현하고 공유함으로써 질문에 진정성 있게 반응하는가?

이 안내 질문은 학생 반응을 질에 기반하여 평가한다. 이 질문은 네/아니요나 한두 문장 정도로는 답변될 수 없다. 좋은 질문은 학생이 깊이 있고 상세하며 통찰력 있게 자신을 표현할 것을 기대한다. 또한 이 질문은 학생이 말하기, 쓰기, 창의적으로 표현하기, 기술을 사용하여 표현하기 중 몇몇 방식을 사용하여 그에 반응하도록 요구한다.

수학에서 반응의 질은 학생이 문제를 정확하게 풀 수 있는가, 배우고 있는 개념과 절차를 어떻게 그리고 왜 사용했는지를 명확하고 종합적이며 창의적으로 설명할 수 있는가에 달려 있다.

예를 들어, 여러분이 학생에게 "여러 분수가 동일한 값을 가지는 이유를 어떻게 인식하고 만들어내고 설명할 수 있는가?"라는 질문을 제시했다고 가정해보라. 그리고 학생에게 여러 개의 분수와 대분수를 주고 같은 값을 가진 것끼리 묶거나 동일한 형태로 만들어보라고 하라. 이 질문에 대한 반응의 질은 다음의 내용에 따라 결정된다.

- 동치분수를 정의하고 제시된 분수들을 동치분수로 묶거나 만드는 개념과 절차를 적용함으로써 질문에 정확하게 반응하는가?
- 모든 문제를 완성하고 자신의 작업을 보여줌으로써 질문에 수용적으로 반응하는가?
- 정확한 답을 제시하고 자신이 묶은 분수와 대분수가 왜 같은 값을 가지는지 그리고 그것을 어떻게 판단했는지를 설명함으로써 질문에 적절하게 반응하는가?
- 자신이 어떻게 동치분수를 인식하고 만들어낼 수 있는지를 자신만의 표현을 사용하여 언어적으로, 또는 분수 모형을 사용하여 시각적으로 보여주고 설명함으로써 질문에 진정성 있게 반응하는가?

교실 질문을 통해 사고의 엄밀함을 촉진하는 데 있어 핵심은 소통이다. '정답이 무엇인지'를 아는 것과 '그 답이 어떻게 정확하게 얻어질 수 있는지'를 보여주는 것은 소통의 일부일 뿐이다. 학생은 또한 '왜 이것이 정답인지'를 설명하고 자신의 지식과 이해를 상세하게, 깊이 있게, 통찰력 있게, 그리고 자신만의 고유한 방식으로 '어떻게 공유할 수 있을지'에 대해 고심하는 것이 필요하다.

학생으로부터 깊이 있는 반응을 끌어내는 법

다음은 학생이 좋은 질문을 다루고 그에 반응하도록 장려하는 몇 가지 방법을 보여준다.

- 보여주고 말하라 학생이 배우고 있는 것을 드러내고 소통하기—즉, 보여주고 말하기—위해 요구되는 기대치를 수립하라. '답이 무엇인지'에 정확하게 반응하는 것과 '개념과 절차가 어떻게 사용될 수 있는지'를 보이는 것은 오직 소통의 일부일 뿐이다. 이에 더하여 학생은 반드시 '왜 이것이 답인지' 설명할 수 있어야 하고, '또 다른 개념과 절차가 어떻게 사용될 수 있을지' 깊이 생각할 수 있어야 한다. 이것이 학생에게 기대되는 것이며 그들의 학습 역시 이에 따라 평가되어야 한다.

- 한 단어 또는 한 문장의 반응을 자제시켜라 '지구란 무엇인가?'라는 질문에 '행성'이라고 답하거나 '에드거 앨런 포는 누구인가?'라는 질문에 '1800년대에 고딕 문학을 쓴 작가'라고 대답하는 것을 수용 가능하거나 적절한 반응으로 간주해서는 안 된다. 물론 이러한 반응이 정확하기는 하지만, 깊이 있는 지식을 수용 가능하고 적절하게 표현하기 위해서는 더 많은 세부 내용과 깊이가 요구된다. 학생이 더 기술하고 설명하도록 격려하라. 그리고 학생이 글에서 예시를 찾아 자신의 설명과 증거를 뒷받침하도록 하라.

- "뭘 의미하는 거지?"라고 물어라 학생은 늘 간단한 진술 형식으로 답을 한다. 그들에게 "뭘 의미하는 거지?"라고 물어라. 이 질문은 학생에게 '이것이 왜 답인지'를 설명하도록 그리고 '그 답이 어떻게 얻어졌는지'를 상술하도록 유도한다. 또한 이 질문은 학생이 자신의 반응을 방어하고 정당화하며, 자신의 사고와 추론에 대해 의문을 갖도록 요구한다. 예를 들어, 만약 여러분이 "분수와 나눗셈의 관계는 어떠한가?"라고 물었고 학생이 "분수는 숫자를 나누는 한 방법입니다."라고 대답했다면, 여기에 "뭘 의미하는 거지?"라고 물

어라. 이는 학생이 자신의 대답을 설명하도록, 그리고 그 대답을 명확하고 정확하며 총체적으로 말할 수 있는 방법을 생각하도록 유도한다. 여러분은 "어떻게 아는 거지?"라는 질문으로 학생이 자신의 지식을 정당화하도록 유도할 수도 있다.

- 정보를 다른 말이나 형태로 바꾸어 표현하라 학생이 글에 나와 있거나 교사가 제시한 명시적인 정보를 그대로 진술, 반복, 재진술하도록 허용하지 마라. 학생은 그 정보를 반드시 다른 말이나 다른 형태로 바꾸어 표현해야 하고, 출처를 밝혀야 한다. 예를 들어, 학생은 단순히 글 속의 문장을 베끼는 것이 아니라 자신만의 표현으로 '부피란 무엇인가?'를 정의하거나 '제2차 세계대전이 언제 어디서 일어났는가?'를 묘사해야 한다. 학생이 자신만의 표현을 써서 설명하도록 하는 것은 "생각을 더 깊이 있게 처리하도록 하며, 이는 자료를 더 잘 이해하도록 이끈다"(Mueller & Oppenheimer, 2014). 학생이 정보를 손으로 기록하는 경우에는 더욱 그렇다.

- 전문가처럼 가르쳐라 일반적으로 교사는 질문이나 문제를 제시한 뒤 여기에 답하기 위해 사용되는 개념과 절차를 보여주고 설명함으로써 '답이 무엇인지'를 학생에게 가르친다. 반면 전문가들은 질문을 제기하고, 그들의 답을 제시하며, 어떻게 그리고 왜 그러한 결과를 얻었는지 설명하고, 그것이 다른 맥락에 어떻게 적용될 수 있는지를 보인다. 이것이야말로 지식과 사고를 전이시키고 사용하는 방법이며, 학생들은 이러한 방법을 배워야 한다. 학습을 심화하기 위하여 질문이나 문제를 답이나 해결책과 함께 제시하고, 학생들이 '어떻게'와 '왜'에 대해 조사하도록 하라. 여러분은 절차를 보여주고 학생으로 하여금 '그 개념과 절차가 어떻게 사용되는지'를 설명하게 할 수 있다. 학생이 정확하고 수용 가능하며 적절하고 진정성 있는 설명을 했다면, 그들이 '또 다른 방법으로 그 개념과 절차가 사용될 수 있는지'를 탐구하게 하라.

- 학생이 자신의 성적을 선택하게 하라 안타깝게도 몇몇 학생들은 필요한 정도의 세부 내용과 깊이에 도달하지 못할 것이다. 그들은 질문

에 정확하게 답했다고, 또는 그들이 제공한 정보가 충분히 괜찮다고 느낄지도 모른다. 우리는 학생들이 자신의 반응에 깊이와 상세함을 더하기를 바라지만, 그렇다고 학생이 낙담하거나 소극적이되길 원하지는 않는다. 이때 학생이 더 세부적이고 깊이 있게 반응하도록 장려하기 위해 나는 다음과 같이 대화한다.

교사: 이게 네 답이니?

학생: 네.

교사: 이게 네 최종적인 답이니?

학생: 네.

교사: 이게 네 A 수준 답이니?

학생: 그렇게 생각해요.

교사: 좋아. A를 받고 싶니? (나는 학생이 '네'라고 말하기를 바란다.)

학생: 네.

교사: 만약 A를 받고 싶으면, 이 답을 어떻게 찾았는지 조금만 더 말해주면 어떨까? 하지만 그건 전적으로 네 마음이야. 지금 네답도 정확하기는 하지만, 성적은 너의 반응이 받아들여질 만한지, 적절한지, 진정성이 있는지 등도 고려해서 결정된단다. 그러니까 네가 A를 받고 싶다면, 조금 더 생각해보고 네가 이답을 어떻게 찾았는지 말해줄 수 있을까? 그건 전적으로 네 마음이야.

학생이 한 대답이 충분히 괜찮은 것이 아니라고 말하는 대신, 그의생각과 관점에 대해 물음으로써 학생이 자신의 반응의 질에 대해생각해보도록 했다는 점에 주목하라. 이 방법은 학생의 대답이 정확하다고 인정해주면서도, 그가 좋은 반응의 모든 기준을 충족하기 위해 자신의 대답을 더 발전시키도록 북돋는다. 또한 학생이 답의 질을 향상시키기 위해서 무엇을 조사하고 탐구해야 하는지도제안한다. 그러나 여기서 핵심은 학생이 자신의 답을 더 확장시킬

지 아닐지, 더 높은 성적을 받을지 아닐지를 선택하도록 허용하고 있다는 점이다. 이는 학생에게 더 노력하기를 선택하지 않는다면 주어진 성적을 받아들여야만 한다는 인생의 교훈을 알려준다.

사고의 엄밀함은 양적인 것이 아니라 질적인 것이다. 교실 질문하기를 통해 사고의 엄밀함을 촉진하는 것은 자신이 배운 것을 어떻게 전이하고 사용할 것인지에 대해 깊이 생각하도록 유도하는 좋은 질문하기를 포함한다. 학생 반응의 질은 그들이 정확히 답했는지 여부만이 아니라, 학습을 수용 가능하고 적절하며 진정성 있는 방식으로 표현하고 공유하는지 여부에 의해서도 평가되어야 한다.

사고의 엄밀함을 위한 질문 틀

이 부록은 사고의 엄밀함을 위한 질문 틀과 각 유형의 좋은 질문을 만들기 위한 질문 줄기로 구성되어 있다. 이 틀은 사고력을 길러주는 교실질문을 촉진하기 위해 전체를 다 사용할 수도 있고 또는 개별 부분으로 나누어 사용할 수도 있다.

사고의 엄밀함을 위한 질문 틀은 질문을 복잡한 정도에 따라 분류한다. 또한 이 틀은 학생이 학습 과정에서 획득하고 모은 정보를 어떻게 깊이 있는 지식과 사고로 처리하고 개별화하는지를 펼쳐 보여준다.

핵심 질문에는 보편적, 총체적, 한정적, 주도적 질문이 있다. 이들 질문은 학생이 배울 내용의 포괄적인 개요를 제공한다. 보편적인 핵심 질문은 여러 교과에 걸친 그리고 교실 너머까지 뻗어나가는 넓고 영속적인 생각과 쟁점을 다룬다. 총체적 질문은 학문적 영역 또는 교과의 핵심 개념과 지속적인 이해에 초점을 맞춘다. 한정적 핵심 질문은 교수적 초점을 세우고 한 차시나 단원에 대한 총괄 평가의 기능을 수행한다. 주도적 질문은 학생이 자신의 생각과 재능을 프로젝트 기반 학습, 탐구 기반 학습, 문제 기반 학습, 탐험 학습, 봉사 학습을 통해 계발하고 드러내 보이도록 한다.

사실적, 분석적, 성찰적 질문은 학생이 읽고 검토하는 글과 주제에 대해 더 깊이 있는 지식과 이해를 계발하도록 요구한다. 사실적 질문은 학생이 배경 지식을 기르기 위해 읽고 연구하게 한다. 분석적 질문은 학생이 개념과 절차를 조사하고, 실험하고, 설명하게 한다. 성찰적 질문은 학생이 학습과 이해를 확장시키기 위한 탐구를 하도록 장려한다.

가설적, 논증적, 정의적, 개인적 질문은 학생이 습득하고 계발시킨 깊이 있는 지식을 처리하고 개별화하도록 한다. 가설적 질문은 학생이 다양한 학문적 맥락과 실생활에서의 맥락 안에서 자신이 배운 것을 어떻게 전이시키고 사용할 수 있을지에 대해 비판적이고 창의적으로 생각할 기회를 제공한다. 논증적 질문은 학생이 자신의 교육과 경험 또는 전문성을 증거와 예시로 사용해 정당화하고 뒷받침할 수 있는 결정을 내리고 그것을 옹호하도록 유도한다. 정의적 질문은 학생이 글과 주제에 대한 자신의 태도, 믿음, 감정을 표현하고 공유하도록 촉구한다. 개인적 질문은 학생들에게 개인적으로 다루고 싶은 개념이나 내용에 대한 자기만의 질문을 제기하라고 요구함으로써, 그리고 배운 것들을 반 친구들과 공유하기를 요구함으로써 학습을 개별화한다.

핵심적	**보편적**	누가? 어떻게?	무엇이 ~을/를 일으키는가? 만약에?	A인가 B인가?	
		무엇을? 왜?	무엇이 ~에 영향을 미치나?	A를 하는가 B를 하는가?	
	총체적	어떻게? 왜?		무엇이 ~을/를 일으키는가?	
	한정적	어떻게?	~의 효과는 무엇인가?		
		왜?	~의 영향력은 무엇인가?	~의 관계는 무엇인가?	
		무엇이 ~의 원인인가?	~의 영향은 무엇인가?		
	주도적	여러분은 무엇을 창작할 수 있는가?	여러분은 무엇을 생산할 수 있는가?		
		여러분은 무엇을 설계할 수 있는가?	여러분은 어떤 종류의 계획을 발전시킬 수 있겠는가?		

핵심적	주도적	여러분은 무엇을 개발할 수 있는가?	여러분은 어떤 종류의 문제를 제기할 수 있겠는가?
		여러분은 무엇을 할 수 있는가?	여러분은 어떤 종류의 글을 쓸 수 있겠는가?
		여러분은 어떻게 혁신하겠는가?	여러분은 ~을/를 어떻게 개발하고 사용할 수 있겠는가?
		여러분은 무엇을 발명할 수 있는가?	
사실적		누가? 무엇을? 어디서? 언제?	
분석적		어떻게? 무엇이 ~을/를 범주화하는가? ~의 의미는 무엇인가?	
		왜? 무엇이 ~을/를 특징짓는가? ~의 메시지는 무엇인가?	
		~이/가 어떻게 일어나는가? 무엇이 ~을/를 분류하는가? ~의 의도는 무엇인가?	
		~이/가 어떻게 작용하는가? 무엇이 ~을/를 구분하는가? ~의 목적은 무엇인가?	
		~이/가 어떻게 사용되는가? 무엇이 ~을/를 가리키는가? ~은/는 무엇을 나타내는가?	
		~이/가 왜 일어나는가? ~의 공통점은 무엇인가? ~은/는 무엇을 의미하는가?	
		~이/가 왜 작용하는가? ~의 차이점은 무엇인가? ~은/는 무엇을 상징하는가?	
		~이/가 왜 사용되는가?	
성찰적		무엇이 ~을/를 야기하는가? ~의 효과는 무엇인가?	
		~의 이유는 무엇인가? ~의 패턴은 무엇인가?	
		~의 결과물은 무엇인가? ~의 관계는 무엇인가?	
		~의 결과는 무엇인가? ~의 진단은 무엇인가?	
		~의 영향력은 어떠한가? 어떤 방법이 있는가?	
가설적		만약에…? 어떻게 ~할 수 있겠는가? ~이/가 어떻게 되겠는가? 무엇을 ~할 것인가?	
		무엇이 일어나겠는가? 어떻게 ~하겠는가? ~이/가 어떻게 되겠는가? 어떻게 ~할 것인가?	
		무엇이 일어날 수 있겠는가?	

논증적	A인가 B인가? A였는가 B였는가? A를 하는가 B를 하는가?	A를 했는가 B를 했는가? A를 할 수 있겠는가 B를 할 수 있겠는가? A를 하겠는가 B를 하겠는가?	A를 해야만 하는가 B를 해야만 하는가? A를 할 것인가 B를 할 것인가? 어떤 것?
정의적	여러분은 무엇을 믿는가? 여러분은 어떻게 느끼는가? 여러분은 무엇을 생각하는가?	여러분의 의견은 무엇인가? 여러분의 관점은 무엇인가? 여러분의 생각은 무엇인가?	여러분은 어떻게 할 수 있겠는가? 여러분은 어떻게 하겠는가?
개인적	여러분은 무엇을 배우고 싶은가?		

보편적 핵심 질문의 예

좋은 보편적 핵심 질문은 학문 분야와 상관없이 주제에 내재된 윤리적, 철학적, 실존적 관심사에 대해 숙고하도록 한다. 또한 이 질문은 학생에게 글의 중심 생각이나 주제를 알아내는 방법에 대해 가르칠 때 유용하게 사용될 수 있다. 다음의 예시는 학생이 아이디어와 주제에 대한 더 넓은 이해를 계발하도록 돕는 데 사용될 수 있다.

• 삶이란 무엇인가?	• 죽음이란 무엇인가?
• 정의란 무엇인가?	• 명예란 무엇인가?
• 자유란 무엇인가?	• 아름다움이란 무엇인가?
• 우정이란 무엇인가?	• 사랑이란 무엇인가?
• 창의성이란 무엇인가?	• 영웅이란 무엇인가?

• 용기란 무엇인가?	• 지도자란 무엇인가?
• 어른이란 무엇인가?	• 권력이란 무엇인가?
• 지성이란 무엇인가?	• 행복이란 무엇인가?
• 예술이란 무엇인가?	• 현실이란 무엇인가?
• 성공이란 무엇인가?	• 공동체란 무엇인가?
• 우리의 양도할 수 없는 권리에는 어떤 것들이 있는가?	• 재능이 있다는 것은 무엇을 의미하는가?
• 자유와 책임 사이의 관계는 무엇인가?	• 어떤 요소가 우리의 가치와 믿음을 형성하는가?
• 진정한 사랑이란 무엇인가?	• 우리의 운명은 무엇인가?
• 어떻게 언어가 강력해질 수 있는가?	• 무엇이 사람으로 하여금 신의나 희망을 잃거나 다시 갖도록 만드는가?
• 무엇이 인간에게 동기를 부여하는가?	• 무엇이 예술가, 음악가, 작가에게 만들고, 작곡하고, 창작하도록 영향을 미치는가?
• 무엇이 선을 악으로부터 구별하는가?	• 우리는 우리가 아는 것을 어떻게 아는가?
• 우리는 우리가 믿는 것을 왜 믿는가?	• 사회의 믿음이나 가치에 도전하는 것이 적절할 때는 언제인가?
• 무엇이 우리로 하여금 증오하게 하는가?	• 무엇이 우리의 결정을 주도하는가?
• 어떻게 갈등이 변화를 이끌 수 있는가?	• 믿음, 윤리 또는 가치가 서로 다른 사람들의 행동에 어떻게 영향을 미치는가?
• 차이는 어떻게 다뤄져야 하는가?	• 인간은 옳은 일을 하는 데 더 신경을 써야 하는가, 아니면 일을 옳게 처리하는 데 더 신경을 써야 하는가?
• 과학과 기술은 자연의 경계와 법칙을 존중해야 하는가, 아니면 밀어내야 하는가?	• 안전을 위해서 자유가 제한되거나 희생되어야 하는가?
• 긍정적인 성격 특성이 어떻게 비극적인 결함이 될 수 있겠는가?	• 편견과 편향이 어떻게 다뤄질 수 있는가?

• 지도자는 타고나는가, 아니면 만들어지는가?	• 인류는 선천적으로 선한가, 악한가?
• 사랑받는 것, 공포의 대상이 되는 것, 존경받는 것 중 어느 것이 좋은가?	• 살인은 정당화될 수 있는가, 아니면 변명의 여지가 없는가?
• 사랑한 뒤에 그 사랑을 잃는 것이 단 한 번도 사랑한 적 없는 것보다 좋은가?	• 모두를 위한 자유와 정의가 가능한가?
• 인간은 문명화된 채로 태어나는가, 아니면 문명화되는 방법을 학습하는가?	• 연습하면 완벽해지는가?
• 예술이나 언어 없는 문화를 갖는 것이 가능한가?	• 역사가 지도자를 만들어내는가, 아니면 지도자가 역사를 만드는가?
• 자유는 진정 자유로운 것인가?	• 검열은 용인될 수 있거나 옳은 것인가, 아니면 절대로 용인될 수 없고 옳지 못한가?
• 모든 문제는 해결될 수 있는가?	• 완벽한 사회나 세계가 가능한가?
• 예술이 삶을 모방하는가, 아니면 삶이 예술에 영향을 미치는가?	• 명망과 부는 행복을 가져오는가, 아니면 슬픔을 가져오는가?
• 존경은 자연스럽게 주어져야 하는가, 아니면 반드시 획득되어야 하는가?	• 우리는 타인과 우리 자신에 대해 어떤 종류의 책임을 가지고 있는가?
• 첫눈에 사랑에 빠질 수 있는가, 아니면 사랑하는 사이로 발전되기 위해서는 시간이 필요한가?	• 인간이 갖는 권리는 무엇인가?
• 어떤 물건의 가격이나 가치가 실제보다 지나치게 높은가, 아니면 낮은가?	• 유전과 환경 중에 어느 것이 더 큰 영향을 미치는가?
• 인간은 교육과 경험에 의해 얼마나 영향을 받고, 형성되고, 변화되는가?	• 순수함은 어떻게 '잃어버린' 것이 될 수 있는가?

총체적 핵심 질문의 예

좋은 총체적 핵심 질문은 학문 분야나 교과의 핵심 개념과 지속적인 이해를 다룬다. 이 질문은 어느 학년에서든지 조사되고 탐구될 수 있다. 또한 이 질문은 특정 교과에 대한 학생의 지식과 이해의 깊이를 평가하고 측정하는 기준이나 총괄 평가로도 사용될 수 있다. 다음의 예는 대학 및 직업 준비를 위한 핵심 성취기준과 실천의 수행 목표로부터 도출된 좋은 총체적 핵심 질문이다.

수학과를 위한 좋은 총체적 핵심 질문

다음의 좋은 총체적 핵심 질문은 공통 핵심 성취기준의 수학적 실천을 위한 성취기준을 다룬다(NGACBP & CCSSO, 2010). 이 성취기준은 학생이 수학과에서 계발하고 드러내 보일 것으로 기대되는, 보다 깊이 있는 개념적·절차적 이해와 전문성을 평가하고 측정한다.

[표 C.1] 수학과를 위한 좋은 총체적 핵심 질문

MP.1	• 수학은 문제의 의미와 핵심적인 해결 방법을 찾음으로써 문제를 이해하는 데 어떻게 사용될 수 있는가?
MP.2	• 수학은 추상적·양적으로 추론하는 데 어떻게 사용될 수 있는가?
MP.3	• 수학은 가능한 주장을 구성하고 타인의 추론을 비평하는 데 어떻게 관여할 수 있는가?
MP.4	• 수학적 모형은 우리의 일상생활, 사회, 직업세계에서 일어나는 문제와 상황을 설명하는 데 어떻게 사용될 수 있는가?
MP.5	• 수학과 관련된 학문적 또는 실생활의 문제를 풀기 위해 수학적 도구가 어떻게 적절하고도 전략적으로 사용될 수 있는가?
MP.6	• 수학에서 정확성을 보이고 그것에 대해 소통하는 것이 왜 중요한가?
MP.7	• 수학은 어떻게 패턴과 구조를 찾고 사용하는 것을 포함하는가?
MP.8	• 수학은 어떻게 반복되는 추론 속에서 규칙성을 찾고 표현하는 것을 포함하는가?

출처: '공통 핵심 성취기준'에 제시된 성취기준을 변환하여 만든 질문들, NGACBP & CCSSO, 2010, Washington, DC.

읽기를 위한 좋은 총체적 핵심 질문

다음의 좋은 총체적 핵심 질문은 영어와 문식성을 위한 공통 핵심 성취기준의 읽기 중핵 성취기준에서 직접 도출한 것이다. 이들 질문은 학생이 초중고 교육 및 그 이후의 교육을 통해서 반드시 계발하고 드러내 보여야 하는, 일반적이고 간학문적인 문식성과 관련된 이해와 기능에 대해 명확하게 정의한다(NGACBP & CCSSO, 2010).

[표 C.2] 읽기를 위한 좋은 총체적 핵심 질문

중심 생각과 세부 내용	• 자세히 읽기를 통해 글이 명시적으로 말하는 내용을 어떻게 찾을 수 있는가?
	• 자세히 읽기를 통해 어떻게 글에서 논리적 추론을 도출할 수 있는가?
	• 쓰거나 말할 때 글에서 도출된 결론을 뒷받침하기 위해 글 속 증거를 어떻게 인용하고 사용할 수 있는가?
	• 글의 중심 생각이나 주제를 어떻게 찾고 요약할 수 있는가?
	• 중심 생각이나 주제가 글 전반에 걸쳐서 어떻게 발전해 나가는가?
	• 핵심적인 세부 내용과 생각이 어떻게 글의 중심 생각과 주제를 다루고 뒷받침하는가?

기교와 구조	• 개인, 사건, 또는 생각이 어떻게 그리고 왜 글 전반에 걸쳐서 발전하고 상호작용하는가?
	• 단어와 구절의 의미가 어떻게 다음의 방식으로 해석될 수 있는가?
	  - 기술적으로
	  - 함축적으로
	  - 비유적으로
	• 구체적인 단어의 선택이 글의 의미나 어조를 어떻게 형성하는가?

	• 글과 글의 개별적 부분들이 어떻게 구조화될 수 있는가?
	• 다음의 각 요소가 서로 또는 글 전체와 어떻게 관련되어 있는가?
	  - 각각의 문장
	  - 문단
	  - 글의 더 큰 단위(예 절, 장, 부분)

	• 관점이나 목적이 어떻게 글의 내용과 문체를 형성하는가?

지식과 생각의 통합	• 내용이 다양한 매체와 형식 안에서 어떻게 다음의 방식들로 통합되고 평가될 수 있는가?
	  - 언어적으로
	  - 시각적으로
	  - 양적으로
	• 논증과 구체적인 주장이 어떻게 다음과 같은 내용에 근거해 기술되고 평가될 수 있는가?
	  - 추론의 타당성
	  - 증거의 적합성과 충분성
	  - 두 개 이상의 글들이 지식을 구성하기 위해 유사한 주제나 화제를 어떻게 다루는가?
	• 두 명 이상의 저자들이 지식을 구성하기 위해 유사한 주제나 화제를 다루는 방식을 구별하게 하는 것은 무엇인가?

출처: '공통 핵심 성취기준'에 제시된 성취기준을 변환하여 만든 질문, NGACBP & CCSSO, 2010, Washington, DC.

과학과 공학을 위한 좋은 총체적 핵심 질문

다음의 좋은 질문은 차세대과학교육표준 성취기준에 제시된 과학 및 공학의 공통된 개념과 실천을 다룬다. 이들 질문은 초중고에서 이루어지는 과학 교육 및 STEM 프로그램의 종합적인 목표와 결과물을 설정하는 데 활용될 수 있다(NGSS, 2013).

[표 C.3] 과학과 공학의 공통된 개념을 위한 좋은 총체적 핵심 질문

패턴	• 다음의 내용을 확인, 분류, 분석, 설명하기 위해서 변화의 패턴이 어떻게 사용될 수 있는가? (초·중학교 수준)
	   – 자연 현상
	   – 인과관계
	   – 변화의 속도
	   – 데이터의 추세와 결과
	   – 예측하기
	   – 설계된 제품
	 • 육안으로 보이는 패턴과 육안으로 보이지 않는 원자 수준 구조의 특성은 어떤 관련이 있는가? (중학교 수준)
	 • 데이터의 패턴을 확인하기 위해 그래프와 도표가 어떻게 사용될 수 있는가? (중학교 수준)
	 • 다양한 패턴들은 어떻게 ~ (고등학교 수준)
	   – 체계가 연구되는 각각의 척도에서 관찰될 수 있는가?
	   – 현상을 설명하는 데 인과관계의 증거를 제공할 수 있는가?

원인과 결과	• 인과관계가 어떻게 일상적으로 확인, 관찰, 검증되고 변화를 일으키는 데 사용되는가? (초등학교 수준) • 인과관계가 자연적이거나 인위적으로 설계된 체계 내의 현상을 예측하는 데 어떻게 사용될 수 있는가? (중학교 수준) • 현상이 어떻게 그리고 왜 하나 이상의 원인을 가질 수 있는가? (중학교 수준) • 체계 속의 어떤 인과관계는 왜 오직 확률로만 기술될 수 있는가? (중학교 수준) • 어떤 관계는 왜 인과적 또는 상관적이라고 분류되는가, 그리고 상관관계가 왜 반드시 인과관계를 의미하지는 않는 것인가? (중학교 수준) • 원하는 결과를 얻기 위하여 시스템을 어떻게 설계할 수 있는가? (고등학교 수준) • 복잡한 자연적 및 인위적 시스템에 관련된 인과관계가 해당 시스템 내의 소규모 작동 방식에 대한 조사를 통해 어떻게 그리고 왜 제안되고 예측될 수 있는가? (고등학교 수준) • 인과관계와 상관관계를 구별하고 구체적인 원인과 결과에 대해 주장하기 위해 왜 경험적 증거가 요구되는가? (고등학교 수준)

규모, 비율, 수량	• 자연의 물체는 어떻게 매우 작은 것부터 엄청나게 큰 것까지 존재할 수 있는가? (초등학교 수준)
	 • 다음의 물리적 양을 측정하고 기술하기 위해 사용되는 표준 단위에는 어떤 것들이 있는가? (초등학교 수준)
	   – 무게
	   – 시간
	   – 온도
	   – 부피
	 • 너무 크거나 너무 작은 체계를 연구하기 위한 모형을 사용하여 다음의 현상이 어떻게 다양한 척도(또는 단위)로 관찰될 수 있는가? (중학교 수준)
	   – 시간
	   – 공간

- 에너지
- 다양한 유형의 수량들 사이의 비례 관계가 어떻게 속성과 과정의 규모에 대한 정보를 제공하는가? (중학교 수준)
- 하나의 척도(또는 단위)로 관찰될 수 있는 현상이 어떻게 다른 척도(또는 단위)로는 관찰될 수 없는가? (중학교 수준)

체계와 체계 모형	• 하나의 체계는 그 구성 요소와 상호작용의 측면에서 어떻게 설명될 수 있는가? (초등학교 수준) • 체계와 그 안에서 일어나는 다음에 제시될 상호작용을 나타내고 설명하기 위해 모형들이 어떻게 사용될 수 있는가? (중학교 수준) 　- 입력, 과정, 출력 　- 에너지와 물질의 흐름 • 체계가 하위 체계를 가짐으로써 또는 더 크고 복잡한 체계의 일부가 됨으로써 어떻게 다른 체계와 상호작용할 수 있는가? (중학교 수준) • 탐구되거나 설명되는 체계의 경계와 최초의 상태가 왜 반드시 정의되어야 하는가? (고등학교 수준) • 체계 그리고 서로 다른 규모의 체계 내 및 체계 간 상호작용을 모의 실험하기 위해 모형이 어떻게 사용될 수 있는가? (고등학교 수준)
에너지와 물질	• 에너지가 어떻게 물질 사이에서 다양한 방법으로 전이될 수 있는가? (초등학교 수준) • 에너지가 어떻게 다른 형태를 띨 수 있는가? (중학교 수준) • 에너지가 설계된 또는 자연적인 체계를 통해 흘러갈 때, 그 에너지의 전이를 어떻게 추적할 수 있는가? (중학교 수준) • 물질이 어떻게 체계 내부, 외부, 사이로 이동할 수 있는가? (초등학교 수준) • 원자의 보존으로 인해 물질이 어떻게 그리고 왜 물리적이고 화학적 과정에서 보존될 수 있는가? (중학교 수준) • 에너지의 전이가 어떻게 물질의 운동이나 순환을 이끄는가? (중학교 수준) • 왜 핵 처리 과정에서 원자는 보존되지 않지만 양성자와 중성자를 합한 총 수는 보존되는가? (고등학교 수준) • 닫힌 체계 내에서 물질과 에너지의 총량이 어떻게 그리고 왜 보존되는가? (고등학교 수준) • 한 체계 내의 에너지와 물질의 변화가 체계 내부로의, 외부로의, 그리고 그 안에서의 에너지와 물질의 흐름이라는 측면에서 어떻게 그리고 왜 설명될 수 있는가? (고등학교 수준) • 에너지가 어떻게 그리고 왜 파괴되지 않고 장소, 물체, 영역, 체계 사이를 이동할 수 있는가? (고등학교 수준)
구조와 기능	• 자연 구조의 안정성과 형태 그리고 설계된 물체와 그 기능 사이의 관계는 무엇인가? (초등학교 수준) • 다양한 물질의 속성과 그 물질이 형성되고 사용되는 방식을 고려함으로써 구조가 특정한 기능을 하도록 어떻게 설계될 수 있는가? (중학교 수준) • 복잡하고 미세한 구조의 기능이 각 부분 사이의 관계에 달려 있음을 설명하기 위해 그 구조가 어떻게 시각화되고, 모형화되고, 사용될 수 있는가? (중학교 수준) • 복잡한 자연적 구조나 체계의 기능을 밝혀내기 위해 그 구조나 체계가 어떻게 분석될 수 있는가? (중학교 수준) • 새로운 체계와 구조를 탐구하고 설계함으로써 그 기능을 밝히거나 문제를 해결하려면 왜

다음의 활동이 필요한가? (고등학교 수준)
  - 다양한 물질의 속성에 대한 자세한 조사
  - 다양한 구성 요소의 구조
  - 구성 요소의 연결

안정성과 변화	• 왜 물체가 느리게 또는 빠르게 변화하는가? (초등학교 수준) • 자연적 · 인위적 체계 내에서의 안정성과 변화에 대한 설명이 어떻게 시간의 흐름에 따른 변화 및 다양한 규모의 힘에 대한 조사를 통해서 구성될 수 있는가? (중학교 수준) • 체계 내의 한 부분에 일어난 작은 변화가 어떻게 다른 부분에 큰 변화를 야기할 수 있는가? (중학교 수준) • 안정성이 어떻게 갑작스런 사건에 의해 또는 시간의 흐름에 따라 축적되는 점진적인 변화에 의해 깨질 수 있는가? (중학교 수준) • 과학이 어떻게 물체가 변하는 이유 및 그것이 안정적인 상태로 머무르는 방법에 대한 설명을 구성하는 것을 포함하는가? (고등학교 수준) • 체계가 어떻게 더 큰 또는 더 적은 안정성을 갖도록 설계될 수 있는가? (고등학교 수준) • (긍정적인 또는 부정적인) 피드백이 어떻게 한 체계를 안정시키거나 불안정하게 만들 수 있는가? (고등학교 수준)

공학,
기술,
그리고
과학의
적용
	• 공학에서 적절한 과학적 개념과 연구 결과에 대한 지식이 왜 중요한가? (초등학교 수준)
	• 자연 세계에 대한 과학적 발견이 어떻게 공학적 설계 과정을 통해 개발된 새롭고 향상된 기술로 이어질 수 있는가? (초등학교 수준)
	• 새롭고 향상된 기술에 대한 사람들의 필요, 욕구, 수요가 시간이 흐름에 따라 어떻게 변화하는가? (초등학교 수준)
	• 엔지니어들이 이익을 극대화하고 알려진 위험을 최소화하며 사회적 요구에 부합하기 위해 어떻게 기존의 기술을 향상시키거나 새로운 기술을 만들어내는가? (중학교 수준)
	• 공학의 진보가 어떻게 사실상 과학의 모든 영역에서 중요한 발견을 이끌었는가? (중학교 수준)
	• 과학적 발견이 어떻게 산업 전반과 공학 체계의 발전으로 이어졌는가? (중학교 수준)
	• 기술의 사용 및 제한이 어떻게 다음에 의해 추동되었는가? (중학교 수준)
	  - 개인적 또는 사회적 필요, 욕망, 가치
	  - 과학적 연구의 결과
	  - 기후, 천연 자원, 경제 조건과 같은 요인의 차이
	• 기술의 사용이 지역에 따라 그리고 시간이 흐름에 따라 어떻게 다른가? (중학교 수준)
	• 기술이 과학적 조사의 측정, 탐구, 모형화, 컴퓨터의 용량 등을 어떻게 확장시키는가? (중학교 수준)
	• 모든 인간의 활동이 천연 자원에 어떻게 의존하며, 그러한 인간의 활동이 왜 인간의 건강과 자연 환경에 단기적으로 그리고 장기적으로 부정적인 결과와 긍정적인 결과를 가져오는가? (중학교 수준)
	• 과학과 공학은 연구와 발전이라고 알려진 순환 속에서 서로를 어떻게 보완하는가? (고등학교 수준)

과학의 본질	• 대부분의 과학자와 엔지니어는 왜 팀을 이루어 일하는가? (초등학교 수준) • 과학이 어떻게 우리의 일상생활에 영향을 미치는가? (초등학교 수준) • 과학은 어떻게 자연 체계 속의 물체와 사건이 측정과 관찰을 통해 이해 가능한 일관된 패턴을

이루며 일어난다고 가정하는가? (중학교 수준)
- 과학은 어떻게 우주를 일관된 기본 법칙이 존재하는 광대한 단일 체계라고 가정하는가? (중학교 수준)
- 과학적 발견은 왜 경험적 증거로 대답할 수 있는 질문으로 한정되어 있는가? (중학교 수준)
- 과학적 지식은 어떻게 행동의 결과를 기술하지만, 반드시 사회가 만들고 취할 결정을 처방하지는 않는가? (중학교 수준)
- 기술의 진보와 과학의 발전이 서로에게 어떤 영향을 미쳤는가? (중학교 수준)
- 과학자와 엔지니어는 어떻게 다음과 같은 사고방식에 의해 이끌어지는가? (중학교 수준)
  - 지적 정직성
  - 모호함에 대한 용인
  - 회의주의
  - 새로운 생각에 대한 열린 자세
- 과학은 어떻게 그리고 왜 우주를 일관된 기본 법칙이 존재하는 광대한 단일 체계라고 가정하는가? (고등학교 수준)
- 현대의 문명화가 어떻게 그리고 왜 주요 기술 체계에 의존하는가? (고등학교 수준)

출처: '차세대과학교육표준: 주들을 위한, 주들에 의한'에 제시된 성취기준을 변환하여 만든 질문, NGSS Lead States, 2013, Washington, DC.

사회과를 위한 좋은 총체적 핵심 질문

아래의 좋은 총체적 질문은 사회과 성취기준을 위한 C3 틀에 포함된 학문적 성취기준과 수행 목표에서 도출되었다. 이들 질문은 시민론, 경제, 지리, 역사와 같은 사회 과목의 핵심적인 교수적 초점을 다룬다. 또한 이들 질문은 윤리, 세계, 역사, 지리, 경제 문식성을 기르고 촉진하는 데 사용된다(NCSS, 2013).

[표 C.4] 사회과를 위한 좋은 총체적 핵심 질문

시민론	• 시민이 법, 정치, 정부를 이해하는 것이 왜 중요한가? • 입법 기관, 법원, 정부 기관과 같은 공적 기구를 이끄는 원리는 무엇인가? • 시민이 공적인 문제에 대해서 서로 상호작용할 때 사용해야 하는 덕목은 무엇인가? • 어떤 집단에서 의사 결정을 하고, 자치를 하며, 공적인 문제를 다루는 과정이나 규칙은 무엇인가?
경제	• 경제적 의사 결정이 어떻게 목표를 설정하고 이 목표를 성취하기 위해 이용 가능한 자원을 확인하는 것을 포함하는가?

	• 거래의 결과로 양 측이 이득을 얻기를 원할 때, 사람들이 어떻게 자발적으로 재화와 서비스를 교환할 수 있는가? • 재화와 서비스의 교환을 촉진하기 위해서 시장이 어떻게 존재하는가? • 인적 자본, 물적 자본, 천연 자원의 양적·질적 변화가 현재와 미래의 경제 상황 및 생활수준에 어떤 영향을 미치는가? • 동시에 작동하는 여러 시장들이 경제 성장과 변동에 어떤 영향을 미치는가? • 무엇이 경제적 세계화를 야기하고 이에 영향을 미치는가?
지리	• 지도 제작과 여타 지리적 표현이 어떻게 개인적·사회적으로 유용한 새로운 지리적 지식을 추구하는 데 필수적이고 지속적인 부분이 되는가? 또한 그것이 의사를 결정하고 문제를 해결하는 데 어떻게 적용될 수 있는가? • 인간과 자연의 상호작용이 어떻게 지역부터 전 세계에 이르는 모든 사회에서, 특정한 공간에서, 광범위한 지역에 걸쳐, 인간 삶의 핵심적 측면이 되는가? • 장소가 문화 및 그 속에서 일어나는 상호작용의 유형에 어떤 영향을 미치는가? • 지구에서 인간과 물리적 체계의 관계는 무엇인가? • 인구의 규모, 구성, 분포, 그리고 이동이 어떻게 지구 표면의 활동적 특성의 기본을 이루는가? • 인구의 팽창과 재분배가 정착, 환경 변화, 자원 사용의 패턴에 어떤 영향을 미치는가? • 정치적·경제적·기술적 변화가 인구 규모, 구성, 분포에 어떤 영향을 미치는가? • 전 지구적 상호 연결은 인간과 물리적 체계 측면에서 어떻게 일어나는가?
역사	• 연대기적 추론은 어떻게 변화와 연속의 과정을 이해하여 과거와 현재 사이의 공통점과 차이점을 평가할 것을 요구하는가? • 역사는 어떻게 서로 다르거나 시간이 흐름에 따라 바뀔 수 있는 다양한 관점이나 견해에 의해 해석되고 형성되는가? • 과거의 자료를 바탕으로 한 역사적 탐구는 어떻게 연구되고 분석될 수 있는가? • 역사적 사고는 어떻게 증거와 추론을 사용하여 가능한 인과 관계에 대한 결론을 도출하며, 이들이 다중적이고 복잡하다는 것을 인식하는가?

출처: '사회과 성취기준을 위한 대학, 직업 그리고 시민 생활 평가틀: K-12 시민론, 경제, 지리, 역사의 엄밀함을 강화하기 위한 안내'에 제시된 성취기준을 변환하여 만든 질문, NCSS, 2013, Silver Spring, MD.

난제 또는 불가능한 프로젝트를 다루기 위한 논증적 질문

난제 또는 불가능한 프로젝트는 본질적으로 복잡하여 해결하기가 어렵다. 문제를 둘러싼 다양한 구성요소와 개인, 자원이 서로 어떤 영향을 주고받는지를 고려해야하기 때문이다. 이러한 문제들은 학생이 블룸의 신교육 목표 분류체계에서 제시한 가장 높은 수준(분석하라, 평가하라, 창안하라)으로, 또 웹이 제시한 모형의 가장 깊은 수준(전략적이고 확장된 사고)으로 자신의 지식과 사고를 드러내고 소통할 기회를 제공함으로써 학생의 사고의 엄밀함을 촉진시킨다. 학생이 스스로 습득하고 계발시킨 깊이 있는 지식과 사고를 활용해 대답할 수 있는 좋은 질문의 예는 다음과 같다.

• 지구의 기후 변화는 어떻게 다루어져야 하는가?	• 범죄율을 낮추기 위해 무엇을 해야 하는가?
• 과학과 기술의 발전에 관련된 쟁점이 어떻게 다루어져야 하는가?	• 정부와 국가가 어느 정도로 힘을 가져야 하는가?

• 오염 문제를 다루기 위해서 무엇을 해야 하는가?	• 수자원 고갈과 가뭄 문제를 다루기 위해 무엇을 해야 하는가?
• 연방 정부와 주 정부의 세금 체계가 왜 다시 검토되어야 하는가?	• 빈곤과 관련된 쟁점이 어떻게 다루어질 수 있는가?
• 이민 문제를 어떻게 다루어야 하는가?	• 국가들이 국제적 갈등과 쟁점을 어떻게 다루고 그에 반응해야 하는가?
• 무엇이 국가 차원의 좋은 이민 정책이 될 수 있을 것인가?	• 한 조직이 발전하고 번성하기 위해서는 무엇을 해야 하는가?
• 도덕적 신념을 지키기 위해 법을 어긴 사람에게는 어떤 결과가 있어야 하는가?	• 국제적 마약 밀매는 어떻게 다뤄져야 하는가?
• 의료 비용 증가와 관련해 무엇을 해야 하는가?	• 천연 자원이 고갈되지 않게 하려면 무엇을 해야 하는가?
• 국가는 전염병의 급격한 확산을 어떻게 다루고 그에 대응해야 하는가?	• 범죄자는 자신이 저지른 범죄에 대해 어떻게 처벌받아야 하는가?
• 마약은 합법화되어야 하는가, 아니면 불법으로 유지되어야 하는가?	• 사회 계층 간의 격차 문제가 어떻게 해결될 수 있는가?
• 무기를 소지할 자유가 누구에게는 허용되고 누구에게는 금지되어야 하는가?	• 동물 실험은 왜 금지되어야 하는가, 허용되어야 하는가, 또는 규제되어야 하는가?
• 삼림 파괴 문제를 다루기 위해 무엇을 해야 하는가?	• 줄기 세포 연구는 왜 허용되야 하는가, 아니면 금지되어야 하는가?
• 멸종 속도를 관리하기 위해 무엇을 해야 하는가?	• 학교는 학생들의 학습과 성장을 어떻게 책임져야 하는가?
• 인종 간의 관계를 유지하거나 개선하기 위해 무엇을 해야 하는가?	• 시민의 복지와 안전을 위해 정부는 어떤 책임을 저야 하는가?
• 해상 안전 수준을 높이기 위해 무엇을 해야 하는가?	• 국내 및 국제 테러가 어떻게 다루어져야 하는가?
• 시민의 자유와 국가 안보 사이의 균형을 보장하기 위해 무엇을 해야만 하는가?	• 아이들은 어떻게 교육되어야 하는가?
• 국가는 국가의 노력과 자금을 어떻게 투자해야 하는가?	

참고문헌

Anderson, L. W., & Krathwohl, D. R. (2001). *A taxonomy for learning, teaching, and assessing: A revision of Bloom's taxonomy of educational objectives.* New York: Addison Wesley Longman.

Anderson, R. C., & Pearson, P. D. (1984). A schema-theoretic view of basic processes in reading. In P. D. Pearson (Ed.), *Handbook of reading research* (pp. 255-292). New York: Longman.

Black, J., & MacRaild, D. (2007). Studying history (3rd ed.). New York: Palgrave.

Blackburn, B. R. (2008). *Rigor is NOT a four-letter word.* Larchmont, NY: Eye on Education.

Bloom, B. S., Krathwohl, D. R., & Masia, B. B. (1964). *Taxonomy of educational objectives: The classification of educational goals.* New York: David McKay.

Britannica Digital Learning. (2014). *Teaching argumentation and reading for evidence.* Chicago: Encyclopaedia Britannica. Retrieved from http://info.eb.com/wp-content/uploads/2014/08/WP_RdgEvid.pdf

Coil, C. (2004). *Standards-based activities and assessments for the differentiated classroom.* Marion, IL: Pieces of Learning.

Conley, D. T. (2005). *College knowledge: What it really takes for students to succeed and what we can do to get them ready.* San Francisco: Jossey-Bass.

Cunningham, R. T. (1987). What kind of question is that? In W. W. Wilen (Ed.), *Questions, questioning techniques, and effective teaching* (pp. 67-94). Washington, DC: National Education Association.

Dillon, J. T. (1988). *Questioning and teaching: A manual of practice.* Eugene, OR: Teachers College Press.

Dobson, M. (2013). *Project: Impossible: How the great leaders of history identified, solved and accomplished the seemingly impossible—and how you can, too!* Oshawa, ON, Canada: Multi-Media Publications.

Friedman, M. (2005). *The world is flat: A brief history of the 21st century.* New York: Picador.

Gall, M. D. (1970). The use of questions in teaching. *Review of Educational Research, 40*(5), 707-721.

Graff, G. (2003). *Clueless in academe: How schooling obscures the life of the mind.* New Haven, CT: Yale University Press. Harvard-Smithsonian Center for Astrophysics. (2014, Sept. 22). "Is Pluto a planet? The votes are in." (Press Release No. 2014-25). Cambridge, MA: Author.

Hess, K. K. (2013). *A guide for using Webb's depth of knowledge with Common Core State Standards.* Center for College and Career Readiness.

Hess, K. K., Carlock, D., Jones, B., & Walkup, J. W. (2009a). *Cognitive rigor: Blending the strengths of Bloom's taxonomy and Webb's depth of knowledge to enhance classroom-level processes.* Dover, NH: National Center for Assessment.

Hess, K. K., Carlock, D., Jones, B., & Walkup, J. W. (2009b). *What exactly do "fewer, clearer, and higher standards" really look like in the classroom? Using a cognitive rigor matrix to analyze curriculum, plan lessons, and implement assessments.* Dover, NH: National Center for Assessment. Retrieved from http://schools.nyc.gov/NR/rdonlyres/D106125F-FFF0-420E-86D9-254761638C6F/0/HessArticle.pdf

Hutchings, M. (n.d.). *Introduction to mathematical arguments.* Berkley: University of California Berkley. Retrieved from https://math.berkeley.edu/~hutching/teach/proofs.pdf

International Astronomical Union. (2006, August). Resolution 5A, Designation of a Planet. *IAU General Assembly: Result of the IAU Resolution Votes.* Presented at 26th General Assembly for the International Astronomical Union, Prague. Retrieved from http://www.iau.org/news/pressreleases/detail/iau0603/

Jonassen, D. H., & Hung, W. (2008). All problems are not equal: Implications for problem-based learning. *Interdisciplinary Journal of Problem-Based Learning, 2*(2). Retrieved from http://docs.lib.purdue.edu/ijpbl/vol2/iss2/4/

Kintsch, W. (1998). *Comprehension: A paradigm for cognition.* New York: Cambridge University Press.

Kintsch, W., & van Dijk, T. A. (1978). Toward a model of text comprehension and production. *Psychological Review, 85*(5), 363-394. Retrieved from http://someya-net.com/104-IT_Kansai_Initiative/Towards_Model_1978.pdf

Kolko, J. (2012). *Wicked problems: Problems worth solving.* Dallas, TX: Austin Center for Design. Retrieved from https://www.wickedproblems.com/1_wicked_problems.php

Krathwohl, D. R. (2002, Autumn). A revision of Bloom's taxonomy: An overview. *Theory into Practice, 41*(4), 212-218.

Krathwohl, D. R., Bloom, B. S., & Masia, B. B. (1964). *Taxonomy of educational objectives: The classification of educational goals [handbook II]: Affective domain.* New York: David McKay.

Marzano R. J., & Simms, J. A. (2013). *Vocabulary for the common core.* Bloomington, IN: Marzano Research.

McConachie, S., Hall, M., Resnick, L., Ravi, A. K., Bill, V. L., Bintz, J., & Taylor, J. A. (2006). Task, text, and talk. *Educational Leadership, 64*(2), 8-14. Retrieved from http://www.ascd.org/publications/educational-leadership/oct06/vol64/num02/Task,-Text,-and-Talk@-Literacy-for-All-Subjects.aspx

McKeown, M. G., Beck, I. L., & Apthorp, H. S. (2010). *Examining depth of processing in vocabulary lessons.* Poster talk presented at the American Educational Research Association Conference, New Orleans, LA.

Mueller, P., & Oppenheimer, D. (2014). The pen is mightier than the keyboard: Advantages of longhand over laptop note taking. Available: https://sites.udel.edu/victorp/files/2010/11/Psychological-Science-2014-Mueller-0956797614524581-1u0h0yu.pdf

National Center for History in the Schools. (1996). National standards for history: Basic edition. Los Angeles: Author. Retrieved from http://www.nchs.ucla.edu/history-standards

National Coalition for Core Arts Standards. (2015). *National core arts standards: A conceptual framework for arts learning.* Dover, DE: Author. Retrieved from http://nationalartsstandards.org/

National Council for the Social Studies. (2013). *The college, career, and civic life (C3) framework for social studies state standards: Guidance for enhancing the rigor of K-12 civics, economics, geography, and history.* Silver Spring, MD: Author.

National Governors Association Center for Best Practices, Council of Chief State School Officers. (2010). *Common Core State Standards*. Washington, DC: Author.

NGSS Lead States. (2013). *Next generation science standards: For states, by states*. Washington, DC: National Academies Press.

Partnership for 21st Century Learning. (2015). *P21 framework definitions*. Washington, DC: Author. Retrieved from http://www.p21.org/our-work/p21-framework

Raths, L. E., Wasserman, S., Jonas, A., & Rothstein, A. (1986). *Teaching for thinking: Theory, strategies, and activities for the classroom* (2nd ed.). New York: Teachers College Press.

Rittel, H. W. J., & Webber, M. M. (1973). Dilemmas in a general theory of planning. *Policy Sciences, 4*(2), 155–169. Retrieved from http://www.uctc.net/mwebber/Rittel+Webber+Dilemmas+General_Theory_of_Planning.pdf

Rose, M. (1989). *Lives on the boundary*. New York: Viking.

Schmoker, M. (2011). *Focus: Elevating the essentials to radically improve student learning*. Alexandria, VA: ASCD.

Shanahan, T., & Shanahan, C. (2012). What is disciplinary literacy and why does it matter? *Topics in Language Disorders*, 32(1), 7–18. Retrieved from http://alliedhealth.ceconnection.com/files/TLD0112A-1337958951687.pdf;jsessionid=9DC7CE49896192D77C1AA79E8AF6D875.

Shuttleworth, M. (2009, Sept. 20). Establishing cause and effect [blog post]. Retrieved from *Explorable Psychology Experiments* at https://explorable.com/cause-and-effect

Stahl, K. A. D., & Stahl, S. A. (2012). Young word wizards! Fostering vocabulary development in preschool and primary education. In E. J. Kame'enui & J. F. Baumann (Eds.), *Vocabulary instruction: Research to practice* (2nd ed., pp. 72–92). New York: Guilford Press.

Tomlinson, C. A. (1999). *The differentiated classroom: Responding to the needs of all learners*. Alexandria, VA: ASCD.

Trilling, B., & Fadel, C. (2009). *21st century skills: Learning for life in our times*. San Francisco: Jossey-Bass.

Trochim, W. M. K. (2006). Establishing cause and effect. *The Research Methods Knowledge Base* (2nd ed). Retrieved from http://www.socialresearchmethods.net/kb/causeeff.php

Vacca, R. (2002). From efficient decoders to strategic readers. *Educational Leadership, 60*(3), 6–11. Retrieved from http://www.ascd.org/publications/educational-leadership/nov02/vol60/num03/From-Efficient-Decoders-to-Strategic-Readers.aspx

Wagner, T. (2014). *The global achievement gap: Why even our best schools don't teach the new survival skills our children need . . . and what we can do about it* (2nd ed). New York: Basic Books.

Walkup, J. W. & Jones, B. (2014, June 16). Developing rigorous lesson plans (using Bloom's knowledge dimension) [blog post]. Retrieved from *Cognitive Rigor to the Core!* at http://cognitiverigor.blogspot.com/2014/06/does-oklahoma-really-need-to-rigor-ize_16.html

Webb, N. (1997). Criteria for alignment of expectations and assessments on mathematics and science education. (Research Monograph No. 6). Washington,

DC: Council of Chief State School Officers. Retrieved from http://facstaff.
wceruw.org/normw/WEBBMonograph/criteria.pdf

Webb, N. (2002). "Depth of knowledge levels for four content areas." (Unpublished).
Retrieved from http://www.hed.state.nm.us/uploads/files/ABE/Policies/depth
_of_knowledge_guide_for_all_subject_areas.pdf

Wiggins, G., & McTighe, J. (2005). *Understanding by design* (expanded 2nd ed.).
Alexandria, VA: ASCD.

Wood, N. (2007). *Perspectives on argument* (5th ed.). New York: Pearson.

Wormelli, R. (2007). *Differentiation: From planning to practice.* Portland, ME:
Stenhouse.

찾아보기

*f는 표를 의미함.

저자 소개

에릭 M. 프랜시스(Erik M. Francis)는 전문성 계발, 지도, 사고의 엄밀함을 위한 교수와 학습에 대한 지원을 제공하는 기관인 매버릭 교육(Maverick Education)의 소유주이자 전문성 계발 전문가이다. 그는 1965년부터 시행된 '초중등 교육법(Elementary and Secondary Education Act)'에 의해 재정을 지원받는 Title I 프로그램의 개발, 실행, 평가, 준수에 대해 상담한다. 그는 감독과 교육과정 개발을 위한 협회(Association

© 2016 L. Soucy Photography

for Supervision and Curriculum Development: ASCD), 대학입시위원회(College Board), 러닝 포워드(Learning Forward), 뉴 티처 센터(New Teacher Center), 중등교육자협회(Association for Middle Level Educators)와 남부지역 교육위원회 (Southern Regional Education Board)가 주최하는 학술대회에서 전문성 계발 세미나를 진행한다. 에릭은 또한 영재 교육, 차터 스쿨, Title I, 영어 학습자, 중퇴 방지, 사회사업에 대해 다루는 교육 학술대회의 특별 연사로도 활동해왔다. 그는 성취기준의 사고의 엄밀함을 다루는 능동적이고 실질적인 교수 학습 경험을 개발하기 위해 초·중·고등학교와 긴밀하게 일하고 있다.

에릭은 20년 넘게 교육 경력을 쌓으며 중·고등학교에서 영어 및 수학 교사로, 현장 관리자로, 주 교육 기관의 Title I 유닛의 교육 프로그램 전문가로 활동해 왔다. 그는 또한 그랜드캐니언 대학(Grand Canyon University)에서 제공되는 교육 발전 및 지원 프로그램(Education Development and Support Program)의 특별 발표자이기도 하다. 그는 시러큐스 대학교(Syracuse University)의 커뮤니케이션 스쿨에서 영화와 TV 프로그램 제작 및 경영 분야의 석사 학위를 받았고, 노던 애리조나 대학(Northern Arizona University)에서 교육 지도자 과정의 석사 학위를 취득했다. 에릭은 또한 뉴욕 주립대의 올버니 캠퍼스(State University of New York, Albany)에서 수사학과 커뮤니케이션 분야의 학사 학위를 취득했다.

에릭은 현재 그의 아내 및 아이들과 애리조나 피닉스에 거주하고 있다. 저자에 대해 더 알고 싶다면 www.maverikeducation.com에 접속하거나 maverik@maverikeducation.com으로 이메일을 보내면 된다.